나와 조직을 함께 살리는

고전의 전략

나와 조직을 함께 살리는

고전의 전략

김원중 지음

오늘날 고전을 통해 이 시대의 문제를 진단하려는 다양한 시도가 나오고 있다. 가는 곳마다 다채롭고 풍성한 인문학 강연이 벌어지고, 인문 고전을 새롭게 조명하려는 움직임도 많다. 그리고 그 중심에는 동양 고전이 있다. 왜 이런 일이 벌어지고 있는 것일까? 무엇보다도 수천 년 전에 고민했던 문제들이 오늘날에도 여전히 진행형이라는 데 그 이유가 있을 것이다.

어제의 적이 오늘은 친구가 되고 내일은 다시 적이 되었던 춘추 전국 시대와 초한쟁패楚漢爭覇 과정 속에서 선현들은 무질서한 시대를 극복하여 안정과 평화를 정착시키려고 끊임없이 노력했다. 특히 그들은 수많은 패권 전쟁으로 인간관계가 무너지는 현상에 골몰했는데, 이러한 극단적 환경은 시대와 인간에 대한 깊은 성찰의 계기를 마련해주었다. 그리고 그때 쏟아놓은 고뇌의 결실들이 바로 우리가 고전이라 부르는 텍스트 안에 스며들어 있다.

같은 시대를 살다간 공자孔子와 노자老子만 해도 시대를 바라보는 시각은 분명 천양지차였다. 공자는 14년여 동안 북중국을 유람하면서 정치에 뜻을 두고는 끊임없는 사회 참여와 지식인의 소명 의식을 강조했으나, 노자는 무위자연無爲自然을 통해 마음을 비우고 은둔의 길을 걸어가며 시대의 아픔을 초월하고자 했다. 신중한 전쟁을 주장하며 화공이나 간첩까지 활용하여 확실한 승리를 거머쥐기 위한 전략과 전술을 마련한 손자孫子도 있다.

인간의 품성을 믿고 인간이 가야 할 바른길을 제시한 유가가 있었는가 하면, 인간관계를 이해관계로 규정하여 강력한 신상필벌信賞必罰과 카리스마에 바탕을 둔 제왕학을 설파한 법가도 있었다. 한비韓非로 대변되는 법가는 일사불란한 제국의 시스템을 꿈꾸었고, 그것은 혼돈의 시대를 잠재울 수 있는 비장의 카드였다.

인재학의 보고라고 할 만한《사기史記》를 집필한 사마천司馬遷은 궁형宮刑이라는 치욕의 고통을 승화시켜 수많은 비주류 인물을 역사적인 인물로 재현해냈다. 외롭고도 힘겨운 삶 속에서 자신 앞에 놓인 현실에 발분發憤하는 자발적 동기를 부여하여 딛고 일어선 자들은 예나 지금이나 늘 있어왔다는 점을 스스로 입증하고자 했던 것이다. 그들은 자신의 처지에 분노하면서도 세상을 향해 포효하던 인물들이었다. 또 자기 관리에 실패하여 단 한 번의 실수로 대사를 그르쳐 파멸한 자도 있었으니, 인간과 인간 사이에서 벌어지는 일들은 예나 지금이나 변함이 없다.

창업 과정에서 피비린내 나는 형제의 난을 겪으면서 힘겹게 제왕에 오른 당唐나라 태종太宗은 격의 없는 토론 정치를 이끌었다. 권력을 가지면 가질수록 법치와 원칙의 리더가 아닌 인치人治의 리더가 되기 쉬운 법인데, 당태종은 냉철한 판단력과 현실적 균형감각으로 합리적인 법 집행을 하면서도 군주와 백성을 서로 협력 상생하는 관계로 규정하고, 유학을 기본 지침으로 삼아 인문학을 육성한 열린 리더십의 제왕이었다.

오래전부터 고전을 통해 시대의 고민을 풀어보려는 움직임들은 많았고 현재에도 계속해서 시도되고 있다. 나 또한 지금까지 30여 권의 고전을 펴내면서 수천 년 전에 고민했던 문제들이 오늘날에도 지속되고 있다는 사실에 놀랐다.

그동안 나는 삼성사장단 강의를 비롯해 JTBC 〈차이나는 클라스〉, 삼성경제연구소, LG사장단, 국가인재원, 사법연수원, 국방부, 경찰청, 롯데그룹, SK그룹, MBC TV, KBS TV·라디오, EBS TV, 오마이뉴스 TV, 전국경제인연합회, 전국의 대학 등 공공 기관과 기업, 학교에서 꾸준히 동양고전 강연을 해왔다. 이 책은 그때의 강연을 바탕으로 선현들의 진심 어린 조언을 함께 읽어가며, 여태껏 고민해왔던 문제들을 종합적으로 정리해보려는 시도다. 혁신, 생존, 인사, 소통이라는 큰 주제를 뽑고 《한비자韓非子》, 《손자병법孫子兵法》, 《사기》, 《정관정요貞觀政要》 네 권의 고전을 살펴보고자 했다.

이 책은 민음사에서 지난 2013년에 출간되었던 《경영사서》를 새로운 시대와 독자에 맞게 개정하여 출간하였다. 책을 내면서 의외로 품이 많이 들었다. 녹취한 자료를 바탕으로 정리하며 적지 않은 자료를 보완하고 수정하면서 강연식 글쓰기라는 새로운 문체에 적응하는 데 어려움을 겪었다. 새롭게 컨셉을 잡고 보완하여 준 휴머니스트 편집부에 감사드린다.

2019년 5월
죽전의 연구실에서
김원중

머리말

7

1부

지금 하지 않으면 안 된다

— 《한비자》로 보는 혁신의 전략

《한비자》에 나오는 구절 중에 "멀리 있는 물로는 가까이 있는 불을 끌 수 없다遠水不救近火."는 말은 그의 현실주의적 처세관을 그대로 보여준다고 할 수 있습니다. 한비는 이상적인 목적에 집착하기보다는 우리가 당면한 문제에 대한 해결책이 얼마나 합리적이고 실현 가능한 것이냐, 이런 잣대로 현실을 파악한 사상가였습니다. 또 과거에 집착하기보다는 현실을 직면하고 실용적인 가치를 극대화하는 방법을 제시한 전략가이기도 했습니다.

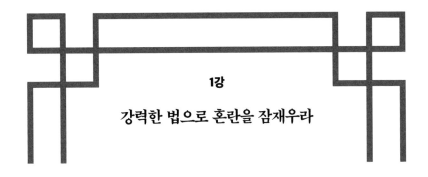

1강

강력한 법으로 혼란을 잠재우라

세 가지 질문

본격적인 강의에 들어가기에 앞서 세 가지 질문을 던져보겠습니다.

첫 번째는 "우리는 왜 중국 고전을 읽는가?" 하는 질문입니다.

오랜 시간이 지나도 누가 어떻게 읽느냐에 따라 그 의미가 풍부해지는 책들을 우리는 고전이라고 부릅니다. 많은 사람이 고전을 읽는 이유는 아마도 거기에서 무언가를 찾아내려 하기 때문일 겁니다. 누군가는 인문학적인 지식을 얻고, 누군가는 인생에 도움이 되는 지혜를 배우고, 또 누군가는 조직 생활에서 유용한 처세 전략을 고전에서 읽어냅니다. 요즘 불고 있는 인문 고전 열풍을 지켜볼 때, 서양 고전도 많은데 왜 하필 동양 고전, 그것도 중국의 고전을 유독 많이 읽는지는 좀 더 생각해 봐야 할 문제입니다. 중국이 지리적으로 우리나라와 가깝기도 하고 같은 문화권에 있기 때문이기도 하지만, 요즘에는 현실 상황에 영향을 많이 받는 것 같습니다. 영국의 학자 마틴 자크Martin Jacques는《중국이 세계를 지배하면》이라는 책에서 중국이 급부상하여 이제는 서구식 보편 주의가 통용되지 않는다고 단정하며 "패권 국가 중국이 천하를 어떻게 바꿀 것인가?"라고 질문합니다. 지금까지 서구의 시각에서 바라보던 세계가 아니라, 중국이 바라보는 시각에서 세계가 재편될 수도 있다는 경고를 보낸 겁니다.

이는 단순히 10~20년 안에 중국이 미국을 따라잡아 세계 제1의 경제 대국이 될 것이라는 골드만삭스의 전망 때문만은 아닐 겁니다. 우리는 흔히 중국의 부상을 경제적 문제나 정치적·군사적 문제로 한정하려 하는데, 저는 그보다는 문화적 가치에 무게 중심을 둡니다. 말하자면 문화 패권 말입니다. 중국이 전 세계에 전파하고 있는 중국어 교육 기관 '공자 학원'도 유사한 맥락에서 이해할 수 있습니다. 이것은 일종의 아카데미인데, 공자로 대변되는 중국의 문화를 중국어 교육과 접목시켜 전 세계 곳곳에 뿌리박아두려는 전략과 맞닿아 있죠.

이러한 상황에서 우리는 무작정 고전을 읽을 것이 아니라, 어떻게 읽을까를 고민해야 합니다. 이에 대해서는 강의를 진행하면서 차차 이야기하도록 하겠습니다.

두 번째 질문은 "중국 고전 중에는 왜 춘추 전국 시대에 쓰인 책이 많을까?"입니다.

중국 고전 중에는 제자백가諸子百家의 사상이 그 중심을 차지하고 있습니다. 여러분도 《논어論語》, 《맹자孟子》, 《노자老子 도덕경道德經》, 《장자莊子》 같은 책의 이름을 한번쯤은 들어보셨을 겁니다. 대부분 춘추 전국 시대에 지어진 책입니다. 제가 개인으로서는 세계 최초로 완역한 《사기》는 한漢나라 무제武帝 때 지어진 책이지만, 그 등장인물 중에는 춘추 전국 시대에 활약한 인물들이 적지 않습니다.

고전의 전략

춘추 전국이 어떤 시대였습니까? 한마디로 혼돈의 시대였습니다. 기원전 11세기 무렵부터 중국을 통치해왔던 주周나라는 소왕昭王 때부터 왕도가 무너지기 시작했습니다. 포악한 여왕厲王에 이르러서는 제후들이 천자의 조회에도 들지 않고 서로 싸우고 반란을 일으켰죠. 유왕幽王 때에는 더욱 심각했습니다. 포사褒姒라는 여인에게 빠져 정치를 혼란스럽게 했습니다. 포사는 평소 잘 웃지 않았는데, 그 웃는 모습을 보려고 봉화를 올려 각지 제후들이 허겁지겁 몰려드는 해프닝을 연출했다고 합니다. 그러다가 결국 진짜 적이 쳐들어왔을 때에는 봉화를 올려도 아무도 도우러 오지 않았죠. 이렇게 유왕이 어이없는 최후를 맞이하여 서주 시대가 막을 내리고 춘추 시대가 열립니다. 천자의 질서가 유명무실해지자 더욱 혼란스러운 상태로 접어든 것이죠.

당시에 일어난 혼란은 크게 세 가지입니다. 첫째, 정치적 분열입니다. 둘째, 도덕적 위기입니다. 셋째, 경제적 궁핍입니다. 50여 개의 크고 작은 제후국의 다툼이 시작되는 때를 춘추 시대(기원전 770년~기원전 404년)라고 하고, 진秦·초楚·제齊·조趙·위魏·한韓 일곱 제후국의 패권주의가 난무하는 때를 전국 시대(기원전 403년~기원전 221년)라고 합니다.

먼저 춘추 시대의 지도를 살펴봅시다. 오늘날의 중화인민공화국 지도와는 달리 상당히 어지러워 보이죠? 당시에는 이렇게 나라들이 뿔뿔이 갈려 있었고, 전쟁이 그 시대의 화두였습니다.

춘추 시대 전기에 각국이 보유한 전차 수는 수백 승乘 정도에 지나지 않았습니다. 1승당 병력을 30명으로 잡아도 강대국 병력은 3만을 넘지 않을 것으로 추산됩니다. 하지만 각 나라가 군사력을 키워 전국 시대에는 "차천승車千乘, 기만필騎萬匹, 대갑수십만帶甲數十萬"이 되었습니다. 전차가 1천 승, 기마가 1만 필, 무장 병력이 수십만 명이라는 뜻입니다.

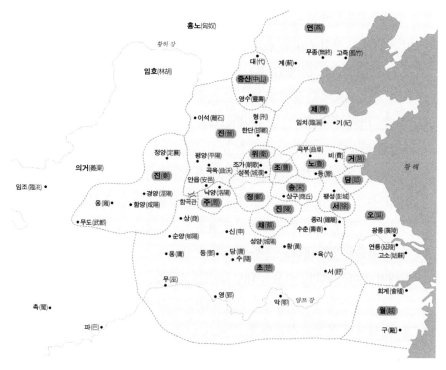

흉노(匈奴)

연(燕)

황허 강

무종(無終) 고죽(孤竹)

대(代) 계(薊)

임호(林胡)

중산(中山)

영수(靈壽)

제(齊)

이석(離石) 형(邢)

임치(臨淄) 기(紀)

진(晉) 한단(邯鄲)

정양(定襄) 평양(平陽) 위(衛) 곡부(曲阜) 비(費) 거(莒)

조가(朝歌) 조(曹) 노(魯)

곡옥(曲沃) 성복(城濮) 등(滕)

의거(義渠) 안읍(安邑) 담(郯)

진(秦) 낙양(洛陽) 송(宋) 황해

임조(臨洮) 경양(涇陽) 주(周) 정(鄭) 상구(商丘) 팽성(彭城)

옹(雍) 함양(咸陽) 함곡관 진(陳) 서(徐)

무도(武都) 상(商) 채(蔡) 오(吳)

순양(郇陽) 신(申) 종리(鍾離) 광릉(廣陵)

성양(城陽) 수춘(壽春) 연릉(延陵)

용(庸) 등(鄧) 당(唐) 황(黃) 고소(姑蘇)

수(隨) 육(六)

무(巫) 초(楚) 서(舒)

촉(蜀) 영(郢) 회계(會稽)

파(巴) 악(鄂) 양쯔 강 월(越)

구(甌)

춘추 시대

당시 약소국이었던 한나라와 위나라의 병력이 각각 30만이나 되었으
니 강대국들은 말할 것도 없습니다. 진나라와 초나라는 병력이 100만
에 달했습니다. 춘추 시대 전기에 비하면 열 배에서 서른 배나 군사력
이 늘어난 거죠.

  전쟁 규모가 커지다 보니 끔찍한 살육과 참사도 늘어났습니다. 역사
가 사마천의 기록을 살펴보면, 기원전 293년 진나라 장수 백기白起는
한·위 연합군을 대파하여 24만 명을 참수했고, 기원전 260년 진나라가
조나라에게 결정적으로 타격을 입힌 장평전長平戰에서는 항복한 조나

라의 병사 40만 명을 땅에 묻어 죽였다고 쓰여 있습니다. 《춘추좌씨전春秋左氏傳》에는 춘추 시대에 무려 531회나 전쟁이 있었다고 나옵니다. 이는 1년에 두 번 이상 전쟁이 있었음을 뜻하고, 전국 시대에는 그 이상임을 추측할 수 있습니다.

이처럼 진나라가 전국 시대를 통일할 때까지 전란은 끊이지 않았습니다. 그 과정에서 신하가 군주를 시해하고 자식이 아버지를 죽이는 일이 빈번했습니다. 제후들이 사직을 보존하려고 안간힘을 쓸수록 백성은 고달팠습니다. 신하들 역시 군주와 백성 사이에서 고민하던 혼돈의 시대였습니다.

이러한 상황에서 싹튼 것이 오늘날 중국 사상의 기초가 된 제자백가의 사상입니다. 유가, 도가, 법가, 묵가, 병가 등 많이 들어보셨을 겁니다. 수많은 사상가가 온갖 논리로 제후들을 설득하려고 한, 이른바 백가쟁명百家爭鳴의 시대가 열린 것입니다.

중국 고전 중에서 유독 춘추 전국 시대의 책들이 많은 것은 아마 지금 우리가 처한 상황이 당시 각 제후국이 대처해야 할 시대적 소명과 비슷한 면이 있기 때문이 아닐까 합니다. 춘추 전국의 혼란과 무질서를 극복하고 평화와 안정을 꿈꿨던 사상가들은 어쩔 수 없이 고민해야 할 문제에 직면했습니다. 바로 전쟁이었습니다. 전쟁은 인간의 마음을 극으로 치닫게 하여 짐승에 가까운 모습으로 비치게 합니다. 극단적 환경이 시대와 인간을 꿰뚫어보게 하는 계기가 된 겁니다. 주나라가 몰락하면서 천자의 권위가 실낱같이 남게 되었고, 주나라 왕실의 도서관에 있던 책들이 민간에 흘러들어 소위 지식인 계층이 생기게 되었습니다. 그들은 저마다 난세의 해법을 풀어보고자 노력했는데, 그 중심에는 바로 인간이 있었습니다. 선현들은 그 현실을 경험하며 고뇌를 담아 성찰합니다. 그러한 치열함이 있었기에 그들이 남긴 말들이 옛 문헌에 그치는 것이 아니라 지금도 유효한 고전 반열에 오를 수 있는 겁니다.

수천 년 전에 고민했던 그 문제들은 지금도 현재진행형이라고 할 수 있습니다. 세상을 어떻게 안정시킬 수 있을 것인지, 올바른 정치는 무엇인지, 사람들이 잘사는 방법은 무엇인지 등 선현들이 시대의 과제를 풀어내기 위해 언급했던 수많은 문제가 오늘날에도 계속 반복되고 있습니다.《논어》,《노자 도덕경》,《한비자》등에서 그들이 던졌던 성찰의 지혜는 오늘날에도 여전히 의미가 있습니다.

세 번째 질문은 "수많은 제자백가 사상 중에서 왜 법가에 주목하는가?"입니다.

중국 철학에는 흔히 '공맹孔孟'으로 대표되는 유가가 있고, 노자와 장자로 이어지는 도가, 외래 종교의 성격이 강한 불교 사상이 있습니다. 이들을 중국의 3대 사상이라고 합니다. 하지만 우리가 살펴볼 것은 유가도, 도가도, 불교도 아닌 바로 법가의 사상입니다.

법가는 유가 전통의 중국 사회에서 이단에 속하는 사상이라고 할 수 있습니다. 흔히 중국이 유학을 국교로 삼아 유가 중심의 정치 철학으로 국가 시스템을 구축했다고 알고 있지만, 실상을 보면 꼭 그렇지는 않습니다. 한나라를 세운 고조高祖 유방劉邦을 비롯하여 명나라 주원장朱元璋 등으로 면면히 이어져 내려온 유가의 계보가 있는가 하면, 최초로 천하를 통일한 진시황과 위나라의 실질적 창업자인 조조曹操 등 법가의 계보도 분명 존재합니다.

아마도 법가가 주류로 자리를 잡지 못한 까닭은 중국인들이 법의 지배보다는 윤리적인 심성을 지닌 관료에게 다스려지는 것을 더 안전하게 느꼈기 때문일 겁니다. 서양의 법이 신이나 자연의 높은 질서를 인간 사회에 구현해놓은 것이라면, 법가의 법은 군주의 엄격한 명령을 의미합니다. 중국의 법이 형법 위주로 발전한 것이 그런 사정을 말해줍니다.

하지만 이렇게 엄격했기에 법가는 당시의 혼란스러운 현실 정치에서 놀라운 힘을 발휘할 수 있었습니다. 진시황이 국가의 바탕 이념으로 삼은 사상이 바로 법가였고, 이를 토대로 시스템 개혁에 성공해 천하를 통일하지 않았습니까? 진나라가 시스템을 구축할 때 수레바퀴의 너비까지 통일하고, 60센티미터나 되던 화폐를 지금의 동전 크기로 만든 것도 다 법가 사상에서 비롯된 겁니다. 진나라의 군현제郡縣制를 한나라가 그대로 받아들였고, 당나라의 삼성육부三省六部 같은 체제가 조선에 유입되어 동아시아 제도의 한 틀을 형성했습니다. 또 한나라 이후, 겉으로는 유가 사상의 인치仁治를 주장하지만 실제로는 법가 사상으로 통치하는 외유내법外儒內法의 틀을 제공했습니다.

사실 법가의 테두리를 정하는 것은 좀 어려워 보입니다. 왜냐하면 법가는 묵가의 공리주의와 절대 복종을 강조하는 사상에서도 영향을 받았고, 무위자연을 중시하는 도가에서도 영향을 받았기 때문입니다. 법가는 강력한 정부가 유가의 주장처럼 군주와 관료의 도덕성에 의해서 이루어지는 것이 아니라 효과적인 제도에 의해서 가능하다고 주장했습니다. 여기서 혁신적인 점은 사람이 아니라 제도에 의한 정치를 주장했다는 것입니다. 법가 이전에는 그렇게 주장한 사람이 없었습니다. 공자도 어진 군주에 의한 정치를 주장했습니다. 하지만 그것은 너무 이상적인 주장이 아닙니까? 그들이 겪은 시대가 어땠습니까? 혼란스럽고 엉망이지 않습니까? 그래서 법가에서는 아주 현실적인 타개책을 주장한 것입니다. 바로 사람과는 상관없이 기능할 수 있는 엄격한 형식, 즉 제도였습니다. 그 제도를 정착시키기 위해서는 근본적인 사회 시스템을 개혁해야 했습니다. 앞으로 사회가 어떠해야 하는가보다는 지금 사회가 어떠한가에 더 관심을 두었던 것입니다.

법가가 진나라에 수용되어 중국의 정치적 전통을 형성하는 주요 부분이 되었고, 강력한 중앙집권 통치 체제를 가능케 했다는 점은 아무도 부인하지 못할 것입니다. 한마디로 법가는 왕권을 강화하여 기존 제도를 혁신하고 창업을 하는 데 강력한 힘을 발휘하는 아주 유용하고 현실적인 사상이라고 할 수 있습니다.

물론 이런 법가 사상이 하루아침에 생긴 것은 아닐 겁니다. 원류를 따져본다면 관중管仲이 추진한 부국강병책이 그 효시라고 할 수 있습니다. 청나라 때 편집된 총서인 《사고전서四庫全書》 가운데 자부子部의 법가 편에 가장 처음으로 실린 책이 《관자管子》입니다. 또 형법 조문을 새겨넣은 철판을 주조한 자산子產, 중농주의를 주장하며 《법경法經》을 지은 이회李悝, 강력한 군사력 중심의 정치를 주장하며 술術 개념을 정립한 신불해申不害 등이 모두 우리가 이번 강의에서 알아볼 《한비자》 사상의 토대가 되는 인물들입니다.

이 전기 법가 중에서 가장 중요한 인물이 바로 상앙商鞅입니다. 상앙은 변법을 단행하여 진나라에 법치주의를 도입했고, 그 정신을 이어받은 이사李斯가 진시황의 신임을 얻어 개혁을 이어나갔습니다. 그리고 마침내 한비라는 인물이 등장하여 상앙의 법法과 신불해의 술術 그리고 신도愼到의 세勢, 이 세 가지를 재해석하고 종합하여 법가 사상을 집대성합니다. 법가의 요체인 《한비자》를 살펴보기에 앞서 법가의 계보를 먼저 더듬어보는 것은 그들이 어떻게 성공했다가 실패했는지 그 명암을 추적해본다는 의미에서 중요합니다. 개혁이란 본디 쓰디쓴 실패의 역사가 아닙니까? 우리가 가장 먼저 알아봐야 할 인물은 법가의 토대를 만든 상앙입니다.

시스템을 바꿔야 살아남는다

상앙은 진나라 개혁의 토대를 쌓고 법가를 창시한 선구자입니다. 훗날 춘추 전국 시대를 통일하는 진시황과 이사보다 150여 년 전 사람이죠. 20여 년 동안 지속적인 변법을 추진하여 엄격하게 법을 집행했고, 법치와 부국강병, 중농주의 등을 추진하며 봉건 국가를 군주 국가로, 봉건 제도를 군현 제도로, 귀족 정치를 관료 정치로 바꾸었습니다. 강력한 지지자였던 효공孝公이 죽지 않았다면 그의 개혁은 더욱 탄력을 받았을 것입니다. 상앙의 후학 가운데 누군가가 편찬한 것으로 보이는 《상군서商君書》라는 책은 진시황과 이사가 단행한 분서焚書의 목록 속에 포함되지 않았습니다. 상앙의 사상은 훗날 이사와 진시황이 개혁을 완성하기 전에 그 단초들을 그들에게 제공했다고 할 수 있습니다.

상앙은 위나라의 서얼 공자 출신입니다. 출신이 비주류다 보니 나름대로 자기 뜻을 펴기 위해 고민을 많이 해봤지만, 뜻대로 잘되지 않았습니다. 그러던 중 진나라 효공이 천하의 어진 사람을 구한다는 포고령을 보고는 곧바로 찾아갑니다.

당시 효공이 가장 중요하게 생각했던 문제는 "어떻게 하면 개혁을 할 수 있을까?"였습니다. 춘추 전국 시대에 살아남기 위해 애쓰던 나라들 중 진나라의 지리적 조건이 가장 좋지 않았습니다. 가장 서쪽에 있는 진나라는 농사가 잘되지 않는 척박한 땅을 갖고 있었습니다. 주변국들은 땅이 비옥하여 가만히 있어도 백성의 의식주 문제를 해결할 수 있었기 때문에 다른 나라들과 경쟁하기 위해서는 완벽히 다른 시스템이 필요했습니다. 상앙은 그 의중을 알아채고 개혁을 통한 부국강병, 더 나아가 다른 나라를 물리치고 패권을 차지하는 방법을 효공에게 이야기합니다. 보통 왕들은 20보 정도 거리를 두고 신하와 이야기하는데, 상앙이 말을 기막히게 잘하니 그들은 서로 무릎을 맞대고 대화할 정도로 의기투합했다고 합니다. 결국 효공은 상앙의 견해에 동의하며 개혁에 힘을 실어줍니다. 사실 당시 다른 나라들도 이런 개혁을 시도하지 않았던 것은 아닙니다. 하지만 그것들은 파편적이고 일시적인 시도일 뿐이었습니다. 효공은 이 모든 것을 집약해서 대대적으로 사회 전반을 개혁하기를 바랐던 것입니다.

상앙이 효공을 만났을 때 주장한 것이 "옛것을 본받는 것이 능사는 아니다."입니다. 하지만 기존 신하들이 주장한 것은 '온고지신溫故知新'이었습니다. 옛것을 익혀서 새것을 안다, 이어받은 과거를 바탕으로 현재를 비판하는 것이 당시 사상과 정치의 기본적인 틀이었다는 말이죠. 그래서 효공은 반대파를 설득해야 한다는 생각에 걱정이 됩니다. 그러자 상앙은 "옛것을 다 반대하는 것도 능사는 아니다."라고 말을 바꿉니다. 우리가 옛것을 본받든 내팽개치든 그것은 선택의 문제라는 겁니다. 상앙이 한 말 가운데 진짜 중요한 것은 바로 그다음 말이라고 할 수 있습니다.

의심스러워하면서 행동하면 공명이 따르지 않고, 의심스러워하면서 사업을 하면 성공할 수 없습니다. 또한 다른 사람들보다 뛰어난 행동을 하는 자는 원래 세상 사람들의 비난을 받기 마련이며, 남들이 모르는 지혜를 가진 자는 반드시 백성에게 오만하다는 비판을 듣기 마련입니다.

疑行無名, 疑事無功. 且夫有高人之行者, 固見非於世; 有獨知之慮者, 必見敖於民.

— 《사기》〈상군 열전〉

어떤 일을 할 때는 그 일이 반드시 필요하고 옳은 것인지를 먼저 따져야지, 주변에 휘둘려서는 안 된다는 것이 이 말의 요지입니다. 왜 이런 말을 했을까요? 저는 효공의 용기를 북돋우기 위해서라고 생각합니다. 당시 상앙의 개혁안이 워낙 혁신적이어서 효공은 세상 사람들이 자신을 비방할까봐 걱정되어 주저하고 있었습니다. 그래서 상앙은 반대 세력이 강하면 강할수록 더욱 단단히 마음을 먹고 결행해야 한다고 말한 것입니다.

좀 더 자세히 살펴보면 다음과 같습니다. 의행무명疑行無名, 의심스럽게 행동하면 공명(이름)이 따르지 않고, 의사무공疑事無功, 의심스럽게 일을 하면 공적을 세울 수 없다. 여기서 '의심'이란 무엇일까요? 일을 앞두고 주저하거나 게으르게 행동하는 것입니다. 결국 결단력과 과단성을 강조한 말이라 할 수 있습니다. 그래야 명名과 공功, 명성과 결과를 얻을 수 있다는 겁니다. 옛것을 따르든 따르지 않든 그것은 선택의 문제이지만, 결국 일의 성패는 주저하지 말고 과감하게 할 때 결정된다는 겁니다.

화끈한 추진력으로 효공의 마음을 사로잡은 상앙은 화려하게 역사의 무대로 나섭니다. 상앙은 변법, 즉 법을 바꾸자고 주장합니다. 이는 시스템을 바꾸는 것을 의미합니다. 어떻게 바꾸자는 것일까요? 첫째, 군주의 절대 권력을 강화하고 둘째, 귀족의 특권을 없애며 셋째, 지식인이 사상을 논의하는 것을 금지하자는 겁니다. 바로 전제주의적인 강압정책을 주장한 것입니다. 당시 사람들은 상상도 할 수 없었던, 대단히 강력하고도 급진적인 개혁이었습니다.

이렇게 개혁을 주장하니 기득권층 신하들이 반대하고 나섭니다. 당시 효공 곁에 있던 두지杜摯와 감룡甘龍이라는 인물이 들고일어난 겁니다. 이때 벌어진 언쟁이 볼 만하니,《사기》〈상군 열전〉에 기록된 내용을 한번 보겠습니다.

먼저 두지가 말합니다.

"100배의 이로움이 없으면 법을 고쳐서는 안 되며, 10배의 효과가 없으면 그릇을 바꿔서는 안 됩니다. 옛것을 본받으면 허물이 없고, 예법을 따르면 사악함이 없습니다."

이에 대한 상앙의 반론은 이러합니다.

"세상을 다스리는 데는 한 가지 길만 있는 것이 아니므로, 그 나라에 편하면 옛날 법을 본받을 필요가 없습니다."

신하 감룡도 점진적인 변화의 필요성을 강조하면서 강력히 반대합니다.

"성인은 백성의 풍속을 고치지 않고 교화시키며, 지혜로운 자는 법을 고치지 않고 다스립니다."

이에 대한 상앙의 반론은 이러합니다.

"감룡이 말하는 것은 평범한 사람들은 옛 풍속에 안주하고, 학자들은 자기가 배운 것에만 몰두한다는 것입니다. 이 두 부류의 사람은 관직에 있으면서 법을 지키게 할 수는 있지만, 법 이외의 문제들을 더불어 논의할 수는 없습니다."

여기서 '법 이외의 문제들'이란 변법을 말합니다. 즉 법을 지키는 사람들이 동시에 법을 바꾸는 문제까지 논의할 수는 없다는 말입니다. 아무래도 "평범한 사람들은 옛 풍속에 안주하고, 학자들은 자기가 배운 것에만 몰두"하기가 쉽기 때문이 아니겠습니까? 변화를 추구하기보다는 기존 것을 지키려는 성향이 강하다는 겁니다. 그러나 상앙은 옛날이니 지금이니 따지지 말고 국가의 장래에 도움이 된다면 무엇이든 해보자고 주장하며 급진적인 개혁 노선을 관철합니다.

법은 위에서부터 지켜야 한다

상앙이 주변 신하들을 물리친 뒤 또 다른 문제가 생겼습니다. 새로운 법령을 공표했지만 백성이 믿지를 않은 겁니다. 진정 법을 어기면 벌을 내리고, 잘 지키면 상을 줄 것인지 확신하지 못한 겁니다. 이런 상황에서 상앙은 강력한 의지를 보여줍니다. 다음 일화를 살펴볼까요?

법령이 이미 갖추어졌으나 널리 알리기 전이라 백성이 믿지 않을까 염려되었다. 그래서 (상앙은) 세 길이나 되는 나무를 도성 저잣거리의 남쪽 문에 세우고 백성을 불러모아 말했다.

"이 나무를 북쪽 문으로 옮겨놓는 자에게는 십 금金을 주겠다."

백성은 이상히 여겨 아무도 옮기지 않았다. 다시 말했다.

"(그것을) 옮기는 자에게는 오십 금을 주겠다."

어떤 사람이 그것을 옮겨놓자 즉시 오십 금을 주어 나라에서 백성을 속이지 않는 점을 분명히 했다. 마침내 새 법령을 널리 알렸다.

令既具, 未布, 恐民之不信, 已乃立三丈之木於國都市南門, 募民有能徙置北門者予十金. 民怪之, 莫敢徙. 復曰: 能徙者予五十金. 有一人徙之, 輒予五十金, 以明不欺. 卒下令.

—《사기》〈상군 열전〉

이때 생긴 말이 '이목지신移木之信'이라는 말입니다. 위정자가 나무를 옮기는 데에서 본보기를 보여 백성을 믿게 한다, 즉 남을 속이지 않고 약속을 반드시 지킨다는 뜻입니다. 사소한 것이라 하더라도 지켰을 때에는 상을 주고, 지키지 않았을 때에는 벌을 주는 것이 법치의 기본임을 몸소 보여준 것입니다. 이때부터 백성이 바뀐 법을 믿고 따르기 시작하니, 길거리에 물건이 떨어져도 주워가는 사람이 없었다고 합니다. 그만큼 백성이 서로 믿고 의지하기 시작했습니다.

효공 밑에서 12년째 되었을 때, 상앙은 수도 함양에 궁전을 짓고 좀 더 강력한 두 번째 변법을 진행합니다. 먼저 백성에게 토지를 사유할 수 있게 해줍니다. 누구나 토지를 매매할 수 있도록 허락한 것입니다. 더는 국가가 관여하지 않도록 말입니다. 이것은 당시에 대단히 중요한 정책이었습니다. 옛날에는 귀족들이 토지 전체를 소유하고 있어서 백성은 거기서 일만 했습니다. 결국 기득권층만 토지를 독차지한 것입니다. 하지만 토지를 매매하기 시작하면서 사유재산 제도가 형성됩니다. 또 전쟁에서 반드시 군공을 세워야만 승진을 시켰습니다. 공을 세우면 직위를 높여주고, 세우지 못하면 과감히 강등시켰습니다. 이런 것들은 일종의 성과주의 시스템이라고 볼 수 있는데, 당시만 해도 아주 혁신적인 시스템이라 백성에게 희망을 주었습니다. 신분이 미천해도 공을 세우면 장군이 될 수도 있고, 더 위로 올라갈 수도 있으며, 열심히 일하면 돈을 벌어 토지도 살 수 있다는 것을 뜻하기 때문입니다.

그러던 가운데 태자가 법을 어기고 사람을 죽인 사건이 벌어집니다. 그런데 아무도 처벌하지 않았습니다. 태자라면 효공의 왕위를 물려받을 사람 아닙니까? 당연히 두려워 아무도 나서지 않은 것입니다. 그때 상앙이 나서서 말합니다.

"법이 시행되지 않는 것은 귀족의 친족에게서 비롯된 것입니다. 왕께서 진실로 법령을 시행하고자 하신다면, 태자에게서 본보기를 보여야 합니다. 그러나 태자가 경형黥刑을 받을 수는 없으니, 그의 스승이 대신 받아야 합니다."

개혁 업무를 맡긴 최고 수장의 주장이니 왕은 들어줄 수밖에 없었습니다. 결국 태자의 교육과 관련된 자들의 코를 베고 이마에 글자를 새기는 형벌을 내립니다. 그러자 나라의 기강이 바로잡혔습니다.

여기서 상앙이 주장한 것은 무엇입니까? 왕의 자손이든 친척이든 귀족이든 법규에는 예외가 없어야 한다는 겁니다. 당연히 백성의 신망이 더욱 두터워졌고, 반대로 귀족의 원성은 더 높아졌습니다.

상앙이 효공을 도와 22년간 재임한 덕분에 진나라는 국세가 확장되었습니다. 효공은 상앙에게 무려 열다섯 개의 봉토를 하사하고 그를 제후로 대우해주었죠. 문제는 2년 뒤에 효공이 죽고 아들 혜문군惠文君이 즉위했다는 겁니다. 혜문군은 효공과는 달리 개혁 의지가 없는 사람이었습니다. 이 틈을 타 귀족들이 상앙을 쫓아내자고 도모합니다. 결국 상앙은 쫓기는 신세가 됩니다.

그런데 여기서 아이러니한 일이 벌어집니다. 상앙이 국경을 넘으려는 순간, 객사 주인이 상앙에게 신분증을 보여달라고 요청한 겁니다. 당시에는 신분증이 있어야만 국경을 넘을 수 있는 제도가 있었기 때문입니다. 그 법을 누가 만들었겠습니까? 바로 상앙입니다. 그런데 정작 자신은 신분증을 지니고 다니지 않았던 겁니다. 물론 이보다 더 심각했던 문제는 당시 상앙이 다섯 집, 열 집을 묶어서 시행한 연좌제였습니다. 열 집 가운데 한 집이 불법 행위를 저지르면, 나머지 아홉 집이 신고해야 하는 제도입니다. 신고하지 않으면 나머지 아홉 집도 모두 처벌을 받았습니다. 그것도 상앙이 만든 법이었습니다. 변법 이후 진나라는 세금을 걷거나 부역을 할 때 근거가 되는 호적 제도를 전면적으로 실시하여 백성을 통제하고 관리했는데, 연좌제 또한 그 일환이었던 거죠. 결국 객사 주인은 벌을 받을까 두려워 상앙을 신고합니다. 훗날 상앙은 붙잡혀 거열형車裂刑, 즉 수레에 사지를 매달아 사지를 찢어 죽이는 벌을 받습니다. 그 가족 역시 사형을 당합니다. 한마디로 말하자면 자신이 만든 법에 따라 죽음을 맞게 된 것입니다. 상앙의 임법任法, 법에 맞기면 나라가 저절로 다스려진다는 것, 다시 말해 법치 만능주의는 결국 상앙 개인에게 비극적인 결과를 낳으면서 그 폐해를 드러내고 말았습니다.

이러한 비극은 어찌 보면 필연적으로 보입니다만, 상앙의 사상만큼은 봉건 체제에서 상당히 진보적이었던 것은 분명합니다. 물론 귀족이 아닌 일반 백성 입장에서는 전제주의 체제를 구축했다는 비판을 받았지만 말이죠. 변법의 역사적 의미를 따져보자면, 첫째는 진나라의 풍속을 개혁했다는 것이고, 둘째는 군현제를 확대하고 보편적으로 시행하여 군주로 대변되는 중앙 권력을 강화하고 상대적으로 봉건 귀족의 힘을 감소시켰다는 것입니다. 군공만이 관직으로 나아가고 승진할 수 있는 유일한 길이었기 때문에 군공이 없으면 왕의 친족일지라도 작위를 얻을 수 없고 부자도 영화를 누릴 수 없으니, 이는 능력 위주의 국가 시스템 구축을 위한 '시동始動'이라고 부르기에 충분합니다.

탁상공론을 걷어치우다

상앙의 사상을 훌륭히 계승한 인물이 바로 이사이고, 그 능력을 발휘하게 해준 제왕이 바로 진시황입니다. 왜 두 사람을 묶어서 봐야 할까요? 조직의 개혁과 혁신은 리더 혼자서 하는 것이 아니기 때문입니다. 역사를 배울 때 우리는 왕들 위주로 배우기 때문에, 또 그 대표성 때문에 진시황이 중국을 통일했고 제도를 개혁했다고 알고 있습니다. 하지만 실제로 살펴보면, 보통 한 조직의 리더는 어떤 일을 결정하거나 그 일을 추진하는 힘을 실어주는 역할을 하지, 직접 실무를 해나가지는 않습니다. 개혁을 하기 위해서는 리더의 이상을 실현할 수 있는, 조직의 행동대장과 같은 강력한 이인자가 있어야 합니다.

이사는 진시황을 보좌하여 통일 국가를 세우는 데 큰 영향을 미친 인물입니다만, 처음부터 그 입지가 좋았던 것은 아닙니다. 초나라에서 하급 관리로 지내던 이사가 진나라에 '객客'으로 가니, 거기에는 기득권 세력이 많이 있었습니다. 진시황이 새로 온 인재를 신임하면 할수록 기득권 세력의 입지는 상당히 좁아졌습니다. 이때 기존 신하들이 주장한 것이 '온고지신'입니다. 당시 순우월淳于越이라는 사람은 진시황에게 이렇게 얘기합니다.

"은殷나라와 주나라 왕조가 1000여 년 동안 다스릴 수 있었던 것은 공신들을 봉하여 왕실을 돕는 지주로 삼았기 때문입니다. 지금 폐하께서는 천하를 소유하고 계시지만 폐하의 자제들은 평범한 사람에 지나지 않습니다."

　그러면서 집안 자제들을 진시황 측근으로 삼아야 한다고 말합니다. 황실에 문제가 생겼을 때 이들이 보호해줄 수 있다는 주장입니다. 진시황이 이 의견을 어떻게 생각하느냐고 물으니, 이사는 강력히 반발하며 이런 글을 올립니다.

　옛날에는 천하가 흩어지고 어지러워도 아무도 이를 통일할 수 없었습니다. 그래서 제후들이 나란히 일어났고, 말하는 것마다 옛것을 끌어내어 지금의 것을 해롭게 하고, 헛된 말을 꾸며서 실제를 어지럽혔습니다. 사람들은 저마다 자기가 배운 것을 옳다고 여기고 조정에서 세운 제도를 비난했습니다. 지금 폐하께서는 천하를 통일하고 흑백을 가려 천하에 오직 황제 한 분만이 있도록 정했습니다. 그런데 사사로이 학문하는 자들은 서로 모여 이미 만들어진 법과 제도를 허망한 것이라고 합니다. 조칙이 내려졌다는 말을 들으면 각자 자기가 배운 학설에 의하여 그것을 비판하고, 집으로 들어가서는 마음속으로 헐뜯고 밖으로 나와서는 길거리에서 논의합니다. 그들은 군주를 비방하는 것을 명예로 여기고, 다른 주장을 내세우는 것을 고상한 것으로 여겨 그들을 따르는 사람들을 이끌어 비방을 일삼고 있습니다. 이러한 행동을 금지하지 않으면 위로는 군주의 권위가 떨어지고 아래로는 당파가 이루어질 테니 금하는 것이 유리합니다. 청컨대 모든 문학과 《시경》, 《서경書經》, 제자백가의 책을 가지고 있는 자는 이것을 없애도록 하고, 이 금지령이 내린 지 30일 지나도 없애지 않는 자는 이마에 먹물을 들이는 형벌을 가하여 성단城旦(4년 동안 새벽부터 일어나 성 쌓는 일을 하는 죄수)으로 삼으십시오. 의약·점복·농사·원예에 관한 책은 없애지 않아도 됩니다. 만일 배우고 싶은 자는 관리를 스승으로 삼으면 됩니다.

古者天下散亂, 莫能相一, 是以諸侯並作, 語皆道古以害今, 飾虛言以亂實. 人善其所私學, 以非上所建立. 今陛下幷有天下, 別白黑而定一尊; 而私學乃相與非法敎之制, 聞令下, 卽各以其私學議之, 入則心非, 出則巷議, 非主以爲名, 異趣以爲高, 率群下以造謗. 如此弗禁, 則主勢降乎上, 黨與成乎下. 禁之便. 臣請諸有文學詩書百家語者, 蠲除去之. 令到滿三十日弗去, 黥爲城旦. 所不去者, 醫藥卜筮種樹之書. 若有欲學者, 以吏爲師.

— 《사기》〈이사 열전〉

이사의 주장은 "사람들이 선현들을 끌어들여 오늘의 것을 재단하고 참조하는데, 그들은 자기가 편한 대로 해석하기 때문에 시행착오에 불과하다."는 것입니다. 이러한 이사의 글로 촉발된 사건이 바로 분서갱유입니다. 분서라고 함은 책을 태운다는 말입니다. 갱유는 유학자를 매장한다는 말입니다. 하지만 우리가 흔히 오해하듯이 분서와 갱유가 동시에, 그것도 유학자들을 탄압하기 위해서 벌어진 일은 아닙니다. 분서는 기원전 213년에, 갱유는 이듬해인 기원전 212년에 일어났습니다. 그리고 분서를 단행할 때에는 실용과 관련된 몇몇 책은 시중에 나돌게 놔두었습니다. 문제는 점술서를 남겨두었다는 점인데, 이는 진시황이 점술을 매우 좋아한 것과 무관하지 않습니다. 또 혹자는 당시 사회를 어지럽히던 다른 나라의 역사서들 위주로 태워 없앴다고 합니다. 왜 그랬을까요? 강력한 통일 왕국인 진나라의 정통성을 강화하기 위해서 그 이전의 전통을 남겨두지 않으려는 것이 아니었을까요?

카리스마형 리더들이 가장 범하기 쉬운 치명적인 실수가 바로 백성을 어리석게 만드는 우민화 정책입니다. 진나라가 통일을 했다 하더라도, 각자의 나라가 멸망했기 때문에 진시황에게 나쁜 감정을 품고 있을 것입니다. 그런데 백성이 역사서나 학문적인 책을 많이 읽기 시작하면 뜻대로 통치할 수가 없지 않습니까? 지자智者가 되면 머리가 커져 다루기 어렵기 때문입니다. 그래서 저지른 것이 바로 분서입니다.

또 이사는 분서를 주장했지만, 갱유를 주장한 일은 없습니다. 그것은 진시황이 단독으로 저지른 일이었습니다. 말 그대로 유학자만 파묻은 것도 아닙니다. 이 사건의 발단은 유학자가 아닌 사이비 방사方士, 신선 술법을 닦는 도사들이었습니다.

당시 이런 사건이 있었습니다. 방사들이 불사약에 대해 이야기하며 안 그래도 자신의 지위에 대해 불안감을 느끼고 있던 진시황을 홀린 겁니다. 거기에 걸려든 진시황은 그들에게 돈을 주며 불사약을 구해오라고 명령합니다. 그러자 후생侯生과 노생盧生이라는 방사가 진시황을 비방하고 도망쳐버렸습니다. 화가 난 진시황은 궁궐 안에 요사스러운 말로 백성을 어지럽히는 학자들을 잡아들여 심문합니다. 거기에 유생들도 끼어 있었습니다. 진시황은 유가의 입장을 가진 방사들에게 "너희 중에서 나를 비판하거나 진나라를 비판한 사람이 있다면 서로 밀고해라!"라며 이간책을 씁니다. 그들이 서로 고발하기 시작하니 법을 어긴 자들이 460여 명이나 나왔습니다. 그들을 모두 구덩이에 넣고 생매장시킨 사건이 바로 갱유입니다. 이 두 사건을 합쳐 분서갱유라고 부르는데, 이는 훗날 역사가들이 진시황을 깎아내리기 위해서 사실을 왜곡한 측면이 많습니다.

분서갱유는 세 가지 측면을 동시에 생각하며 이해해야 합니다. 첫째는 개혁을 위한 마인드 구축, 둘째는 우민화 정책, 셋째는 문화 말살 정책입니다. 어쨌든 진시황이 분서를 일으켰고, 이로써 중국 민족이 종이를 만들고 종이를 태운 민족이라는 불명예를 쓰게 된 것은 부인할 수 없습니다. 제가 보기엔 진시황의 행동은 망상에 사로잡혀 자신만의 세계를 구축한, 그런 혼란스러운 의식 속에서 나온 것이 아닌가 합니다.

하지만 그 밑에 있는 이사의 입장은 좀 달랐습니다. 이사의 분서에는 확실한 목적이 있었습니다. 위 글에서 점술서·식목서·의학서를 남기자고 했다는 것에 주목해야 합니다. 그것은 학문적인 책들이라기보다는 실용적인 책들입니다. 이사는 옛날에 있었던 탁상공론과도 같은 논의들은 필요 없다고, 다시 말해 고古와 금今이 같을 수가 없다고 말합니다. 옛날은 옛날로서 존재하는 것이고, 지금은 지금으로서 존재하는 것이라고 말입니다. 즉 오늘의 것을 오늘의 입장에서 해석해야지, 옛날 입장을 들이대 해석해서는 안 된다는 겁니다. 그래서 진시황이 이사에게 명령을 내립니다. 실용적인 책 몇 가지만 남겨놓고 나머진 다 없애라! 그렇게 분서를 단행하니 수많은 학자가 벽 속에 책을 넣고 다시 메꾸어버립니다. 훗날 한나라 때 공자의 집을 수리하다가 수많은 책 무더기가 나왔는데, 그게 다 옛날 경전들이었다고 합니다.

아마 이사는 이렇게 생각하지 않았을까요? 지금의 입장에서는 앞으로 해야 할 것이 매우 많은데, 지나치게 과거의 잣대로 지금의 일들을 재단하려는 시도는 시대에 맞지 않다고, 당시에서부터 1,000년 전이나 500년 전인 은나라·주나라 때로 되돌아가려는 시도는 현 단계에서 새로운 시스템을 구축하는 데 맞지 않다고 말이죠. 실용적인 것은 살리고, 이론적이고 케케묵은 것들은 배척한 것으로 볼 때, 당시 이사가 생각하고 진시황이 바랐던 개혁의 일들이 대단히 시급하지 않았겠느냐 하는 생각을 해봅니다. 옛날 것도 보고 지금 것도 보고, 이 두 가지를 함께 고려하기가 대단히 어려울 때 이사와 진시황은 결국 지금을 선택하는 승부수를 던진 것입니다.

기존 책들을 다 불살라버리자 수구 세력, 권력자 밑에 있던 반개혁적인 성향의 사람들이 존립할 근거가 사라집니다. 그렇게 되면 오로지 진나라를 이끌 사람은 딱 두 명, 이사와 진시황만 남습니다. 이사는 정치·경제·문화 등 각 방면을 개혁하고 실권을 장악할 수 있는 재상 자리에 오릅니다.

바로 그때 한 남자가 홀연히 이사와 진시황에게 찾아옵니다. 진시황이 그토록 만나보기를 원했던 바로 그 남자. 우리가 다음 강의에서 본격적으로 알아볼 한비라는 인물입니다.

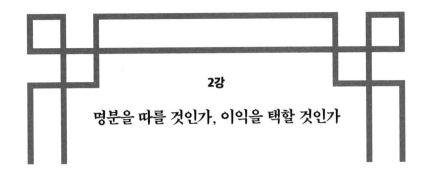

2강
명분을 따를 것인가, 이익을 택할 것인가

혼란을 다스리기 위해 법가를 세우다

한비는 중국의 고대 사상가 가운데 현실 정치에 가장 깊숙이 발을 들여놓은 사상가입니다. 철학과 현실 세계 사이에는 거리가 있다고 생각하는 것이 통념인데, 왜 한비는 현실 정치에 뛰어들어 목숨까지 잃었던 것일까요? 이번 강의에서는 한비의 삶에 대해서 자세히 알아보도록 하겠습니다.

한비는 앞서 살펴본 진나라 이사와 동시대 사람입니다. 초나라에서 작은 관리를 지내던 이사와 마찬가지로, 한비도 한나라 서얼 공자 출신으로 비주류의 아픔을 겪었습니다. 또 조국인 한나라가 약소국의 비애와 굴욕을 겪는 것을 지켜보았습니다. 지리적으로 보면 한나라는 전국칠웅戰國七雄 가운데 중간에 자리하고 있었습니다. 서쪽으로는 진나라, 동쪽으로는 제나라, 남쪽으로는 초나라, 북쪽으로는 위나라 등 강대국들 사이에 끼어 있던 겁니다. 이런 환경에서 태어난 한비는 어쩔 수 없이 한나라를 부흥시키기 위해 다른 사상가들이 생각하지 못한 새로운 카드를 손에 쥐고 싶어 합니다. 자신이 처한 상황과 시대적 한계를 타개하기 위해 한비가 준비한 비장의 카드는 과연 무엇이었을까요?

사마천에 따르면 한비는 진나라 재상인 이사와 함께 유가의 이단이라고 불리는 순자荀子에게서 학문을 배웠습니다. 순자는 제나라 수도 임치臨淄의 성문인 직하稷下라는 곳에서 학교 행정 담당관 자리를 맡았던 당대 유수의 학자였습니다. 그런데 한비는 귀족 출신이었고, 이사는 초나라 상채上蔡의 서민 출신이었습니다. 두 사람의 성격과 신분도 차이가 있고, 출신 국가도 달랐기 때문에 사마천의 기록대로 두 사람이 과연 제나라에 들어가 동문이 되었을지는 의문입니다. 《순자》라는 책에 한비와 순자의 문답은 보이지만, 한비 자체를 언급한 부분은 한 군데도 없습니다. 역으로 한비도 100년 이상 떨어진 신불해의 저작은 자주 거론하는데, 그가 살던 시대와 가까웠던 스승 순자에 대해서는 거의 언급하지 않습니다.

일단 기록에 따르자면 한비는 순자에게서 인간의 성품, 본성이 선하지 않다는 사상을 받아들인 듯 보입니다. 한비는 악한 본성의 인간을 다스릴 방법은 덕이 아니라 법이라고 생각했습니다. 전쟁이 극에 달한 피의 시대, 죽이거나 죽임을 당하는 전국 시대 말기에 한비는 법에 정통한 통치만이 그 혼란을 끝낼 수 있는 가장 강력한 수단이라고 주장했습니다.

앞서 말씀드렸다시피 한비의 출신이 주류인 듯하면서도 비주류이다 보니 성공하기 위해서는 자신의 실력을 스스로 입증해야만 했습니다. 한비는 법가의 틀을 세워 천하를 새로운 시각에서 만들어보겠다고 조국인 한나라 왕을 찾아가 유세합니다. 하지만 한왕은 한비의 생각을 하나도 받아들이지 않습니다. 한나라는 작은 나라이면서도 널리 인재를 구하지 않았고, 군주에게도 시대를 보는 긴 안목과 통찰력이 없었던 것입니다. 한나라에 임용되지 못하자 한비가 울분에 차 썼던 책이 바로 10만여 자에 달하는 방대한 분량의 《한비자》입니다.

토끼를 기다리는 농부

저는 개인적으로 한비에 대해 많은 연민을 품고 있습니다. 한비는 탁월한 문장력을 갖고 있었지만 눌변이었습니다. 즉 말더듬이였습니다. 그는 조국 한나라에서 일이 잘 풀리지 않자 적국 진나라를 찾아갔습니다. 한비의 글을 탐독한 진시황이 한번 만나보자고 했기 때문입니다. 진시황이 《한비자》에서 〈오두五蠹〉 편과 〈고분孤憤〉 편을 읽어보고는 이 책을 쓴 한비와 만날 수만 있다면 평생소원이 따로 없겠다고 이사에게 이야기했다고 합니다.

여기서 오두는 다섯 가지 좀을 뜻합니다. 나라를 좀먹고 갉아먹어 황폐하게 하는 다섯 부류의 사람을 비유하는 겁니다. 첫째는 유가인데, 그들이 고대 성왕만 칭송하고 인의도덕의 정치를 주장해 군주의 마음을 동요시키고 있다고 한비는 비판합니다. 둘째는 세객說客과 종횡가縱橫家인데 엉터리 주장을 늘어놓는 웅변가로 보면 됩니다. 셋째는 사사로운 무력으로 나라 질서를 해치는 유협游俠, 넷째는 공권력에 의지해 병역이나 조세 부담에서 벗어나려는 권문귀족, 다섯째는 농민의 이익을 빼앗는 상공인입니다. 한비는 이러한 다섯 가지 벌레를 법의 힘으로 없애야 나라를 강하고 부유하게 다스릴 수 있다고 주장합니다.

〈오두〉편에서도 밝혔듯이 당시 상황을 보면 시대 흐름에 역행하는 세력들이 있었습니다. 기존 체제를 구성하는 세력들은 워낙 견고하지 않습니까? 개혁에 저항하는 세력을 제거하기 위해서는 군주에게 권한을 집중해야 합니다. 이 점을 한비가 꿰뚫어본 것입니다. 절대적 권한을 쥔 군주만이 당시 귀족과 지방 토착 세력을 제거하거나 제압할 수 있었습니다.

〈오두〉편에는 그 유명한 수주대토守株待兎라는 이야기가 나옵니다.

> 송宋나라 사람으로 밭을 가는 자가 있었는데, 밭 가운데에 그루터기가 있었다. 토끼가 달려가다 그루터기에 부딪쳐 목이 부러져 죽었다. 그러자 농부는 쟁기를 버리고 그루터기를 지키며 다시 토끼 얻기를 기다렸다. 토끼는 다시 얻을 수 없었으며, 그 자신은 송나라 사람들의 웃음거리가 되었다. 지금 선왕의 정치를 좇아 현재의 백성을 다스리려고 하는 것은 모두 그루터기를 지키는 것과 유사한 것이다.
>
> 宋人有耕田者, 田中有株, 兎走觸株, 折頸而死, 因釋其未而守株, 冀復得兎, 兎不可復得, 而身爲宋國笑. 今欲以先王之政, 治當世之民, 皆守株之類也.
>
> —《한비자》〈오두〉

이것은 시대 변화를 읽지 못하고 과거에 사로잡혀 냉정한 판단을 그르치는 어리석은 자를 비판하는 이야기입니다. 한비는 이 이야기를 들어 군주는 시대와 상황에 알맞은 방식을 사용해 정치를 해야만 한다고 주장합니다. 한비는 전국 시대를 강력한 변화의 시대로 생각하고 있었습니다. 그래서 왜 요순堯舜시대를 들먹이면서 옛날을 그리워하느냐고 말합니다. 수주대토라든지 각주구검刻舟求劍 같은 일화를 통해 통치자

고전의 전략

가 유효성이 없는 과거의 잣대로 현실을 재단하고, 각박한 현실에서 인간의 본성을 순진하게 믿는 것은 문제가 있다고 경고합니다.

이러한 한비의 주장에 진시황이 감응합니다. 그 이유를 찾아보자면 이렇습니다. 만약 진시황이 동쪽 제나라 출신이라면 한비의 사상을 받아들이기 어려웠을 겁니다. 제나라는 전통이 강한 나라여서 변화가 쉽지 않았겠죠. 그런데 진나라는 중원에서 멀리 떨어진 하나의 지방에 불과했습니다. 비주류였기 때문에 새롭고 강력한 돌파구가 필요한 상황이었습니다. 이처럼 국가의 환경이 척박할 뿐만 아니라, 진시황 개인도 왕족이긴 하지만 서자 출신이다 보니 결국 실력 중심으로, 자기 힘으로 서야겠다는 의지가 강했습니다. 이런 면에서 진시황과 한비는 잘 맞았습니다. 그래서 진시황이 〈고분〉 편도 감명 깊게 읽은 것입니다. 고분이란 말이 무엇입니까? 외로울 고孤와 분개할 분憤입니다. 외롭게 분개한다는 뜻입니다. 이 말은 한비의 마음을 그대로 표현한 말입니다. 뜻을 펼치려고 해도 자신의 유세가 받아들여지지 않아 홀로 외로운 지식인의 모습이 떠오르지 않습니까? 세상 사람들이 알아주지도, 또 좀처럼 자신의 말을 들으려고 하지도 않는 상황을 그대로 이야기한 것입니다. 진시황 역시 외롭게 분노하고 있는 상황에서 한비의 글에 감정이입을 한 것이 아닐까요?

진시황은 한비의 책을 읽고 나서야 확신합니다. 진나라가 열악한 환경을 뛰어넘어 패권국이 될 수 있다고 말이죠.《한비자》에 나온 법·술·세 개념은 진시황에게 신선한 충격이었습니다. 법은 백성을 다스리기 위한 것으로 모든 사람이 지켜야 하는 성문화된 규율입니다. 술은 군주가 신하를 다스리는 기술로 권모술수적인 측면이 두드러집니다. 세는 통치를 제대로 하기 위해 갖춰야 하는 보이지 않는 힘으로, 군주의 권세를 뜻합니다. 이런 법·술·세 개념을 보고 나니 세상과 권력의 흐름이 한눈에 들어온 것입니다.

한비는 진시황을 설득하기 위해 나섰습니다. 하지만 앞서 한비는 글은 잘 썼지만 말은 잘하지 못한다고 하지 않았습니까? 진시황 앞에서 한비는 자기 생각과 비전을 충분히 풀어놓지 못했습니다. 또 다혈질인 진시황은 한비의 떠듬거리는 말에 감동을 할 수 없었습니다. 실제 한비의 모습과 책을 보고 상상한 한비의 모습은 괴리가 있었던 겁니다. 게다가 한나라는 진나라가 언젠가 공격해야 하는 나라인데, 그곳 출신의 인재를 막상 쓰려니 부담스럽기도 했습니다. 결국 진시황은 한비를 등용하지 않기로 합니다.

아랫사람이 말하기 꺼려하는 열두 가지 이유

비록 진시황을 설득하는 데에는 실패했지만, 한비는 군주를 위한 유세술을 대단히 중시한 사상가였습니다. 어떻게 하면 자기 생각을 제대로 군주에게 전할 수 있는지 연구했습니다. 선거 때마다 자주 보듯이 유세는 자기 의견 또는 자기 소속 정당의 주장을 선전하며 돌아다니는 것입니다. 물론 그 시대의 유세 대상은 군주였지만 말입니다. 한비는 이러한 설득술을 계발하기 위해서 대단히 노력한 사람입니다. 말더듬이라는 태생적인 한계를 극복하려고 한 것이 이해가 되다가도 또 그 때문에 실패하고 마니, 참으로 아이러니한 인생이 아닐 수 없습니다.

사마천은 《사기》에서 《한비자》의 〈세난說難〉, 유세의 어려움이라는 편명을 거의 송두리째 인용하고 있습니다. 먼저 〈노자·한비 열전〉에 나와 있는 내용을 읽어보겠습니다.

현명하고 어진 군주에 관해서 말하면 자기를 헐뜯는다는 오해를 받
게 되고, 지위가 낮은 인물에 관해서 말하면 군주의 권세를 팔아서 자
신을 돋보이려 한다는 오해를 받게 되며, 군주가 총애하는 자에 관해
서 이야기하면 그들을 이용하려는 줄 알며, 군주가 미워하는 자에 관
해서 논하면 자기를 떠보려는 것으로 여길 것이다. 말을 꾸미지 않고
간결하게 하면 아는 게 없다고 하찮게 여길 것이고, 장황하게 늘어놓
으면 말이 많다고 할 것이며, 사실에 근거하여 이치에 맞는 의견을 말
하면 소심한 겁쟁이라 말을 다 못한다고 할 것이고, 생각한 바를 거침
없이 말하면 버릇없고 오만한 사람이라고 할 것이다. 이런 것들이 유
세의 어려운 점이니 마음속에 새겨두어야 한다.

與之論大人, 則以爲閒己; 與之論細人, 則以爲粥權. 論其所愛, 則以爲借資; 論其
所憎, 則以爲嘗己. 徑省其辭, 則不知而屈之; 汎濫博文, 則多而久之. 順事陳意, 則
曰怯懦而不盡; 慮事廣肆, 則曰草野而倨侮. 此說之難, 不可不知也.

—《사기》〈노자·한비 열전〉

이를 조금 더 자세히 알아보기 위해《한비자》를 찾아봅시다. 거기서
한비는 신하들이 군주에게 말하길 꺼려하는 열두 가지 이유를 듭니다.

1. 저의 말이 (주상主上의 뜻을) 좇아 유창하고 매끄럽게 줄줄 이어
지면 화려하지만 실속이 없다고 여겨질 것입니다言順比滑澤, 洋洋纚纚
然, 則見以爲華而不實.
2. 고지식하고 순박하면서 공손하며 강직하며 신중하며 완벽하면 서

투르고 조리가 없다고 여겨질 것입니다敦厚恭祗, 鯁固愼完, 則見以爲拙而不倫.

3. 말을 많이 하고 번번이 (다른 사물을) 거론하여 비슷한 것을 열거하고 다른 사물에 비유한다면 (그 내용은) 텅 비고 쓸모가 없다고 여겨질 것입니다多言繁稱, 連類比物, 則見以爲虛而無用.

4. 은미隱微한 부분을 총괄하여 요지를 설명하고 간략히 말하며 꾸미지 않으면 미련하고 말재주가 없다고 여겨질 것입니다摠微說約, 徑省而不飾, 則見以爲劌而不辯.

5. 곁에 달라붙어 친근히 하며 다른 사람의 속마음까지 살펴 알려고 한다면 남을 비방하며 겸양을 모른다고 여겨질 것입니다激急親近, 探知人情, 則見以爲譖而不讓.

6. (말하는 뜻이) 넓고 넓어 오묘하고도 깊어서 헤아릴 수 없으면 과장되어 쓸모가 없다고 여겨질 것입니다閎大廣博, 妙遠不測, 則見以爲誇而無用.

7. 자기 집안의 이익을 계산해 세세하게 이야기하고 구체적인 수치를 들면 고루하다고 여겨질 것입니다家計小談, 以具數言, 則見以爲陋.

8. 말솜씨는 세속적인 것에 가까우면서 말은 상대방의 뜻을 거스르지 않으려고 한다면 목숨을 부지하려고 군주에게 아첨하려는 것으로 여겨질 것입니다言而近世, 辭不悖逆, 則見以爲貪生而諛上.

9. 말솜씨는 세속을 멀리하는 것 같으면서 기이한 말재간으로 인간 세상의 이목을 끌면 엉터리라고 여겨질 것입니다言而遠俗, 詭躁人間, 則見以爲誕.

10. 민첩하고 말재주가 뛰어나며 문채文采가 번다하면 실속이 없는 것으로 여겨질 것입니다捷敏辯給, 繁於文采, 則見以爲史.

11. 일부러 문장이나 학문을 버리고 바탕 그대로 말하면 저속하다고 여겨질 것입니다殊釋文學, 以質性言, 則見以爲鄙.

12. 때때로 《시경》이나 《서경》 같은 경전에 있는 말을 인용하고 고대 성왕의 법도를 본보기로 삼으면, 암송만 되풀이한다고 여겨질 것입니다時稱詩書, 道法往古, 則見以爲誦.

— 《한비자》〈난언難言〉

이 인용문을 읽으니 어떤가요? 저는 유세를 할 때 결국은 걸리지 않는 것이 없구나 하는 생각이 듭니다. 그럼 대체 어떻게 하라는 말일까요?

설득 전에 상대가 원하는 것을 파악하라

여기서 한비가 얘기하고자 하는 가장 중요한 점은 바로 군주의 심리를 장악하는 것입니다. 군주가 지금 어떤 마음 상태를 가졌는지 파악하면 유세에서 성공할 수 있고, 잘 모르면 결국 실패할 수밖에 없다는 겁니다.

《사기》와 《한비자》 두 책에서는 모두 위나라의 신하 미자하彌子瑕 이야기를 예로 들어 설명합니다. 추측컨대 미자하는 왕과 동성애 관계를 맺고 있었던 것 같습니다. 미자하가 왕의 눈에 들었을 때 자기 어머니가 아프자 왕의 수레를 타고서 궁궐 문을 빠져나가 몰래 어머니를 병간호하고 들어왔습니다. 그리고 자기가 먹던 복숭아를 반쯤 남겨 왕에게 주기도 했습니다. 맛있으니 한번 드셔보시라고 하면서 말이죠. 그럴 때 왕이 뭐라고 이야기했을까요? "미자하야말로 효자로구나. 얼마나 효자면 내 수레를 몰고 나갔을까!", "이놈이야말로 정말 나를 생각하는구나. 복숭아를 저 먹기도 아까울 텐데, 반쯤 먹다가 나를 주느냐!"며 칭찬했습니다. 하지만 미자하가 나이 들어 얼굴에 고운 빛이 사라졌을 때에는 그 태도가 완전히 달라집니다. 똑같은 상황을 두고서 그때부터는 비난하는 겁니다. "저놈 봐라. 감히 군주만 탈 수 있는 수레를 타고 나가다니. 저 나쁜 놈, 무례한 놈, 어떻게 먹다 남은 복숭아를 더럽게도 나한테 먹일 수 있느냐!"고 호통을 칩니다. 같은 상황인데 이처럼 평가가 달라지는 이유는 무엇일까요? 바로 군주의 마음 상태가 달라졌기 때문입니다. 군주가 호好의 감정이 있으면 잘 대해주지만, 오惡의 감정이 있을 때에는 나쁘게 대한다는 겁니다. 군주의 마음 상태에 따라 사안이 좌지우지되기 때문에, 군주를 설득하기 위해서 여러 말을 해봤자 결국 핑곗거리밖에 안 되고, 자기 목숨과 몸만 위태롭게 할 뿐이라는 겁니다.

이에 대해서 《한비자》에는 이렇게 설명합니다.

무릇 설득의 어려움이란 설득하려는 상대방의 마음을 잘 헤아려 내가 설득하려는 것을 그에게 맞출 수 있느냐 하는 점에 있다. 상대가 높은 명예를 구하려는 사람인데 오히려 많은 이로움으로 설득하면 비속하다고 여겨져 홀대받으면서 반드시 버림을 당하고 내쳐질 것이다. 상대가 두터운 이익을 추구하는 사람인데 오히려 높은 명예로 설득하면 생각이 없고 현실에 어두운 자로 여겨져 반드시 받아들여지지 않을 것이다. 상대가 속으로는 이익을 두텁게 여기지만 겉으로는 높은 명예를 따르는 척하는데 오히려 명예가 높아진다는 식으로 설득하면 상대는 겉으로는 그 사람을 받아들일지 모르나 실제로는 그를 소원히 여기며, 그에게 이익을 두텁게 하라고 설득하면 속으로는 그의 말을 받아들이

기로 결정해도 겉으로는 그 사람을 버리려고 할 것이다. 이런 상황들을 잘 살펴야 한다.

凡說之難, 在知所說之心, 可以吾說當之. 所說出於爲名高者也, 而說之以厚利, 則見下節而遇卑賤, 必棄遠矣. 所說出於厚利者也, 而說之以名高, 則見無心而遠事情, 必不收矣. 所說陰爲厚利而顯爲名高者也, 而說之以名高, 則陽收其身而實疏之; 說之以厚利, 則陰用其言顯棄其身矣. 此不可不察也.

—《한비자》〈세난說難〉

이러한 한비의 가르침은 오늘날에 이르러서도 별반 다르지 않습니다. 우리가 회사에서 상사를 설득하거나 친구를 설득하려고 할 때, 상대방이 겉으로는 받아들이는 것처럼 보이나 마음으로는 거부할 수 있습니다. 반대로 설득되어 속으로는 받아들이기로 해도 겉으로는 거절할 수 있습니다. 다른 사람에게 의견을 진술하는 일이 어려운 것은, 내가 알고 있는 바를 이해시키기가 어렵거나 내 말주변이 나의 뜻을 분명하게 전할 수 없기 때문이 아닙니다. 단지 설득하려는 상대방의 마음을 잘 헤아려 내가 말하려는 것을 그에게 맞추기 어렵기 때문입니다.

한비는 설득의 어려움을 말하면서 상대를 설득하려면 논리가 아닌 마음으로 하라고 권합니다. 이성적인 면이 두드러지는 법가를 주장한 한비의 설득 방법이 감성을 자극하라는 것이라니, 의외라고 생각하실 수도 있겠습니다. 하지만 상대 마음을 사로잡아 자신이 원하는 바를 얻는 것은 굉장한 능력이라고 봅니다. 이성적인 논리로 접근해 잘 풀리지 않았던 일이 뜻밖의 감성을 건드려 순식간에 해결되는 경우를 종종 보지 않습니까? 상대가 자랑스러워하는 점은 칭찬해주고, 부끄러워하는 부분은 감싸주며, 감정의 결을 타고 가는 것이 중요합니다. 상대방이 개인적으로 급히 하고자 하는 일이 있을 때는 반드시 그 일이 공적인 타당성이 있음을 보여줘서 꼭 하도록 권해야 하고, 상대방이 마음속으로 비천하다고 느끼지만 하지 않을 수 없는 일이 있을 때는 그 일의 가치를 부각하여 하지 않는 것이 애석한 일임을 표현해야 한다는 말입니다.

역린을 건드리면 안 되는 이유

유세할 때 가장 먼저 알아야 하는 것이 군주의 마음이라고 했는데, 그러면 가장 알면 안 되는 것은 무엇일까요? 바로 군주의 비밀입니다. 유세가가 군주와 독대하여 밤을 새워 유세하다 보면 당연히 별별 얘기가 다 나옵니다. 거기엔 군주만 알고 있는 비밀도 있을 것입니다. 하지만 그 비밀을 아는 순간 목숨이 위태로워지기 쉽다고 한비는 말합니다.

《한비자》〈설림 상說林上〉편에는 "깊은 연못 속의 물고기를 아는 사람은 불길하다知淵中之魚者不祥."는 말이 나옵니다. 여기서 깊은 연못을 군주의 마음, 물고기를 그 안의 비밀들이라고 가정해보면 이 말을 이해하기 좀 쉬울 겁니다.

군주는 자신의 속내를 아랫사람이 알아채는 것을 대단히 예민하게 생각합니다. 이는 《한비자》에 실린 정鄭나라 무공武公 이야기에 잘 나와 있습니다. 무공이 이웃 호胡나라를 치려고 했는데, 아무래도 호나라가 대비를 할까봐 걱정이 되는 겁니다. 그래서 자기 딸을 호나라 군주한테 시집을 보내 사돈을 맺습니다. 정말 가까운 사이가 된 겁니다. 그러고 나서 관기사關其思라는 신하를 불러 떠봅니다. "과인이 출병하고자 하는데 어느 나라가 정벌할 만하오?"라고 말이죠. 그랬더니 관기사가 "호나라가 칠 만합니다."라고 답합니다. 평소 호나라를 치고 싶었던 무공의 마음을 간파한 것이죠. 이때 무공이 어떻게 반응했겠습니까? 옳다구나 하며 공격하자고 했을까요? 아닙니다. 무공은 도리어 "호나라는 형제의 나라이다. 그대가 호나라를 정벌하라니, 이 무슨 말인가?" 하고 꾸짖으며 처벌해버립니다. "너는 나쁜 놈이다, 우리가 사돈지간이라는 것을, 내 딸을 그쪽으로 시집보낸 것을 뻔히 알면서 어떻게 호나라를 치라고 하느냐!"는 뜻입니다. 상황이 이러하니 호나라가 전쟁 준비를 하겠습니까? 당연히 안 합니다. 그 틈을 타서 무공은 호나라를 공격해 함락해버렸습니다.

무공이 관기사라는 사람한테 듣고 싶었던 답은 호나라를 공격하라는 것이 아니었습니다. 무공이 그 사실을 몰랐던 것이 아닙니다. 저는 이것이 군주가 좋은 계책을 내서 공을 세우고자 하는데, 유세가가 그 내막을 먼저 알아버리면 목숨이 위태로워지는 상황이라고 생각합니다. 한비가 주장한 유세술의 기본은 군주의 마음을 확실하게 알고 여기에 코드를 맞추는 것이었습니다. 그렇다고 군주를 지나치게 가까이해서도 안 된다며 차라리 멀리하라고 권합니다. 그러지 않으면 곧바로 패망의 길로 나아갈 수밖에 없다고 말이지요.

여기서 한비가 비유를 든 것이 바로 역린逆鱗입니다. 용이라는 동물은 유순해서 길들이면 그 위에 올라탈 수 있지만, 턱밑에 한 자쯤 되는 거꾸로 난 비늘, 즉 역린을 건드리면 반드시 그 사람의 목숨을 빼앗는다고 합니다. 설득당하는 이에게도 역린이란 것이 있는데, 그 역린을 건드리지 않을 수 있어야만 성공할 수 있다고 한비는 말합니다. 그러기 위해서는 상대의 비밀을 들추지 말고, 허물을 말하지 않아야 한다는 것이죠. 아직 상대에게 두터운 신임과 은혜도 입지 않았는데 자신이 알고 있는 것을 다 말해버려서도 안 되겠지요. 군주가 하기 싫어하는 일을 억지로 하게 하거나 그만두고 싶지 않은 일을 멈추게 하면 몸이 위태로 워집니다. 그러니 군주를 대할 때는 마치 비무장 지대의 지뢰밭을 걸어 가는 심정으로, 한 걸음 한 걸음 조심해야 합니다. 그럴 자신이 없으면 절대 접근해서는 안 된다는 것이 바로 한비의 생각입니다.

이해관계에 따라 입장은 달라진다

설득하기 전에 군주가 무엇을 원하고 무엇을 경계하는지 파악해야 한다는 것은 결국 군주의 마음을 헤아려야 한다는 말로 요약됩니다. 그 이유는 무엇일까요? 그들의 관계가 기본적으로 불신으로 이어져 있다 고 보기 때문입니다. 아무도 믿지 마라. 자신이 마음을 헤아려야 하는 군주는 더욱더! 믿을 것은 오로지 나 자신뿐이라는 겁니다. 그래서 역 사가 사마천은 한비야말로 인간을 가장 신뢰하지 않은 사상가라고 평 가합니다.

공자와 맹자가 주장하는 유가에서는 인간에 대한 신뢰를 기본으로 삼고 "저 사람은 착한 사람이야."라고 하면서 접근합니다. 하지만 한비 의 생각은 다릅니다. 인간관계는 신뢰가 아니라 이해관계로 얽혀 있고, 근본적으로 인간의 감정이나 성정을 믿을 수 없다는 데서 그의 사상은 출발합니다. 한비의 조국인 한나라는 약소국이라 늘 풍전등화와 같은 상태에 놓여 있었습니다. 국가도 사회도 항상 불안정했는데, 한비가 자 세히 살펴보니 이 모든 것이 인간관계에서 비롯하는 게 아니겠습니까? 그 인간관계의 속성이 유가에서 말하는 성선性善의 개념과는 잘 맞지 않더라는 겁니다. 인간의 감정은 조석으로 변하는데, 이렇게 변하는 것으로 거대한 조직이나 체계를 가동하고 변함없이 세상을 다스릴 수는 없더라는 거죠. 그래서 한비는 원칙·규율·법규 같은 것을 확고하게 정해놓고 거기에 따라 엄격하게 다스리면 잘 통치할 수 있고, 안정된 사회를 만들 수 있다고 생각합니다. 따라서 이상을 추구하기보다는 위기관리 능력이 뛰어난 냉혹한 현실주의자가 되지 않았나 싶습니다.

그러한 인간관을 잘 보여주는 《한비자》의 일화가 있습니다. 어느 부인이 자기 남편으로 하여금 삼베 100필을 얻을 수 있게 해달라고 기도합니다. 그러자 옆에 있던 남편이 아내에게 "왜 100필이냐, 그보다 많으면 더 좋지 않으냐?"고 말합니다. 그랬더니 아내가 "이보다 많으면 당신은 첩을 살 것이기 때문"이라고 대답합니다. 같은 침실을 쓰는 부부 사이에서도 인간의 마음은 이렇게 서로 다르다는 겁니다. 부부지간이 그럴진대, 하물며 백성과 군주 사이, 넓게는 인간과 인간 사이는 모두 남남이 아니겠습니까? 어찌 보면 서글픈 현실이기도 하지만, 인정보다 이해에 따라 일이 결정된다고 판단한 한비의 인간관에는 이상은 없어도 현실성은 있다고 봅니다.

또 한비는 맹자가 주장한 민위귀民爲貴, 즉 백성을 귀하게 여기고, 여민동락, 즉 백성과 더불어 즐긴다는 식의 개념을 근본적으로 부정합니다. 군주와 신하의 관계, 군주와 백성의 관계를 서로 이익을 추구하는 관계라고 보기 때문입니다. 틈만 보이면 서로 사리사욕을 추구하는 그들을 도덕에 따라 다스릴 수는 없다고 말이죠. 사람이 극단적인 상황에서 결국 선택하는 것은 무엇일까요? 명분일까요? 아니면 이익일까요? 대부분 이익을 선택한다는 것이 제 생각입니다. 한비는 바로 이 지점을 정확히 보고 있습니다.

냉엄한 현실주의자의 면모가 보이는 한비의 이러한 관점이 과연 소통을 강조하는 이 시대에 유효한지는 의문입니다. 여기서 우리는 이렇게 물을 수 있을 겁니다. 한비는 인간관계를 왜곡해서 본 것이 아닌가? 너무 비틀리게 바라본 것이 아닌가? 지나치게 불신과 경계로만 접근하고 있는 것이 아닌가? 오히려 사람에 대해서 잘못 보는 것이 아닌가?

물론 일리가 전혀 없는 말은 아닙니다. 저 역시 그러한 질문에 많이 공감합니다. 하지만 오늘의 친구가 내일의 적이 되고, 또 오늘의 적이 내일의 친구가 되는, 서로 죽고 죽이는 시대에서 과연 인간과 인간 사이의 신뢰가 영속될 수 있을까요? 저는 한비가 매우 신중하게 접근했다고 생각합니다. 혼돈의 시대에 살아남기 위한 전략으로 말이죠. 한비가 《한비자》를 통해서 처음부터 끝까지 철저하게 내세웠던 것들은 궁극적으로 무질서한 시대를 일소하기 위한 처방이었지, 인간과 인간 사이를 불신으로, 불편한 관계로 규정하려고 접근한 것은 아니었다고 봅니다. 그러니까 인간을 바라보는 한비의 시각은 통일적 세계관을 이루기 위한 방법론의 측면으로 바라볼 필요가 있습니다.

인정이 각박한 자가 남긴 것

사마천은 〈노자·한비 열전〉 끝에서 이렇게 말합니다.

"나는 다만 한비가 〈세난〉 편을 짓고도 스스로는 재앙을 벗어나지 못한 것이 슬플 뿐이다."

그렇습니다. 한비는 유세에 실패한 뒤에 다시 조국으로 돌아갈 수 없었습니다. 이사의 계략에 빠져 살해되었기 때문입니다. 이사는 요고姚賈

라는 자와 일을 꾸며 왕에게 권유합니다. 한비가 만약에 적으로 바뀌게 되면 그때는 큰일이 나니, 등용하지 않으려거든 차라리 죽여야 한다고 말이죠. 한비처럼 능력 있는 사람이 권력의 정점에 서는 것이 두려워 모함을 한 겁니다. 이사의 농간에 놀아난 진시황은 결국 한비를 감옥에 가둡니다. 때를 놓치지 않고 이사는 한비에게 독약을 먹여 죽이라는 명령을 내립니다. 진시황이 아무리 생각해도 이건 아니다 싶어 한비를 옥에서 풀어주라고 명령했지만, 그때는 이미 한비가 죽은 뒤였습니다.

한비는 군자가 군주에게 진언할 때는 자기 목을 내놓아야 한다고 주장했습니다. 그리고 절대 주변 사람을 믿어서는 안 된다고도 말했습니다. 하지만 자신은 결국 군주를 설득하는 데 실패했고 친구한테 속아 죽었습니다. 불신으로 인간을 다뤄야 한다는 한비가 배신을 당하다니, 참으로 아이러니하지 않을 수 없습니다.

여기서 우리는 그의 사상의 한계를 알 수 있습니다. 한비를 모함한 이사가 나쁜 사람임은 분명합니다만, 한비가 이사를 믿지 않아 자신의 죽음을 초래한 면도 있기 때문입니다. 한비가 통찰했듯이 인간관계에서든 조직과 개인의 관계에서든, 이해와 관련된 문제가 생기면 먼저 자신부터 보호하고 상대에게 대항하려는 게 생존 본능이 아니겠습니까? 한비가 약한 나라에서 태어나 굴욕적인 조국의 현실을 개탄하며 결국 자신의 이익을 좇아 적국에 간 것도 이해관계에서 나온 행동이었고, 또 동문수학한 이사한테 죽은 것도 인간의 감정을 믿지 못하는 비정한 인간관의 결과였습니다. 〈노자·한비 열전〉에 나온 한비에 대한 총평은 이렇습니다. "먹줄을 친 것처럼 법규를 만들어 세상의 모든 일을 결단하고 옳고 그름을 분명히 하였지만 그 극단에 치우쳐 각박하고 은혜로움이 부족했다." 사마천은 '각박'하다는 말로 한비의 비정함을 평가합니다.

역사는 한비의 인간관이 매우 비정하다고 말하지만, 제 생각은 조금 다릅니다. 실제로 한비의 관심은 유가가 '인간에 대한 무한한 사랑'을 과대평가하는 태도의 모순을 비판하는 데 있었다고 봅니다. 그런 모순을 정확히 인식한다면 앞으로 강력한 나라를 만들 수 있고, 그 강력한 나라야말로 다수 백성의 평화를 보장한다고 만천하에 알리고 싶었던 것은 아니었을까요?

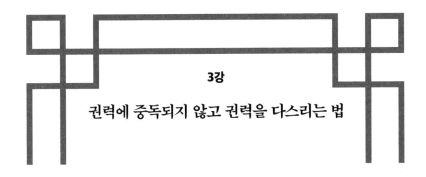

3강
권력에 중독되지 않고 권력을 다스리는 법

군주들이 혼자 몰래 읽은 《한비자》

《삼국지三國志》에 나오는 제갈량諸葛亮이 죽으면서 유비劉備의 후계자인 유선劉禪에게 꼭 읽도록 권한 책이 무엇인 줄 아십니까? 바로 《한비자》입니다. 우리는 유선을 그의 아버지인 유비보다 못한 통치자로 알고 있습니다. 아마도 제갈량도 이 점이 걱정되었나 봅니다. 자신이 살아 있을 때는 이인자로서 권력을 강력하게 쥐고 유선을 보호했지만, 자신이 죽고 난 다음에 신하들이 모반을 일으키면 큰일이지 않겠습니까? 그래서 제갈량은 유선에게 《한비자》를 읽으라고 한 것입니다. 《한비자》는 기본적으로 실권을 쥔 군주가 신하들을 좌지우지할 수 있는 강력한 제왕의 통치술을 제시하는 책이기 때문입니다.

냉혹한 판단력을 기초로 한 현실 정치철학이라는 면에서 《한비자》는 서양의 마키아벨리가 쓴 《군주론》과 통합니다. 제가 《한비자》를 번역하면서 《군주론》과 유사성이 두드러진다는 생각에 한번 읽어보니, 둘 사이에는 정말 놀랄 만한 유사성이 있었습니다. 《한비자》는 사상과 윤리와 정치가 결합한 틀에서 벗어나 현실 정치에 깊숙이 관여하며 진나라 통일의 초석이 되었습니다. 《군주론》도 마찬가지로 현실 정치에 깊숙이 관여하며 이탈리아 통일의 초석이 되었습니다. 두 책이 당시 불러일으킨 파장은 그야말로 엄청났습니다. 어찌나 파괴력이 대단하고 이단적이었던지 《군주론》은 '어둠의 성경'이라고 불렸고, 《한비자》는 '악惡의 서書'로 불렸습니다. 마키아벨리가 그 책을 냈을 때가 1500년대 초반이고 한비가 기원전 300년대 사람이니까, 개인적으로는 한비가 동양의 마키아벨리가 아니라 마키아벨리가 서양의 한비가 아닌가 생각합니다.

《한비자》의 통치 기술은 법·술·세로 분류됩니다. 법은 상앙, 술은 신불해, 세는 신도의 사상을 기초로 합니다. 상앙은 아시다시피 진나라 중기에 법치주의를 확립한 인물입니다. 그리고 신불해는 한나라의 재상으로 군주가 신하를 통치하는 술치 사상을 주장했습니다. 신도는 조나라 출신으로 군주의 덕행에 복종하는 것이 아니라 그가 가진 세력 때문이라며 세치 사상을 주장했습니다. 이 세 가지를 집대성하여 법가의 틀을 만들어 유가·도가와 더불어 법가를 제자백가 중 하나로 자리 잡도록 한 사람이 바로 한비입니다. 그가 지은 《한비자》에는 군주의 통치력을 어떻게 하면 강화할 수 있는지, 어떤 신하를 경계해야 하는지, 국민을 어떻게 다스려야 하는지에 대한 방법들이 상당 부분을 차지합니다. 한나라의 무제가 "백가를 모두 내치고 오로지 유가 사상만 존중하자."는 독존유술獨尊儒術을 표방하면서도 혼자서는 몰래 《한비자》를 읽었다는 일화가 전해지듯이, 한비의 사상은 드러내놓고 말하기에는 약간 껄끄러우면서도 은근한 힘을 발휘했던 것 같습니다.

術術, 드러내지 않고 아랫사람의 반응을 기다린다

먼저 한비가 말한 술이란 군주가 신하들을 조종하고 다스리는 일종의 권모술수입니다. 임무에 따라서 벼슬을 주고, 명목에 따라서 내용을 따지며, 죽이고 살리는 실권을 다투고, 여러 신하의 능력을 시험하고 다스리는 통치 수단입니다. 술은 법과 달리 종이에 글자로 새긴 것도 아니고, 신하와 백성이 마땅히 지켜야 하는 행동 준칙도 아닙니다. 그것은 군주가 독점해야 하는 수단입니다. 군주가 신하들에게 속마음을 내보여서는 안 된다는 무위술無爲術, 신하들의 이론적인 주장과 행동이 일치하는지 따져야 한다는 형명술形名術, 남의 말만 듣지 말고 사실 자체를 검토해야 한다는 참오술參伍術, 신하들이나 남의 말을 듣는 방법을 이야기한 청언술聽言術, 사람을 등용하는 방법을 논한 용인술用人術 등 술에 관한 이론이 《한비자》에 많이 선보입니다. 이처럼 술의 종류가 다양한 것은 군주가 신하들을 임용하거나 탄핵할 때 군주의 통치권이 약해지거나 빼앗기는 것을 막는 수단이기 때문입니다. 당시만 해도 신하들이 군주를 속이고 반란을 일으키는 일들이 비일비재하여 군주에게 이러한 기술은 꼭 필요했습니다.

《한비자》에서는 군주의 권력을 위협하는 신하의 다섯 가지 행동을 이야기합니다. 첫째는 신하가 군주의 눈과 귀를 가리는 경우입니다. 둘째는 신하가 재정을 장악하는 것입니다. 셋째는 신하가 군주의 허락 없이 마음대로 명령을 내리는 것입니다. 넷째는 신하가 서로 사사롭게 작당하는 것입니다. 마지막은 마음대로 상벌권을 남용하는 것입니다.

이 다섯 가지를 풀어서 살펴보면 다음과 같습니다. 군주가 궁궐에만 있다 보면 지위를 잃기 아주 쉽습니다. 궁궐이란 곳이 군주의 눈과 귀를 가릴 수밖에 없는 폐쇄적인 구조로 되어 있기 때문입니다. 그리고 신하가 재정을 장악하고 있으면 군주가 백성에게 은덕을 베풀 수가 없습니다. 신하가 마음대로 명령을 내리면 군주는 행정 통제력을 잃어버립니다. 신하들이 작당하는 것 역시 마찬가지입니다. 군주는 자신의 편이 없이 고립됩니다. 군주의 위신이 사라지면 군주가 회의를 하자고 했을 때 신하들이 무리를 지어 그 말을 가로막고, 군주를 음해하는 일까지 벌어집니다. 심지어 군주의 위세로 호가호위狐假虎威하며 명령을 마음대로 내립니다. 그러다 결국은 상벌권까지 행사하게 되는 겁니다.

그렇다면 군주는 이 다섯 가지만큼은 절대로 양보해서는 안 됩니다. 이 다섯 가지에 문제가 생길 때 군주의 마음속에는 신하가 들어가 있게 됩니다. 껍데기는 군주지만 내면은 신하가 차지하는 상황이라는 겁니다. 그러면 나라의 존립 자체가 위험에 빠질 수 있습니다. 이것이 바로 《한비자》〈주도主道〉 편에 나오는 이야기입니다.

여기서 주도란 무엇입니까? 군주의 도리를 뜻합니다. 신하들을 상대하기 위한 군주의 도리가 무엇인지 살펴보는 겁니다. 한비는 군주가 지켜야 할 도리로 우선 '허정虛靜'을 듭니다. 이는 마음이 비어 조용한 상태를 이릅니다. 하는 일이 없는 마음, 이는 도가에서 말하는 무위자연과도 통합니다. 이를 《한비자》에서는 "(군주는) 고요하여 그가 마치 제위에 없는 듯하고, 적막하여 아무도 그 소재를 파악할 수 없도록 한다寂乎其無位而處, 漻乎莫得其所."고 표현하기도 합니다. 군주가 지혜롭고 능력이 탁월할지라도 마음을 비우고 고요함을 유지해야 신하들은 군주가 무엇을 좋아하고 싫어하는지 모르게 돼 자신들의 생각을 그대로 드러내게 된다는 것. 그것이 바로 술의 기본입니다.

군주는 그가 하고자 하는 바를 드러내지 않으니, 군주가 하고자 하는 바를 내보이면 신하는 (그 의도에 따라) 잘 보이려고 스스로를 꾸밀 것이다. 군주는 자신의 속뜻을 드러내지 말아야 하니, 군주가 그 속마음을 보이면 신하는 남과 다른 의견을 표시하려고 할 것이다.

君無見其所欲, 君見其所欲, 臣將雕琢; 君無見其意, 君見其意, 臣將自表異.

— 《한비자》〈주도〉

왜 자기 자신의 마음을 비우고 고요해야 할까요? 비지 않고 꽉 차게 되면 감정적으로 처신할 수 있기 때문입니다. 물이 깊으면 조용히 흐르는 법입니다. 속 깊은 군주는 말이 별로 없습니다. 군주가 야단법석 요란을 떨지 않고 하는 일이 없는 듯하면, 신하들은 자신의 생각에 따라 행동하게 됩니다. 군주는 그러한 신하들의 행동이 마음에 맞으면 받아들이고, 맞지 않으면 제거하거나 응징하면서 권위를 유지해나갈 수 있습니다.

우리에게 널리 알려진 양두구육羊頭狗肉이라는 말이 있습니다. 양의 머리를 걸어놓고 개고기를 판다는, 겉보기에만 그럴듯하고 속은 변변치 않다는 뜻의 말입니다. 그런데 이 말이 군주의 처신을 돌아보게 하는 일화에서 비롯되었다는 사실은 아마 잘 모르실 것입니다.《안자춘추晏子春秋》내편內篇의 〈잡하雜下〉에 나오는 이야기를 한번 보겠습니다.

제나라 영공靈公은 특이한 취미를 가지고 있었습니다. 그는 궁중에 있는 미녀들에게 남장을 시키고는 그 모습을 바라보며 즐겼습니다. 영공의 취미가 제나라 전체에 전해져 백성 가운데 남장한 미녀가 나날이 늘어갔습니다. 그러자 영공은 궁중 밖에 있는 여자들은 절대로 남장하지 못하도록 명령을 내렸습니다. 그러나 금령이 제대로 지켜지지 않았습니다. 영공은 금령이 지켜지지 않는 까닭이 궁금하던 차에 우연히 안영晏嬰을 만나게 되어 물었습니다. 시시비비를 엄격히 가려 올바로 간언하는 것으로 유명한 제나라의 재상 안영은 서슴지 않고 이렇게 대답했습니다.

"대왕께서는 궁궐 안에서는 (남장) 옷을 입게 하면서 궁궐 밖에서는 금했습니다. 이는 마치 소머리를 문에 내걸어놓고 안에서는 말고기를 파는 것과 같습니다. 공께서는 어찌하여 궁중 안에서 (남장) 옷을 입는 것을 금하여 궁궐 밖에서 아무도 할 수 없도록 하지 않으십니까."

이 말을 들은 영공은 깨우친 바가 있어 즉시 궁중에서 남장하는 것을 금했습니다. 그러자 하루도 채 지나지 않아 제나라에서 남장하는 여자가 모두 사라졌다고 합니다.

이런 예를 통해 여러분은 무엇을 느끼십니까? 군주라는 자리는 자신의 기분대로 호오의 감정을 드러내는 자리가 아니라 자신의 일거수일투족을 바라보는 수많은 백성이 있음을 알고 자기 관리를 해야 하는 자리라는 겁니다. 드러내지 않고 고요히 있되 그 권위를 지킬 수 있는 무게감이 필요합니다.

세勢, 카리스마와 신상필벌이 확실해야 상대를 움직일 수 있다

세는 권세라고 생각하시면 됩니다. 군주가 늘 강력한 카리스마를 유지해야만 신하를 제압할 수 있고 우위에 설 수 있다는 겁니다.

한비는 유가를 신랄하게 비판합니다. 유가의 제도는 인간의 품성을 믿고 인간을 바른길로 인도하는 것인데, 몹시 혼란한 시기에는 유가가 말하는 것만으로는 안 된다고 보았기 때문입니다. 그보다 더 강력한 통치 수단이 필요하다는 것이죠. 잠시 공자 이야기를 해볼까요? 공자가 노나라에서 잠깐 벼슬을 하고 있을 때, 당시 군주인 애공哀公은 상당히 어리석은 사람이었습니다. 노나라에서 공자는 좋은 벼슬을 맡아 정치도 잘했는데, 백성은 공자를 따르지 않고 어리석은 애공한테 가서 다 고개를 숙이는 겁니다. 왜 그랬을까요? 애공이 가진 것이 있었기 때문입니다. 바로 재정권, 상벌권, 명령권 등이 그것입니다. 애공은 어리석은 자일지는 몰라도 힘이 있는 자였던 겁니다. 이것이 바로 한비가 이야기하는 '세'입니다. 세를 갖고 있는 자에게 사람들은 고개를 숙이게 됩니다.

한비는 세를 키우기 위해서 다음을 주장합니다.

첫째, 신상필벌을 강화하는 것입니다. 한비는 이것을 "상과 벌의 원칙을 행하는 것이 예리한 무기다夫賞罰之爲道, 利器也."라고 했습니다. 국가를 다스리는 이로운 도구라는 의미도 이중으로 갖고 있는 말입니다.

또 한비는 이런 예를 하나 들었습니다.

월나라 왕이 대부大夫 문종文種에게 이렇게 물었습니다.

"내가 오나라를 정벌하려고 하는데, 가능하겠소?"

대부 문종이 대답합니다.

"가능합니다. 상을 두텁게 확실히 내리고 벌을 엄하게 하시면 됩니다. 군주께서 이것을 알고 싶다면 어찌하여 궁실을 태워보지 않으십니까?"

그래서 왕은 궁궐에 불을 질렀지만 불을 끄려는 자가 아무도 없었습니다. 그러자 왕은 다시 이렇게 명령을 내립니다.

"백성 가운데 불을 끄다가 죽은 사람은 적과 싸우다가 죽은 자와 비슷하게 상을 줄 것이고, 불을 끄고도 죽지 않은 자에게는 적을 무찌른

자와 비슷하게 상을 줄 것이며, 불을 끄지 않은 사람은 적에게 항복한 자와 비슷하게 벌을 내릴 것이다."

이런 엄격한 잣대를 들이대자 몸에 진흙을 바른 채 젖은 옷을 입고 불을 끄는 자가 왼쪽에 3,000명, 오른쪽에 3,000명이나 됐다고 합니다. 이것은 신상필벌의 중요성을 강조한 일화입니다. 일단 사람들에게 상을 내걸면, 현명하든 현명하지 않든 간에 모두 그 힘을 다하게 된다는 의미를 지니고 있습니다.

둘째, 공이 많은 사람이 높은 지위에 올라야 합니다. 공을 세운다고 해서 상을 받을 수 있는 것도 아니고 법을 어겼다고 해서 꼭 벌을 받는 것이 아니라는 점은 지금이나 그때나 다르지 않았나 봅니다. 실제로 우리 주변에는 공을 가로채는 자들도 있고, 죄를 지은 자들이 오히려 음모를 짜고 협박하면서 자신의 죄를 감추고 살아가기도 합니다. 한비가 주장하는 것은 이러한 일을 바로잡으라는 겁니다. 그러면서 이런 말을 남깁니다.

잘 다스려지는 세상에서는 공적이 많은 신하의 지위가 높아지고, 끝까지 힘쓴 자가 상이 두터워지며, 정성을 다한 자가 명성이 세워진다.

治世之臣, 功多者位尊, 力極者賞厚, 情盡者名立.

―《한비자》〈수도守道〉

이 말을 거꾸로 생각해보면, 공적이 적은 신하가 높은 지위에 오르고, 끝까지 힘쓰지 않은 자가 후한 상을 받고, 정성을 다하지 않은 자가 명예를 날리면, 잘 다스려지는 세상이 아니라는 겁니다. 한번 생각해보십시오. 현재 우리 사회는 잘 다스려지고 있는 사회입니까? 여러분이 속한 조직은 잘 다스려지고 있습니까?

누군가 공을 세우면 군주와 아무리 사이가 나빠도 반드시 상을 주어야 합니다. 마찬가지로 잘못을 한다면 아무리 군주와 가깝더라도 처벌해야 합니다. 심지어 상은 아랫사람에게 좀 더 주고 벌은 윗사람에게 더 가해야 합니다. 공을 세우고도 윗사람에게 밀리는 아랫사람의 설움을 달래는 것도 필요하기 때문입니다. 목숨을 걸고 싸웠더니 장수들이 공을 가로채면 밑에 있는 사람들은 얼마나 허탈하겠습니까? 공을 세우고도 일종의 패배의식에 사로잡히지 않겠습니까? 반대로 생각해보면, 신하의 교만도 따지고 보면 잘못을 저질렀는데도 벌을 받지 않는 데서 나오는 것입니다.

저마다 능력을 제대로 발휘할 수 있게 하는 최소한의 장치가 있으면 억울함이나 부당함을 호소하는 일이 줄어들지 않을까 합니다. 포상이 불충분하고 어정쩡하면 신하는 군주를 위해서 일하지 않는 법이고, 포상이 충분하고 확실하면 신하는 목숨을 내걸고 일하게 됩니다. 그게 세상의 이치입니다. 그래서 조직의 리더는 벌을 내릴 때는 단호해야 하고, 칭찬을 할 때도 친소 관계를 따지지 않고 공정한 잣대를 들이대야 조직의 기강을 바로잡을 수 있습니다.

그러면서 한비는 신상필벌로 최상의 효과를 거두기 위한 다섯 가지 원칙을 제시합니다. 첫째, 백성에게 내리는 상벌의 권한을 신하들과 공유하지 않을 것. 둘째, 법으로 다스리는 것을 원칙으로 할 것. 셋째, 간사한 신하의 찬탈 행위를 방지할 것. 넷째, 다스려야 할 대상은 벼슬아치이지 백성이 아니라는 점을 염두에 둘 것. 다섯째, 모든 일은 사리에 맞게 처리할 것.

간단하기 짝이 없는 것 같지만, 현실에서는 그게 제대로 이뤄지지 않아 더 문제입니다. 착한 사람과 잘한 사람과 능력 있는 사람에게는 상을 주고, 그렇지 못한 사람에게는 벌을 줘라. 이보다 더 쉬운 게 어디 있겠습니까? 그런데 리더들은, 특히 권력을 가지면 가질수록 원칙에 따라 판단하는 게 아니라 마음에 치우쳐 판단하기 쉽습니다. 법에 따라 다스리는 법치가 아니라 사람에 따라 다스리는 인치를 하게 됩니다. 원칙론자가 되는 것이 어설픈 관용을 베푸는 것보다 낫습니다. 아니, 위정자는 오히려 어설픈 관용을 경계해야 합니다. 그래서 한비는 〈오두〉 편에서 "현명한 군주는 그 법을 가혹하게 하고 그 형벌을 엄하게 하는 것明主峭其法而嚴其刑也."이라고 역설합니다. 사람의 장막에 갇혀 잘못 판단하는 실수를 막기 위해서는 한비의 서릿발 같은 조언들을 귀담아 들을 필요가 있습니다.

법法, 원칙이 서면 신뢰는 따라온다

한비가 생각하는 '법'은 글자 그대로 백성의 사리 추구를 막는 사회적인 제어 장치이자 일종의 원칙입니다. 한비는 엄격한 법치를 주장했습니다. 또 법이 바르게 적용되기 위해서 철저한 원칙에 바탕을 두지 않으면 안 된다고 덧붙였습니다. 어떤 상황에서든 군주가 자신의 직분에 맞는 신뢰를 모두에게 보여주어야만 제대로 통치할 수 있다고 본 것입니다. 한비는 이런 예를 듭니다.

진나라 문공文公이 원原이라는 곳을 공격하기로 했을 때 열흘 치 식량을 준비시키면서 대부들과 열흘 안에 그곳을 함락하기로 기한을 정했습니다. 그러나 일이 꼬여 열흘이 지나도 함락하지 못하자 문공은 종을 쳐서 병사들을 철수시키려고 했지요. 그러자 사흘만 기다리면 함락된다며 주위에서 만류합니다. 하지만 문공은 약속을 정한 이상 더는 미룰 수 없다며 병사들을 철수합니다. 그런데 오히려 원 땅의 사람들이 그 소식을 듣고는 문공에게 자발적으로 항복하고 맙니다. 결국 그는 작은 것을 버리고 더 큰 것을 얻은 셈입니다.

사정이 전혀 다른 이야기를 하나 더 예로 들어보겠습니다. 초나라 여왕厲王은 이런 명령을 내립니다. "위험에 처하게 되어 경계할 필요가 있을 때에는 북소리로 백성에게 알리도록 하라."고 말이지요. 그런데 어느 날 신하들이 술에 취하여 북을 잘못 치자 백성은 매우 놀라 경비 태세를 갖춥니다. 여왕은 술에 취해 북을 잘못 쳤다고 말하며 아무 일도 없었다는 듯이 대수롭지 않게 생각합니다. 결국 몇 달 뒤에 정말 위험이 닥쳐 여왕이 북을 쳤을 때에는 아무도 나오지 않았습니다. 마치 '양치기 소년'의 이야기와도 비슷합니다.

이 두 이야기가 말하고자 하는 것은 무엇일까요? 결국 원칙과 신뢰가 있느냐 없느냐에 따라 일의 결과가 달라진다는 겁니다. 모든 일의 근본은 신의에 있습니다. 아무리 사소하게 보이는 일이라도 반드시 지켜야 할 약속을 어기게 되면 조직의 근간을 뒤흔드는 결과를 낳을 수 있습니다. 특히 군주의 원칙이 흔들리게 되면 신뢰는 한순간에 깨지고 맙니다. 이게 말은 쉬워 보이지만 현실에서 지키기는 매우 어렵습니다. 우리의 원칙은 얼마나 순간순간의 이해에 맞춰 흔들립니까?

그래서 한비는 이렇게 말합니다.

일에 대해 신의를 지킨다면 하늘의 때를 잃지 않을 것이고, 백성은 (본분을) 어기지 않을 것입니다. 도의에 대해 신의를 지킨다면 가까이 있는 자들은 힘써 노력하게 되고 멀리하던 자들은 귀의하게 될 것입니다.

信事, 則不失天時, 百姓不踰; 信義, 則近親勸勉而遠者歸之矣.

——《한비자》〈외저설 좌상外儲說左上〉

이러한 논점이 법가에만 있는 것이 아닙니다. 《논어》에 보면, "민무신 불립民無信不立"이란 말이 나옵니다. 정치는 백성의 신뢰와 지지를 얻어야 존재한다는 뜻입니다. 정치가이자 외교가로서 명성을 떨친 자공子貢이 정치의 기본에 대해 물어보자 공자가 대답한 말입니다. 내용을 좀 더 보겠습니다. 공자는 정치의 핵심 요소로 "식량을 충족시키는 것, 병기를 충분하게 하는 것, 백성이 (군주를) 믿게 하는 것足食足兵 民信之矣"을 꼽습니다. 자공은 이 세 가지 중에서 포기해야 할 우선순위를 묻습니다. 그러자 공자는 주저 없이 병기를 먼저 버리고 그다음에는 식량을 버리라고 합니다. 결코 버려서는 안 될 것이 백성의 신뢰라면서 말이죠. 공자는 쉰 살 이후 천하의 제후들을 찾아 주유했습니다. 저마다 패권을 추구하는 상황에서 군사력과 식량 같은 안보와 경제 등의 문제에만 매달리게 되는데, 이런 것보다 보이지 않는 백성의 신뢰가 더 중요하다는 사실을 그때 깨달았습니다. 당시 제후국의 어떤 군주도 이런 점을 제대로 알지 못했기 때문에 백성은 날로 피폐해지고 있었습니다. 그뿐만이 아닙니다. 제자 자장子張이 공자에게 인仁의 내용을 물었을 때, 공자는 공손함恭, 너그러움寬, 믿음信, 영민함敏, 은혜惠 등 다섯 가지 항목을 거론하면서 그 중심에 '믿음'을 두었습니다. 공자는 "충심과 믿음을 주로 하는主忠信" 것을 강조하고, "말에는 반드시 믿음이 있어야言必信"한다고 한 뒤, 군자의 네 가지 덕목을 말하면서 의義·예禮·손孫

(겸손)·신信을 꼽았습니다.

그러나 한비는 여기서 한발 더 나아갑니다. 한비는 한 나라의 백성을 책임진 군주가 냉철해야 한다고 하면서 이렇게 강조합니다.

법에 따라 형벌을 집행하자 군주가 이 때문에 눈물을 흘리는 것은 인자함을 드러내는 것이지 다스림으로 삼을 수 있는 것은 아니다. 무릇 눈물을 흘리며 형을 집행하지 못하는 것은 인仁이고, 형을 집행하지 않을 수 없는 것은 법法이다. 선왕이 법을 우선하고 눈물에 따르지 않은 것은 인으로는 (백성을) 다스림으로 삼을 수 없음이 분명하기 때문이다.

且夫以法行刑, 而君爲之流涕, 此以效仁, 非以爲治也. 夫垂泣不欲刑者, 仁也; 然而不可不刑者, 法也. 先王勝其法, 不聽其泣, 則仁之不可以爲治亦明矣.

—《한비자》〈오두〉

어떻습니까? 쓸데없는 눈물을 흘려 백성을 현혹하지 말라는 메시지는 섬뜩하기조차 합니다. 하지만 감정적인 인간이야말로 가장 위험하고 믿을 수 없는 존재라는 말은 매우 중요한 메시지가 아닙니까?

법이란 다스림의 근거이며, 포악한 짓을 금하여 선으로 이끄는 원칙입니다. 법이 바르면 백성이 충성을 다합니다. 죄를 정당하게 처벌하면 백성이 복종합니다. 그러니 군주가 된 자는 법을 중시하지 않을 수 없는 것 아닙니까? 누구나 납득할 수 있는 원칙과 법을 흔들림 없이 적용하는 태도는 신뢰를 쌓는 데 가장 기본이 된다고 한비는 말합니다. 물론 조직의 상하 간의 신뢰란 원칙에서 피어나는 것이고, 그 원칙은 리더 자신부터 시작되어야 한다는 사실을 간과하지 말아야 합니다. 그러기 위해서 리더는 늘 자신을 돌아보고 감정에 휩쓸리는 것을 경계하며 단호하게 처신해야 하는 것입니다.

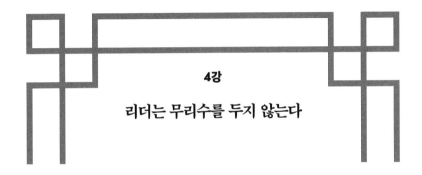

4강

리더는 무리수를 두지 않는다

《노자 도덕경》을 절대 군주의 처세서로 재평가한 한비

《사기》에 나오는 〈노자·한비 열전〉이라는 편명은 상당히 흥미롭습니다. 노자는 도가이고 한비는 법가입니다. 서로 다른 제자백가 학파를, 그것도 전혀 다른 특징을 갖고 있는 듯한 도가와 법가의 인물을 함께 묶은 이유는 무엇일까요? 사마천의 의도가 무엇이었는지 독자들이 궁금해 하는 것은 당연해 보입니다.

도가와 법가를 한데 묶은 데에서 우선 우리가 알 수 있는 것은 무엇일까요? 그 사이에 어떤 소통 가능성이 존재할지도 모른다는 겁니다. 얼핏 보면 잘 이해가 되지 않습니다. 흔히 이야기할 때 소통이라는 것은 공자의 말처럼 동도同道, 즉 서로 길이 같아야 그 가능성이 열려 있는 것인데, 얼핏 보아도 둘은 다르기 때문입니다. 그것도 그냥 다른 게 아니라 아주 상극으로 달라 보이기 때문입니다.

도가는 '무위無爲'를 추구합니다. 하지만 법가는 그 반대라고들 생각

1부 지금 하지 않으면 안 된다 – 《한비자》로 보는 혁신의 전략

71

합니다. 법가에서는 도덕보다도 법을 중시하여 그것으로 나라를 다스리는 것이 기본이라고 말합니다. 즉 법은 강제화된 규율, 무위가 아니라 '유위有爲'입니다. 과연 그럴까요?

빙탄불상용氷炭不相容, 즉 얼음과 숯처럼 서로 어우러지지 않는 듯 보이는 두 사상가가 왜 함께 묶였을까요? 법가와 도가는 어떻게 연결될까요? 이것은 사마천이 우리에게 던져준 새로운 질문입니다. 노자와 한비가 회통會通할 수 있다는 것, 서로 만날 수 있고 통할 수 있다는 것을 보여준 사례입니다. 회통이란 서로 어긋나 보이는 뜻이나 주장을 해석하여 조화롭게 하는 것을 의미합니다.

당시 제자백가에는 다양한 사상이 있었습니다. 여러 학파 가운데 흔히 유가는 제도적이고, 도가는 자연적이라고 평가합니다. 제도와 자연을 함께 아우르려는 생각을 한다는 것이 쉽지 않습니다. 한비의 스승은 바로 순자입니다. 순자는 유가이면서도 반유가적인 인물이죠. 한비가 법치를 받아들인 것은 순자의 영향이 큽니다. 한비는 또 노자의 사상까지 융합합니다. 요약해서 말하자면, 한비의 가슴에는 노자의 '무위자연', 머리에는 순자의 '성악설性惡說', 몸에는 상앙의 '법'과 신불해의 '술', 신도의 '세'를 두고 이것들을 조화롭게 하여 법술 사상을 집대성했다고 볼 수 있습니다.

실제로 한비는《한비자》55편 중 두 편을 노자에게 할애하고 있습니다. 〈해로解老〉 편과 〈유로喩老〉 편이 바로 그것입니다. 실제로 이 편들은《노자 도덕경》을 해석한 가장 오래된 문헌이기도 합니다. 여기서 해로는 '노자를 해석한다.'는 뜻이고, 유로는 '노자에 비유한다.', '노자에게서 어떤 것을 깨우쳐본다.'는 뜻입니다. 〈해로〉 편에서 한비는《노자 도덕경》의 이론을 해석하며 자신의 순수 이론적인 면을 부각합니다. 그리고 〈유로〉 편에서는 설화와 인용을 통해 실천적인 면을 강조합니다. 즉 노자를 빌려 이론과 실천, 두 가지를 다 이야기하고 있다는 말입니다. 노자와 한비의 사상이 이렇게 다른데, 무슨 관점에서 어떤 방법으로 이야기하고 있는지 살피는 것이 이번 강의의 핵심입니다.

　결론부터 말씀드리자면, 한비는 노자가 말한 덕을 술을 통해 실현하고자 했던 것으로 보입니다. 무위의 사상은 없애면서도, 노자가 말하는 '치治'의 개념, 다스림의 본질적인 측면을 꿰뚫고 있다고 생각합니다. 법가인 한비가 《노자 도덕경》을 절대 군주의 처세서로 재평가한 것은 매우 역설적이고 이례적인 일로 보입니다만, 저는 노자가 자신도 모르게 길이 전혀 다른 법가와의 통섭 가능성을 열어두었을 거라고 봅니다. 아마 한비만큼 노자의 사상을 법의 테두리에서 정치적으로 냉철하게 해석한 사람은 없을 것입니다.

'허정'과 '무위'로 다스려라

　그럼 한비가 《노자 도덕경》을 어떻게 해석하고 비유했는지 〈해로〉와 〈유로〉 편을 살펴봅시다. 다음은 〈해로〉 편 첫머리에 인용된 《노자 도덕경》 속의 말입니다.

> 최상의 덕은 덕이라 하지 않으니, 이 때문에 덕이 있게 된다.
> 上德不德, 是以有德.
>
> ─《한비자》〈해로〉

노자는 춘추 시대라는 냉혹한 시대 분위기에서 오직 자연의 도와 덕만이 영원히 변치 않는 진리라고 주장했습니다. 여기서 노자가 말하는 도와 덕은 분명 유가 쪽에서 이야기하는 도와 덕이 아닐 겁니다. 글자 그대로 자연의 이치에 적용하여 따르는 원리, 그것이 바로 도덕입니다. 곧 자연의 덕성을 이야기한 겁니다.

여기서 한비는 노자 사상의 속성을 주의 깊게 살핍니다. 한비가 말하는 덕치 역시 유가와는 근본적으로 다릅니다. 한비가 말하는 최상의 덕이란 '얻는 것이 있는 것'입니다. 아무것도 하지 않음으로써 최상의 것을 얻는 것, 이것이 바로 리더가 가져야 할 진짜 덕이라는 겁니다.

어찌 보면 이 말은 마음속에 무언가를 감추고 있는 것처럼 들리기도 합니다. 다소 어렵게 들릴지 모르지만《한비자》에 나온 내용을 살펴봅시다. 한비는 위의 말에 이런 주석을 달았습니다.

덕德이란 내면적인 것이며, 득得이란 외면적인 것이다. "최상의 덕은 덕이라 하지 않는다."라는 것은 그 정신이 외부 사물에 의해 어지럽혀지지 않는 것을 말한다. 정신이 외부 사물에 의해 어지럽혀지지 않으면 그 몸은 완전하게 되는데, 이것을 덕이라고 한다. 덕이란 자신에게 얻는 것이다. 무릇 덕이란 하지 않음으로써 모이고, 욕심이 없음으로써 만들어지며, 사고하지 않음으로써 평온해지고, 수단을 사용하지 않음으로써 견고해진다. 그것을 하고자 하고 욕망한다면 덕은 머물 곳이 없고, 덕이 머물 곳이 없으면 완전하지 못하다. 기능을 하고 사려를 하면 덕이 확고해지지 않는데, 확고하지 않으면 공이 없게 된다. 공이 없는 것은 (인위적으로) 덕을 취하는 데서 생겨난다. (인위적으로) 덕을 구하면 덕이 없게 되고, 덕을 구하지 않으면 덕이 있게 된다. 그래서 말했다. "최상의 덕은 덕이라고 하지 않으니 이 때문에 덕이 있게 된다."

德者, 內也. 得者, 外也. 上德不德, 言其神不淫於外也. 神不淫於外, 則身全. 身全 之謂德. 德者, 得身也. 凡德者, 以無爲集, 以無欲成, 以不思安, 以不用固. 爲之欲之, 則德無舍, 德無舍, 則不全. 用之思之, 則不固, 不固, 則無功, 無功, 則生於德. 德則 無德, 不德則有德. 故曰: 上德不德, 是以有德.

—《한비자》〈해로〉

한비는《노자 도덕경》의 덕경 1장으로 〈해로〉 편 첫머리를 장식하며 노자의 사유를 그대로 가져옵니다. 이것은 한비가 이 장을 매우 중시했 음을 말하는 중요한 단서입니다. '상덕上德'이란 도의 모습을 체화한 것 으로, '하덕下德'인 인仁·의義·예禮와 대비됩니다. 한비는 마땅히 도와 덕을 이들보다 앞에 두어야 한다고 생각합니다.

먼저 인의 개념에 대해서 살펴봅시다.《논어》에는 "효도와 우애란 아 마도 인을 행하는 근본일 것이로다孝弟也者, 其爲仁之本與."라는 말이 나 옵니다. 유가는 가족 간의 유대 관계를 모든 것의 중심으로 보았습니 다. 그래서 인은 "사람을 사람답게 대하는 것"이란 말과 통합니다. 인이 야말로 가족에서 출발하여 사회와 제도로 확장되면서 도덕적인 사회를 건립하기 위한 근간인 셈입니다. 공자는 인을 추구하여 나라를 구하려 고 애씁니다.

하지만 노자가 보는 현실 인식은 이런 공자의 현실 인식과는 아주 다 릅니다. 춘추 전국 시대는 혼란이 극에 달한 시대입니다. 제후와 신하 가 각자의 욕망을 이루려 광분하고, 교묘한 언설로 상대를 속이고 자신 을 기만하는 일들이 벌어집니다. 이렇게 혼탁한 현실을 목도한 노자의 심정이 어땠을까요? "위대한 도가 없어지자 인과 의가 생겨났고, (교묘한) 지혜가 나타나자 큰 거짓이 나타났다. 육친이 화목하지 못하자 효성과 자애가 생겨났고, 국가가 혼란해지자 충신이 나왔다大道廢, 有仁義, 智慧出, 有大僞. 六親不和, 有孝慈, 國家昏亂, 有忠臣." 아마 이런 심정이 아니었을까요?

이처럼 노자는 유가에서 흔히 말하는 인의나 효자, 충신과 같은 관념에 대해 부정적이고 비판적입니다. 공자는 인을 추구하여 무너진 현실을 바로 세워야 한다고 보지만, 노자는 오히려 인 때문에 사회가 혼란스러워졌다고 봅니다. 노자의 '대도大道' 관점에서 보면 인은 인위적 가치이고 일탈한 가치일 뿐, 그 이상도 그 이하도 아닙니다. 그래서 노자는 세상의 퇴폐함과 혼란의 원인인 지식이나 도덕이라는 인위人僞, 즉 그것들을 집적한 인간의 문화에서 벗어나 태고의 자연으로 돌아가야 한다고 주장합니다. 탁월한 노장 철학의 해석자였던 故 박이문 선생께서도 말씀하셨지만, 문화라는 것은 의식과 지적 능력을 갖춘 인간이 자연과는 별개의 의미 차원에 인간적 세계를 건축한 것으로 정의할 수 있습니다. 문화는 자연에 인위와 조작을 덧붙인 것이므로 논리적으로나 실질적으로나 자연 세계와 분리할 수 있는 것이며, 따라서 문화라는 말은 오로지 자연이라는 말과 대립할 때에만 그 의미가 있습니다. 문화가 발전하면 할수록, 인간이 자신을 자연과 대립하는 존재로 정립하면 할수록, 인간과 자연 사이의 거리는 멀어지고 자연은 더욱 심각하게 파괴됩니다. 이런 이유로 문화는 자연 질서를 파괴하고 인간의 본능을 왜곡하는 문제의 원인이 되고, 노자는 그것을 제거해야 한다고 보는 것입니다.

노자의 시각에서 보면 '상덕'은 '무위'하게 됩니다. 노자는 제아무리 '최상의 인'을 말해도 여전히 '하덕'의 차원이라고 강조하면서 상인과 상덕의 공통점은 바로 '무이위無以爲'하며 서로 관여하지 않는 것이라고 간단히 선언해버립니다. 노자가 말하는 도덕은 분명 자연에 합치된 것이지 인위적인 도덕이 아닙니다. 인성을 억압하고 본능을 억압하는 것은 도덕이 아니며, 그런 의미에서 상덕이란 인성에 합치되는 도덕으로 사람에게 감동을 줄 수 있는 것이라는 말입니다. 그러므로 노자는 자연에 순응하며 일체의 작위적인 통치 행위를 하지 않는 "다스림이 없으면서도 다스려지지 않음이 없는無治而無不治" 경지를 봅니다.

최상의 덕은 무위의 차원이며 도에 근거를 두고 있고, 자연에 들어맞으며 강제성 또한 없다는 것은 공자의 사유와는 확연히 구분되는 듯 보입니다. 한비는 이러한 노자의 중심 생각을 체계적으로 해석하고, 통치술의 근간으로 삼아 둘 사이의 회통 가능성을 열어놓습니다. 앞서 우리가 살펴본 마음이 비어 조용한 상태, 즉 허정의 마음가짐이 그 대표적인 예입니다. 군주가 제위에 없는 듯 고요하게, 텅 비어 소재를 파악할 수 없도록 해야 신하들이 자신의 생각을 그대로 드러내게 돼 통제가 가능하다는 것이죠.

덕이 있는 리더가 된다는 것은 어려운 일입니다만, 덕은 아랫사람의 마음 하나하나를 살펴 그들을 스스로 움직이게 하는 강력한 동력입니다. 그리고 이것의 가장 큰 혜택을 보는 사람은 결국 리더 자신입니다. "덕이란 무위함으로써 모인 것"이라는 한비의 말을 유념하시길 바랍니다.

빼앗으려면 먼저 주어야 한다

한비는 방법적인 측면에서, 앞서 우리가 살펴본 술의 개념에서 노자의 '이기는 생각'에 주목했습니다. 그럼 이기는 생각이란 무엇일까요? 노자는 이렇게 말했습니다.

> 오므라들게 하려면 반드시 잠시 펴줘야 하고,
> 약하게 하려면 반드시 잠시 강하게 해줘야 하며,
> 없애고자 하면 반드시 잠시 일으켜줘야 하고,
> 빼앗으려고 하면 반드시 잠시 줘야만 하니,
> 이것을 '미명微明'이라고 한다.
> 부드럽고 약한 것이 굳세고 강한 것을 이긴다.
> (마치) 물고기가 연못을 벗어나서는 안 되듯, 나라의 날카로운 기물은 다른 사람들에게 보여줘서는 안 된다.
>
> 將欲歙之, 必固張之, 將欲弱之, 必固強之.
> 將欲廢之, 必固興之, 將欲奪之, 必固與之, 是謂微明.
> 柔弱勝剛強, 魚不可脫於淵, 國之利器, 不可以示人.
>
> —《노자 도덕경》36장

한비는 이 말을 권모술수의 차원에서 풀이합니다. 〈유로〉 편에서 "빼앗으려고 하면 반드시 잠시 줘야만 한다."는 말에서 빼앗는 것과 주는 것의 개념을 이렇게 비유했습니다.

월나라 왕이 오나라 신하로 들어와서는 제나라를 토벌하도록 권했는데, 이것은 오나라를 피폐시키고자 한 것이었다. 오나라는 애릉艾陵에서 제나라 사람과 싸워 승리하고, 장강長江과 제수濟水까지 영토를 확장했으며, 황지黃池까지 강함을 드러냈다. 그런 다음 오호五湖에서

고전의 전략

오나라를 제압할 수 있었다. 그래서 말했다. "상대방에게서 빼앗고자 한다면 반드시 확장시켜주고, 쇠약해지게 하려고 한다면 반드시 강하게 해주어야 한다."

진晉나라 헌공獻公은 우虞나라를 치고자 했을 때 그들에게 옥과 말을 보냈고, 지백知伯은 구유仇由를 치려고 했을 때 큰 수레를 보냈다. 그래서 이르기를 "상대방에게 취하고자 하는 것이 있으면 반드시 주어야만 한다."고 했다. 형태가 드러나지 않는 가운데 일을 시작해 천하에 큰 공을 세우는 것, 이것을 일컬어 미명이라고 한다. 약소한 위치에 있는 것처럼 자신을 낮추고 상대는 높이는 것을 "유약함이 강함을 이긴다."고 하는 것이다.

越王入宦於吳, 而觀之伐齊以弊吳. 吳兵旣勝齊人於艾陵, 張之於江, 濟, 强之於黃池, 故可制於五湖. 故曰: 將欲翕之, 必固張之; 將欲弱之, 必固强之. 晉獻公將欲襲虞, 遺之以璧馬; 知伯將襲仇由, 遺之以廣車. 故曰: 將欲取之, 必固與之. 起事於無形, 而要大功於天下, 是謂微明, 處小弱而重自卑謂損弱勝强也.

—《한비자》〈유로〉

오므리는 것과 펴는 것, 약한 것과 강한 것, 없애고자 하는 것과 일으켜주는 것, 빼앗는 것과 주는 것, 이것들은 모두 번갈아가며 나타나는 사물의 대립적인 속성입니다. 먼저 약하면 나중에 강하고, 먼저 빼앗으면 나중에 빼앗기게 됩니다. 그럼 빼앗으려면 어떻게 해야 할까요? 그렇습니다. 먼저 주어야 합니다.

여기서 노자가 말하는 '미명'은 보이지 않는 총명이나 은미한 밝음, 감춰져 있거나 드러나지 않는 조짐을 의미합니다. 한비는 이것을 "형태가 드러나지 않는 가운데 일을 시작해 천하에 큰 공을 세우는 것"이라고 주석을 달아놓았습니다.

어떤 것을 얻기 위해서 목적만 추구하다 보면 보이지 않는 면에서 잃는 것이 너무나도 많습니다. 진정으로 이기는 것은 영원한 승자가 되는 것이고, 영원한 승자는 순간에 집착하지 않고 멀리 보고 가는 법입니다. 한비는 이 역설적인 말에 정치란 고도의 심리술이라는 의미가 내재되어 있다고 해석합니다. 한비는 노자가 말한 덕을 술을 통해 실현하고자 했던 것으로 보입니다.

큰 나라는 작은 생선을 찌듯 다스려라

한비는 무위의 철학적 성격을 정치적으로 해석합니다. 군주가 나라를 다스릴 때 효율적인 정치를 하라는 식으로 말입니다. 쉽게 말하자면 너무 법석을 떨지 말라는 것이 그 핵심입니다. 《노자 도덕경》 60장에는 이런 말이 나옵니다.

> 큰 나라를 다스리는 것은 작은 생선을 찌듯이 한다.
> 도로써 천하에 군림하면, 그 귀신도 신령스럽지 못하니,
> 귀신이 신령스럽지 못한 것이 아니라 신이 사람을 해치지 못하는 것이요,
> 신이 사람을 해치지 못하는 것이 아니라, 성인도 사람을 해치지 못하는 것이다.
> (이) 둘(사람과 귀신)이 서로 해치지 않으므로 덕이 서로에게 돌아간다.

治大國, 若烹小鮮. 以道莅天下, 其鬼不神.

非其鬼不神, 其神不傷人. 非其神不傷人, 聖人亦不傷人.

夫兩不相傷, 故德交歸焉.

이 장에서 노자는 나라 다스리기를 작은 생선을 찌는 것에 비유하고 있습니다. 첫 번째 문장에서 '팽烹'은 삶을 '자煮'와 같고, '선鮮'은 고기 '어魚'와 같습니다. '약팽소선若烹小鮮'은 '여팽소선如烹小鮮'이라고도 합니다.

생선 찔 때를 한번 상상해보십시오. 생선은 익으면서 살이 연해져 여러 번 뒤집거나 옮기면 살이 으스러지기 십상입니다. 그래서 함부로 뒤집지 않고 불의 세기를 조절하면서 세심하게 살피며 익혀야 합니다. 통치도 마찬가지입니다. 군주가 나서기를 좋아해 나랏일을 이리저리 자주 바꾸면 백성의 불안과 고통은 심해집니다. 그래서 군주는 전전긍긍하며 대단히 조심스럽게 나라를 다스려야 합니다.

그래서 이 말은 《한비자》〈해로〉 편에서 재해석되어 나라를 다스릴 때 자주 법령을 바꾸면 백성만 힘들게 된다는 논의로 전개됩니다.

무릇 법령이 바뀌면 이로움과 해로움이 바뀌게 되고, 이로움과 해로움이 바뀌면 백성들이 힘써야 할 일도 바뀐다. 힘써야 할 일을 바꾸는 것을 업종을 바꾼다고 한다. 그러므로 이런 이치에 의거해보면, 사람들을 쓰면서 자주 일을 바꾸면 성공할 가능성이 적어진다. 큰 물건을 보관했다가 자주 자리를 옮기면 손상되는 부분이 많아질 것이고, 작은 생선을 찔 때 자주 뒤집으면 그 윤기를 잃게 될 것이며, 큰 나라를 다스리면서 자주 법을 바꾸면 백성이 고통스러워할 것이다. 이 때문에

도를 터득한 군주는 고요함을 귀중하게 여기고 법을 자주 바꾸지 않는다. 그래서 말했다. "큰 나라를 다스리는 것은 마치 작은 생선을 찌듯이 하여야 한다."

凡法令更則利害易, 利害易則民務變, 務變之謂變業. 故以理觀之, 事大衆而數搖之, 則少成功; 藏大器而數徙之, 則多敗傷; 烹小鮮而數撓之, 則賊其宰; 治大國而數變法, 則民苦之. 是以有道之君貴靜, 不重變法. 故曰: 治大國者若烹小鮮.

—《한비자》〈해로〉

물론 혁신과 변화를 미덕으로 삼는 요즘 시대에 한비의 이 말을 글자 그대로 받아들여서는 안 됩니다. 이 말 속에 담긴 뜻은 무위로써 통치의 근본인 사람 마음을 살피는 일에 집중하라는 것입니다. 군주는 기본적인 제도를 마련해주어 백성 개개인으로 하여금 이익을 추구하게 하고 누리게 하면 되는 것이지, 불필요한 규제를 만들어 백성을 혼란에 빠뜨리는 무소불위의 권력자가 아니라는 것이죠.

노자는 정치도 당연히 '스스로 그러함', 즉 자연에 입각해야 한다고 말합니다. 형벌과 금령을 많이 만들지 말고 그냥 내버려두라는 것이죠. 위정자는 '자연'의 원칙에 입각해야만 백성을 침탈할 수 없고, 백성 역시 자연스럽게 그러한 위정자를 추대하고 싫증을 내지 않습니다. 위정자가 자꾸만 신경 쓰이면 백성이 어떻겠습니까? 아주 괴롭고, 불만만 늘어납니다. 위정자의 모습이 보이지 않을 때 백성은 자연스러움을 느끼며 편안해지고, 통치 행위 역시 순조로워집니다. 이것이 노자가 말하는 무위이치無爲而治입니다. "다스림이 없으면서도 다스려지지 않음이 없는" 경지입니다. 바로 이러한 상태와도 같습니다.

가장 뛰어난 자(통치자)가 있으면 백성들은 그가 있다는 것만 안다. 그다음은 그를 가깝게 여기고 기린다. 그다음은 그를 두려워한다. 그 다음은 그를 업신여긴다. (윗사람의) 믿음이 부족하기에 (아랫사람들 도) 믿지 못하는 일이 생기게 되는 것이다. (가장 뛰어난 자는) 느긋하 여 그 말을 귀하게 여기고 있으니, 공이 이루어지고 일이 완수되어도 백성들은 모두 내가 스스로 그렇게 된 것이라고들 말한다.

太上, 不知有之. 其次, 親而譽之. 其次, 畏之. 其次, 侮之. 信不足焉, 有不信焉. 悠 兮其貴言, 功成事遂. 百姓皆謂我自然.

—《노자 도덕경》 17장

이 논리는 군주의 존재 자체를 부정하고 있는 것처럼 보이지만, 이는 사실 앞에 나서서 설치는 자는 최상의 군주가 아니고 뒤에서 조용히 조 종하는 자가 최상의 군주라는 숨은 의미를 담고 있습니다. 군주의 영향 력을 느끼지 못하는 것이 최상의 정치 상태라는 것입니다. 하고자 하는 욕망이 너무 강하면 덕은 머무를 곳이 없고, 덕이 머무를 곳이 없으면 모든 것이 불완전해지는 법입니다. 가장 수준 높은 정치는 백성이 통치 자의 존재만 알 뿐 그가 무엇을 하든 관심도 없고 존재 자체를 알 수 없 는 상태를 유지하라는 것인데, 이는 요즘 조직의 리더들도 귀감으로 삼 아야 할 말입니다. 움직이지 않고 움직이게 하는 것이, 무위로 만 명을 움직이는 것이 진짜 리더입니다. 프로는 난리법석을 피우지 않습니다. 크게 움직이지 않고도 자신이 원하는 바를 이끌어내는 것이죠.

한비는 노자의 말대로 나라를 다스리는 일에 너무 많은 정신을 소모 하면 안 된다고 했습니다. 정신을 많이 낭비해버리면 장님, 귀머거리, 미치광이와 같은 지경에 이른다고 말이지요. 그래서 고유의 덕을 잃지 않고, 새롭고 조화로운 기운이 나날이 머물 수 있게 하려면 부단히 덕을 쌓아야 한다고 말합니다. 여기서 말하고자 하는 핵심은 바로 무위와 무사無私입니다. 진정 무無를 이루려고 하는 것을 최상의 덕으로 보고, 군주가 그런 덕의 상태에 이르렀다면 '술'로써 통치하기가 어렵지 않을 것입니다.

만족하는 자는 무리수를 두지 않는다

군주가 욕심을 지나치게 부리면 백성을 꼬드겨 간악한 일을 시키고, 선한 사람에게 화를 입힌다고 한비는 말했습니다. 〈해로〉 편에는 "재앙 중에 만족할 줄 모르는 것보다 큰 것은 없다禍莫大於不知足."는 말이 나옵니다. 물론 이 말도 《노자 도덕경》에서 따온 것입니다. 여기에 한비는 이런 해석을 덧붙입니다.

> 도를 터득한 군주는 밖으로는 이웃하는 상대 나라에 원한을 맺지 않고, 안으로는 백성에게 덕과 은혜를 펼친다. 밖으로 이웃하는 상대 나라에 원한을 맺지 않는다는 것은 제후들을 예의로써 대우한다는 것이고, 안으로 백성에게 덕과 은혜를 편다는 것은 백성을 근본으로써 다스린다는 것이다.
>
> 有道之君, 外無怨讐於鄰敵, 而內有德澤於人民. 夫外無怨讐於鄰敵者, 其遇諸侯也, 外有禮義. 內有德澤於人民者, 其治人事也務本.
>
> ─《한비자》〈해로〉

인간의 탐욕은 끝이 없습니다. 제후가 되면 천금의 재산을 쌓으려 하고 욕심을 부리니 전쟁이 그칠 날이 없습니다. 욕심과 근심은 동전의 양면과도 같습니다. 욕심이 늘어나면 근심도 따라 늘어납니다. 우리의 삶도 마찬가지입니다. 만족을 모르는 사람은 끝없는 욕심으로 자신을 망치고 남도 망칩니다. 우리 안에는 욕망의 그림자가 늘 어른거리고 있어, 적당한 시점과 자리에서 멈춤의 지혜를 발휘하기란 쉽지 않습니다.

물론 어떤 일을 추진하고 성과를 얻기 위해 욕심은 반드시 필요합니다. 그러나 욕심에 얽매여 여유가 없어지면 마음의 평정을 유지하기 어려워 결국 무리수를 두게 되고 패망의 길로 들어서기 쉽습니다. 창업하고 나서 수성守成을 지속하기 위해서는 지나친 욕망을 버리고 마음을 비워야 합니다. 조직의 리더는 특히 냉철해야 하며 무리한 욕심은 화를 불러온다는 사실을 자각해야 합니다. 문제는 그 화가 자신에게서 끝나는 것이 아니라 많은 이에게 미치게 되고 조직의 운명마저 위협하는 경우가 적지 않다는 것입니다. 군주가 패왕이 되고, 사람은 부귀해지면 좋긴 하지만, 무엇보다 족한 걸 알고 자기 자신을 해치지 않아야 나라가 망하지 않고, 그 몸도 죽지 않는 법입니다.

어떻습니까? 한비의 해석을 통하니, 춘추 시대 약육강식의 생존 경쟁에서 노자는 그 어떤 사상가보다도 현실 정치에 깊이 발을 들여놓은 사람처럼 보이지 않습니까? 물론 이론적으로 말입니다. 노자가 강조한 '약팽소선'의 정치 방식은 그대로 한비 사상에 적용되어 주요한 맥을 형성합니다. 최고의 높은 경지는 설명할 방법이 없다는 대도무문大道無門이란 선종禪宗의 어록처럼 정말 큰길에는 대문이 없는 법이고, 큰 사상가에게는 아무것도 거리낄 것이 없는 것일까요? 우리는 여기서 회통이란 무엇인지 그 의미를 다시 곱씹어볼 기회를 얻습니다. 결국 인간이 지향하는 삶은 그 방법이 달라도 크게는 통한다는 의미가 아닐까요? 세세한 차이에 집착하지 않고 융합과 소통, 회통이라는 길을 모색하다 보면 고뇌에 찬 삶도 새로운 지평으로 열린다는 것이죠. 도가의 시조인 노자의 사유가 법가의 집대성자 한비에 의해 꽃을 피운다는 것에서 우리는 다시 한 번 그 사실을 확인해볼 수 있습니다.

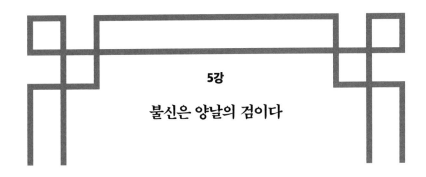

5강

불신은 양날의 검이다

누구나 자신만의 생존법은 필요하다

앞서 우리는 한비의 사상이 불신을 기초로 하고 있다고 배웠습니다. 물론 자유로운 상하 관계, 친구 같은 직장 상사 등이 강조되고 있는 요즘에는 《한비자》라는 책에 거리감을 느낄 수도 있습니다. 그만큼 아주 냉정하고 현실적인 이야기들로 가득 차 있다는 말입니다. 사실, 우리가 사는 현실에는 어느 조직이나 상하 관계가 있지 않습니까? 그 관계를 아주 객관적이고 투명하게 바라볼 필요가 있습니다.

그런 의미에서 한비가 말하고자 했던 제왕학을 오늘날의 자기 관리와 리더십에 적용해보면 어떨까요? 한비는 기본적으로 현명한 불신을 통해 인간과 인간, 군주와 신하들 간에 엄존하는 이해와 갈등 관계 속에서 살아남는 생존 기술을 전수해주고 있기 때문입니다.

이번 강의에서는 냉정한 생존의 전장에서 유용하게 쓰일 '한비의 생존법'을 짧게 요약해서 일화와 함께 전해드리겠습니다. 무언가를 직접

1부 지금 하지 않으면 안 된다 – 《한비자》로 보는 혁신의 전략

설명하기보다는 그 일화가 무엇을 의미하는지 스스로 느껴보면 더욱 좋을 것입니다.

이렇게 요약해볼 수도 있습니다. 속내를 드러내지 말고, 간신을 멀리하며, 충신을 믿어서도 안 되는데, 그렇다고 너무 견제해서도 안 된다. 그리고 자신의 허물을 제대로 파악해야 한다……. 뭘 어떻게 해야 하는지 좀 아리송하게 들리지요? 우리는 이를 현명한 불신이라는 개념으로 이해할 수 있을 것 같습니다. 적당한 규정과 규칙을 만들어 조직원들에게 긴장을 일으키게 하는 일종의 장치들이 다 현명한 불신에 속할 것입니다. 말하자면 알아서 잘하겠지 하고 놔두면서 자발성을 강조하기보다는 깐깐한 심리·제도적 규제를 만들어놓고 그 틀 안에서 자신과 상대를 모두 관리해야 한다는 것입니다. 물론 이 핵심에는 상하 간의 팽팽한 긴장 관계가 보이지 않게 자리 잡고 있습니다.

속내를 드러내지 말라

앞서 신하는 자신의 속내를 드러내지 않고 군주의 심기를 건드리지 않아야 목숨을 온전하게 보전할 수 있다고 했습니다. 이는 군주 역시 마찬가지입니다. 군주의 힘이 약해지고 신하들이 득세하면 군주를 우습게 보기 쉽습니다. 그래서 한비는 아랫사람에게 책잡힐 언행을 하지 말 것을 분명히 경고합니다. 군주가 리더십을 지키기 위해서는 "자신의 속내를 절대 드러내서는 안 된다."고 말이죠. 리더가 좋고 싫음을 겉으로 드러내는 일은 치명적이라면서 한비는 이런 예를 듭니다.

제나라 환공桓公이 자주색 옷을 좋아해서 입고 다녔더니 신하와 백성도 모두 같은 색 옷을 따라 입었습니다. 그러다 보니 문제가 생겼습니다. 당시에는 대부분 염색하지 않은 흰 옷을 입었는데, 모두 자주색 옷만 찾으니 그 옷의 가격이 흰 옷보다 다섯 배 이상 오른 겁니다. 그런데도 백성은 계속 자주색 옷만 찾았다고 합니다.

또 월나라 왕 구천句踐이 용맹함을 좋아하자 백성 가운데에는 죽음을 가볍게 여기는 사람이 많아졌고, 초나라 영왕靈王이 허리가 가는 여자를 좋아하자 성 안에는 일부러 음식을 먹지 않는 사람이 많아졌습니다. 제나라 환공이 남자를 질투하고 여색을 매우 밝히자 수조竪刁라는 자는 심지어 스스로 거세하여 후궁들을 관리하는 내시가 되기도 했습니다.

만약 군주가 속내를 드러내지 않고, 허정의 마음으로 평정심을 유지했다면 백성이 군주의 기호를 몰랐을 테고, 혼란도 없었을 겁니다. 경쟁적으로 비싼 옷을 사려고 하지도 않고, 초나라 후궁들도 굶어 죽지 않았겠죠. 그래서 한비는 군주가 호불호를 쉽사리 드러내거나 시비를 함부로 말해서는 안 된다고 합니다. 위에서 예로 든 일들이 다 따지고 보면 군주의 뜻에 영합하여 자신의 이익을 채우려는 술책이 아닙니까? 군주가 싫어하는 기색만 보여도 신하들은 감추기 바쁘고, 군주가 어떤 것을 좋아하면 신하들은 물불을 가리지 않고 따르는 척합니다. 반대로 군주의 속내를 볼 수 없을 때에는 신하들이 본마음을 드러내기 마련이라는 것이죠. 한비는 아랫사람이 하는 일의 대부분이 윗사람의 동태를 살피는 것이라고 평가절하하면서, 현명한 군주라면 아예 자신의 감정을 드러내지 않고 아부의 싹을 잘라버려야 한다고 말합니다.

멀리해야 할 여덟 가지 간사한 행동

《한비자》에는 이런 이야기가 나옵니다. 사당을 지었는데, 그 속에 나무 한 그루가 자라고 있었고, 그 나무에는 쥐가 살고 있었습니다. 쥐를 잡자니 기둥을 파내고 불을 질러야 하는데, 그러면 사당이 무너질까 걱정됩니다. 여기서 사당은 조정을 가리키고, 쥐는 간신을 가리킵니다. 한비는 어느 조정이나 간신은 존재하므로, 때로는 그들과 공생관계가 될 수밖에 없다며 그러한 예를 든 겁니다. 냉철한 현실 인식이 돋보이는 대목이 아닙니까?

그렇다면 군주의 주변에 있는 자 중에 누가 간신이고 누가 간신이 아닌지는 어떻게 구분할 수 있을까요? 한비는 나쁜 신하가 군주에게 저지르는 '여덟 가지 간사한 행동八姦'을 구체적으로 드러냅니다. 동상同床, 재방在旁, 부형父兄, 양앙養殃, 민맹民萌, 유행流行, 위강威强, 사방四方이 그것입니다.

'동상'이란 정실부인과 총애하는 후궁 등 잠자리를 같이하는 자들이 군주를 현혹하고 군주가 편안히 쉬려고 할 때나 만취했을 때를 틈타 원하고자 하는 일을 얻어내려고 하는 것입니다.

'재방'은 군주의 측근들이 입에 발린 소리로 군주의 마음을 움직이는 것을 말합니다. 이들은 군주가 명령을 내리기도 전에 먼저 "예, 예."라고 말합니다. 군주의 뜻에 영합하고 낯빛을 살펴 비위를 맞추면서 자신의 이익을 꾀하는 자들입니다.

'양앙'이란 군주가 특별히 좋아하는 취미를 이용하여 마음을 움직이게 하는 것을 말합니다. 군주가 궁궐과 누각, 연못 등을 가꾸기 좋아하면, 신하는 백성의 힘을 동원해 세금을 쏟아부어 아름다운 궁궐과 누각을 지어 재앙을 초래합니다.

'유행'이란 교묘한 말로 군주의 마음을 허물고, 판단을 흐리게 하는 것을 말합니다. 이는 외부와의 단절이 심한 군주들이 곧잘 당하는 일이 죠. 그들은 군주가 자신의 말만 잘 따르면 모든 일이 유리하게 될 것처럼 보이게 만들고, 그러지 않으면 환난이 닥쳐올 수 있다고 위협도 하며 허망한 말로 그 마음을 허물기도 합니다.

'부형'이란 군주의 혈연관계를 이용해 군주를 움직이게 하는 행동이며, '민맹'이란 신하가 공적인 재물로 백성의 환심을 사 자신의 목적을 달성하는 행동입니다. 그리고 '위강'은 신하들이 협객이나 무사 등의 위세를 빌려 군주를 위협하는 행동이며, '사방'은 주변국들의 위세를 이용해 군주를 좌지우지하는 행동입니다.

한비는 이러한 '팔간'에 휘둘린 군주는 구설에 시달리게 되고, 눈과 귀가 가려지고, 협박을 받기도 하며, 권세와 지위의 근간이 흔들려 자멸하게 되므로 신중히 잘 살펴야 한다고 말합니다.

군주를 망치는 열 가지 잘못

《한비자》에는 〈십과十過〉 편이 있습니다. 십과란 글자 그대로 나라를 패망으로 이끄는 군주의 열 가지 잘못을 뜻합니다. 섣부른 충성심, 작은 이익에 혈안이 되는 것, 편협한 행동과 방자함, 게으름, 탐욕, 음악(취미)에 빠지는 것, 유람遊覽, 충성스러운 간언을 듣지 않는 것, 나라 밖 제후들에게 의존하는 것, 예의 없음 등입니다. 이 가운데 몇 가지를 말씀드리겠습니다. 먼저 섣부른 충성심입니다.

〈십과〉편에는 "작은 충성을 행하면 큰 충성을 해칠 수 있다行小忠, 則大忠之賊也."는 말이 나옵니다. 이것은 과잉 충성을 비판하는 말입니다. 부하의 과잉 충성이 오히려 조직의 물을 흐리게 하는 경우를 여러분도 목격한 적 있을 겁니다. 아랫사람의 과잉 충성은 그 자신의 잘못에서 그치는 것이 아니라, 리더에게까지 오점을 남겨 더 큰 문제입니다.

〈십과〉편에 나온 일화를 살펴봅시다.

초나라 공왕共王이 진晉나라 여공礪公과 언릉焉陵에서 전쟁을 벌였습니다. 전투가 한창 치열할 때 사마司馬 자반子反이 목이 말라 마실 것을 찾으니, 곡양穀陽이란 자가 애주가인 자반의 마음을 헤아려 술을 바칩니다. 그러자 자반은 깜짝 놀라 빨리 가져가라고 소리칩니다. 그러자 곡양은 정색하며 술이 아니라고 잡아뗍니다. 결국 자반은 그것이 술인 줄 알면서도 못 이기는 척하며 받아 마시고는 그만 취해버렸습니다. 물론 그 전투는 초나라의 패배로 끝나고 말았죠.

공왕이 반격 명령을 내리기 위해 사람을 시켜 자반을 부르니 술에 취해 있던 자반은 몸이 아프다는 핑계를 들어 그 명령을 거절합니다. 그러자 공왕은 직접 진영 안에 있는 자반의 막사로 들어갔습니다. 그런데 막사 안에 술 냄새가 진동하는 게 아닙니까. 공왕은 말없이 막사를 빠져나옵니다. 다음 날, 자반의 목은 베어져 저잣거리에 걸리고 말았죠.

여러분은 이 이야기에서 자반을 죽음으로 몬 것이 누구라고 생각하십니까? 술을 좋아한 자반 자신일까요? 인정사정없는 공왕일까요? 물론 냉정한 태도를 유지하지 못한 자반에게도 어느 정도 잘못이 있지만, 결정적인 빌미를 제공한 것은 바로 곡양입니다. 그의 과잉 충성 때문에 자반이 죽음을 당한 것이죠.

유람에 정신이 팔리는 것 역시 조직을 패망에 이르게 합니다. 여러분 중에는 업무에 바빠서 주어진 휴가도 다 못 쓰시는 분들이 많겠지만, 여기서 말하는 유람은 단순한 여행뿐만 아니라 오랜 시간 자신의 자리를 비우는 것을 의미합니다.

옛날 전성자田成子가 바닷가를 유람하는 일에 재미를 붙여 돌아가자고 하는 자는 처형하겠다고 말했습니다. 그런데도 안탁취顏涿聚라는 자가 직언합니다.

"군주께서 바다에서만 놀며 이를 즐거워하고 계실 때에 어떤 신하가 나라를 도모하려고 하면 어찌하시렵니까? 군주께서는 비록 이것을 즐길지라도 (나라를 잃고 나면) 장차 어디로 가시겠습니까?"

이 말을 듣고 화가 난 전성자가 창을 들어 찌르려 하자 안탁취는 한 술 더 떠 자신의 목을 내밀며 차라리 목을 치라고 말합니다. 안탁취의 용기 있는 행동에서 무언가를 느낀 전성자는 수레를 몰아 궁궐로 돌아갔습니다. 그리고 그로부터 사흘 후 도성 사람들 가운데 전성자를 수도로 돌아오지 못하게 모의한 자가 있다는 사실을 알게 됩니다. 전성자는 자신이 유람에 빠졌을 때 벌어졌던 반역 모의에 놀라 더는 왕좌를 비우는 일이 없었고, 결국 제나라를 계속 유지할 수 있었습니다.

작은 이익에 욕심을 부리는 과오에 대해서도 알아볼까요? 한비는 "작은 이익을 탐하다가 큰 이익을 해친다顧小利, 則大利之殘也."고 말합니다. 먼저 《열자列子》〈설부說符〉에 나오는 일화를 살펴보겠습니다.

진晉나라 문공文公은 나라 밖에서 제후들을 모아 위나라를 정벌하려고 했습니다. 그런데 그 틈을 노려 진나라 북쪽을 침략하려는 나라가 있었죠. 이에 공자 서鋤가 하늘을 우러러보며 크게 웃었습니다. 문공이 왜 웃느냐고 묻자 그는 이렇게 말합니다.

"이웃 사람 중에 친정으로 가는 아내를 전송하러 나온 이가 있었는데, 길에서 뽕잎 따는 여자를 만나 함께 즐겁게 이야기했다고 합니다. 그러다 남자가 자기 아내를 돌아보니 그녀도 손짓하여 부르는 다른 남자가 있었습니다. 신은 이 남자의 일을 생각하고 웃었습니다."

'도견상부道見桑婦'라는 말이 있습니다. 길에서 뽕잎 따는 여자를 보고 사통한다는 말로, 눈앞의 일을 탐하다가 끝내 모든 것을 잃게 된다는 뜻입니다. 한비가 제시한 십과 가운데 작은 이익에 욕심을 부리는 과오에 딱 들어맞는 이야기죠. 문공은 그 말뜻을 깨닫고 위나라 정벌 계획을 멈추고 돌아옵니다.

십과를 범하지 않으려면 어떤 자세가 필요할까요? 저는 '넘치지 않는 냉정한 자세'라고 말씀드리고 싶습니다. 섣부른 충성심을 발휘하는 것도, 눈앞의 작은 이익에 눈이 머는 것도 모두 분수와 순리를 거슬러 일어나는 일들입니다. 정도를 넘지 않기 위해서는 무엇보다 냉정한 마음가짐이 필요한 것이지요. 아마도 열 가지 과오를 모두 범하는 리더는 없을 것입니다. 이 가운데 자신이 몇 가지 잘못을 저지르고 있는지 점검하여 하나씩 고쳐가는 것이 바람직합니다.

부하의 충성심을 다 믿지 말라

한비는 충성스러운 부하도 믿을 것이 못 된다고 말합니다. 근본적으로 군주가 누군가를 믿는 것은 권력을 나누는 일이기 때문입니다. 권력은 아버지와 아들 간에도 나누지 못한다는 말이 있습니다. 아랫사람에게 권력을 어떻게 분산할 것인가 하는 문제는 신뢰와 연관되는 문제라고 보는 것이 일반적입니다. 하지만 한비는 이런 행동이 치명적인 결과로 되돌아올 것이라고 말합니다. 물론 아랫사람을 100퍼센트 신뢰하여 그에게 온전히 일을 맡길 수만 있다면 그보다 더 좋을 수는 없겠지만, 군주와 신하의 관계는 남남에 불과할 뿐이라고 한비는 단언합니다.

〈내저설 하內儲說下〉 편에서 한비는 경계해야 할 여섯 가지 기미를 '육미六微'라는 말로 설명합니다. 첫째는 군주의 권력이 신하의 손안에 있는 것입니다. 둘째는 군주와 신하의 이해가 달라 신하들이 외국에서 힘을 빌리려고 하는 것입니다. 셋째는 신하가 유사한 부류에 의탁하여 속이는 것이고, 넷째는 어떤 일에 대해서 서로 이해가 상반되는 것입니다. 다섯째는 윗사람과 세력이 비슷한 자가 있어 내부에 다툼이 일어나는 것이며, 여섯째는 적국이 대신의 폐출과 등용에 관여하는 것입니다. 이 여섯 가지가 군주가 살펴봐야 할 일이라고 한비는 말합니다.

따지고 보면 이것은 군주의 권력 유지법 혹은 관리법과 다를 바 없습니다. 군주가 군주일 수 있는 까닭은 권한을 쥐고 있기 때문인데, 권한이 없다면 군주는 허수아비나 다름없습니다. 더 나아가 한비는 권력을 이용하려 한 자가 나쁜 것이 아니라 그것을 이용하게 놔둔 군주에게 문제가 있다고 합니다.

군주가 늘 신하보다 절대적인 우위에 있을 것 같지만 사실 그렇지 않습니다. 유약한 군주일 경우, 신하들은 언제든지 제압하려고 대듭니다. 군주라는 자리는 겉으로는 굳세 보여도 실상은 측근이나 중신이 배신하면 그야말로 속수무책입니다. 특히 신하가 국가를 전복하려는 야심을 품고 적국의 힘을 빌릴 때에는 더 치명적입니다. 한비는 신하에게 권한을 내주는 것을 마치 도끼를 빌려주는 것처럼 위험한 일이라고 단언합니다. 도끼를 쥐는 순간 언제라도 순식간에 내려치려고 한다고 보았던 것입니다.

우리가 여기서 주목할 점이 있습니다. 리더는 부하의 충심에 맹목적으로 기댈 것이 아니라 오히려 그들이 파고들 수 없는 치밀함을 보여야 한다는 것 말입니다. 덕망 있는 리더로 자처했다가 부하의 배신에 눈물을 흘렸던 사례는 역사적으로 매우 많습니다. 믿을 만한 사람이 주위에 얼마나 있는지 한번 돌아보십시오.

측근을 너무 견제하면 문제가 생긴다

〈외저설 좌하外儲說左下〉 편에는 제나라 환공과 관중의 이야기가 나옵니다.

군주인 환공은 관중이라는 신하를 믿었고, 그들은 국정의 거의 모든 일을 상의할 만큼 찰떡궁합의 관계였습니다. 이런 관계는 환공이 관중을 중보仲父라는 높은 직책에 삼으려고 할 정도로 발전합니다. 어느 날 환공이 신하들에게 말했습니다.

"과인은 관중을 세워 중보로 삼으려고 하는데, 괜찮다고 생각하는 사람은 문으로 들어와 왼쪽에 서고, 괜찮지 않다고 생각하는 사람은 문으로 들어와 오른쪽에 서시오."

그런데 유독 동곽아東郭牙란 자가 문 중간에 서는 것이었습니다. 환공이 물었습니다. 왜 문 중간에 서 있느냐고 말입니다. 동곽아는 지혜와 결단력을 갖춘 관중이 당신의 권세를 이용하여 제나라를 통치하면 위험하지 않냐면서 견제 장치가 필요하다고 조언합니다. 이 말에 환공은 무릎을 탁 칩니다. 그러고는 습붕濕朋이라는 신하에게 나라 안의 일을 다스리게 하고, 관중에게는 나라 밖의 일을 담당하게 하여 서로 견제하게 합니다.

환공이 무릎을 탁 친 이유는 어느 한쪽에 힘이 쏠리면 안 된다는 이치를 깨달았기 때문입니다. 군주에게 가장 힘을 실어주는 것도 측근이지만, 가장 무서운 적으로 돌변하는 것도 측근이라는 사실을 말이죠. 그 후로 관중은 정치적 라이벌인 습붕과 현명한 관계를 맺어나갑니다. 야심가 관중이 환공의 의중을 몰랐겠습니까? 관중을 뼛속까지 믿지 않고 끊임없이 의심하고 견제한 환공, 환공이 자신을 의심한다는 사실을 알고도 자신의 길을 걸어간 관중 사이에는 분명 팽팽한 권력의 긴장 관계가 놓여 있습니다.

결국 관중은 세상을 떠나면서 환공에게 자신의 후계자로 습붕을 추천합니다. 하지만 환공은 관중의 충정을 믿지 않았고, 결국 그게 화근이 되었습니다. 환공은 습붕이 아니라 수조라는 환관을 기용했습니다. 수조가 누굽니까? 환공이 여색을 밝히자 스스로 거세해 후궁들을 관리하는 내시가 된 자입니다. 수조는 3년 만에 환공을 배신하여 난을 일으킵니다. 반란자들에게 붙잡힌 환공은 굶주림 속에서 죽었고, 석 달간이나 방치된 그의 시체에는 구더기가 들끓어 방에 넘쳐날 정도였다고 합니다.

《한비자》에 인용된 이러한 사례는 아무리 천하에 맹위를 떨치며 패자의 자리에 오른 환공이라 해도, 가장 믿어야 할 신하도 믿지 않아 결국 천하의 비웃음거리가 되었다는 것을 보여줍니다. 제아무리 곁에 훌륭한 인물이 있어도 그를 활용하여 쓰지 못하면 제왕의 자격이 없는 것 아닐까요? 어떤 참모가 자신을 보필하게 하는지 결정하는 것도 리더의 역량입니다. 가까운 관계에서도 견제하고 경계하는 것은 필요합니다만, 문제는 어느 정도까지 선을 지키는가 하는 점입니다. 의심은 의심을 낳습니다. 현명한 불신이 필요하지, 맹목적인 불신은 자신뿐만 아니라 조직을 위기로 치닫게 하는 독이 되는 법입니다.

자신을 제대로 보는 일이 얼마나 어려운가

남의 문제를 거론하기 전에 자신의 상황을 먼저 살펴보는 것이 순서입니다. 한비는 "(사람의) 지혜는 눈과 같아 백 보 밖은 볼 수 있지만 자신의 눈썹은 볼 수 없다智如目也, 能見百步之外而不能自見其睫."고 말합니다. 이 말이 나오게 된 배경에는 초나라 장왕莊王의 이야기가 있습니다.

초나라 장왕이 월나라를 정벌하려고 하자 두자杜子가 간언합니다.

"왕께서는 무엇 때문에 월나라를 정벌하려고 하십니까?"

그러니 장왕이 대답합니다.

"월나라는 정치가 어지럽고 병력이 약하기 때문이오."

그러자 두자가 다시 간언합니다.

"저는 사람의 지혜가 눈과 같은 것이 될까 두렵습니다. 지혜는 눈과 같아 백 보 밖은 볼 수 있지만 자신의 눈썹은 볼 수 없습니다. 왕의 병사는 진秦나라와 진晉나라에 패배해 수백 리의 영토를 잃었는데, 이것은 병력이 쇠약한 것입니다. 장교莊蹻가 국내에서 도적질을 하고 있지만 벼슬아치들은 이를 금지할 수 없는데, 이것은 정치가 어지러운 것입니다. 왕의 병력이 쇠약하고 정치가 어지러운 것은 월나라보다 더한데도 월나라를 정벌하려고 하니, 이것은 지혜가 눈과 같은 것입니다."

고전의 전략

이 말을 들은 장왕은 월나라를 공격하려는 계획을 멈추었습니다. 제대로 돌아가지 않는 자신의 나라는 바로 보지 못하고, 다른 나라의 허물을 기회로 삼아 정벌하려는 장왕의 어리석음을 두자가 날카롭게 찌른 것입니다. 한비는 이 이야기를 총평하면서 "지식의 어려움은 다른 사람을 보는 데 있는 것이 아니라 자신을 보는 데 있다知之難, 不在見人, 在自見."고 말합니다. 그리고 "스스로를 이기는 것을 '강강强'이라 한다."며 자신을 이겨내는 군주를 가장 강한 군주라고 평합니다.

　별일도 아닌 타인의 문제를 물고 늘어지는 사람들이 있습니다. 그보다 더 중요한 것은 자신의 허물을 먼저 보는 것입니다. 자신에게 어떤 흠결이 있는지 먼저 살피고 세상에 나서는 것이 세상을 제대로 사는 이치입니다. 특히 리더는 그 자리가 가진 권력의 특수성 때문에 아랫사람의 허물을 지나치게 지적할 가능성이 크고, 또 그만큼 큰 앙심이 부메랑처럼 본인에게 돌아올 가능성이 큽니다. '목불견첩目不見睫'의 어리석음을 범하지 않기 위해 자신부터 제대로 보는 자세를 갖추고, 자신의 판단이 언제나 옳은 것은 아니라는 점을 유념해야 하겠습니다.

먼 곳의 물로 가까운 곳의 불을 끄지 못한다

　여러분, 지금까지 알아본 한비의 사상이 어떻습니까? 좀 불편하지 않습니까? 한비가 건설하고자 했던 세상은 모든 것이 공정하고 공평하게 집행되는 법치의 세계라고 했는데, 막상 제 강의를 듣고 나니 아무래도 단 한 명을 위해 많은 사람이 희생되는 법치, 아니 좀 더 심하게 말해서 통제를 위한 법치, 혹은 불신을 전제로 하는 법치, 이런 것들이 떠오르지 않습니까? 맞는 말씀입니다. 한비가 내세운 논법은 지금 시대에 적용해 봤을 때 대단히 위험천만한 유희가 아닌가 하는 생각이 듭니다. 군주를 위해서가 아니라 자신의 안위와 성공을 위해서 오로지 군주에게 아부하는 길을 제시하고 있지는 않은지 의심을 떨쳐버릴 수가 없습니다.

우리는 법가 사상이 진나라의 시스템을 개혁하고 중국을 통일하는 데 밑거름이 되었지만, 그 진나라가 불과 15년도 못 되어 망하고 말았다는 사실에 주목할 필요가 있습니다. 진나라가 실패한 원인이 법가 사상의 한계인지 아니면 군주의 품성 때문인지는 더 따져봐야 할 문제이긴 합니다만, 그 사상이 나라를 혁신하여 창업하는 데에는 큰 도움이 되었지만 수성하는 데에는 별로 힘을 발휘하지 못했다는 것을 역사를 통해 알 수 있습니다. 훗날 조조도 법치 리더십을 강조했지만 사실 그 주위에는 적이 많았습니다. 한비의 사상은 조직을 창설하고 체제를 정비하거나 조직이 맞이한 위기를 극복해야 할 때 대단한 위력을 발휘하지만, 정작 그 사회나 조직의 구성원에 대한 배려는 부족하지 않나 싶습니다.

저는 바로 여기에 법가의 근본적인 문제가 있다고 봅니다. 통치는 백성의 보편적인 정서를 헤아리고 백성의 마음이 선하다는 전제하에 가능한 것이지, 모든 것을 악으로 규정하고 모든 인간을 불신의 대상으로 본다면 오래갈 수 없습니다. 그런 점에서 한비의 사상이 중국 사회 곳곳에 모세혈관처럼 퍼져 있지만 하나의 이상으로 제시되거나 주류로 떠오르지는 못했던 것 같습니다. 훗날 한나라를 세운 유방이 400년 동안 기틀을 다질 수 있던 것도 어쩌면 법가보다는 유가의 덕치를 따랐기 때문이 아니었을까요?

인간과 인간의 관계를 이해관계라고만 규정하면 이 세상이 얼마나 삭막하겠습니까? 세상의 모든 사람을 불신하고 경계하며 오직 자신만 믿고 관리하면서 살아가라는 한비의 경고는 너무하다는 느낌이 들지 않습니까? 과연 한비의 생각을 어느 정도 인정하면서 세상을 살아가야 할까요? 한비가 구상했던 세상은 과연 어떤 세상이었을까, 그의 사상은 생존하기 위한 처절한 몸부림에서 나온 것이 아니었을까 하고 말입니다.

한비의 사상은 온갖 현실 정치가 난무하는 상황에서 창업하기 위한 필요악이라는 생각을 해봅니다. 현재에도 조직의 창설이나 위기관리 측면에서는 한비의 사고가 매우 현실적이고 유용한 것은 사실입니다. 특히 민감한 사회·정치적 현실에서 문제를 해결하는 지혜를 제공합니다. 《한비자》에 나오는 구절 중에 "멀리 있는 물로는 가까이 있는 불을 끌 수 없다遠水不求近火."는 말은 그의 현실주의적 처세관을 그대로 보여준다고 할 수 있습니다. 한비는 이상적인 목적에 집착하기보다는 우리가 당면한 문제에 대한 해결책이 얼마나 합리적이고 실현 가능한 것이냐, 이런 잣대로 현실을 파악한 사상가였습니다. 또 과거에 집착하기보다는 현실을 직면하고 실용적인 가치를 극대화하는 방법을 제시한 전략가이기도 했습니다. 한비의 사상에서 어떤 것을 취하고 어떤 것을 버릴지는 각자의 선택에 달렸겠습니다만, 오랜 기간 제왕학의 성전으로 널리 읽혔으니 적어도 통치 기술에 관련된 면에서 우리는 무언가를 배울 수 있을 것입니다. 군주가 끊임없는 자기 관리를 통해 자신의 자리를 유지하는 방법 역시 한번 살펴볼 만합니다.

저는 《한비자》를 읽고 또 현실 세계를 보면서 우리 인간의 속성을 목격합니다. 권력에는 한없이 나약하고 강한 자에게는 한없이 굽실거리는 상황들 말입니다. 거창하게 말해볼까요? 지난 2011년에 중국의 국가주석 후진타오胡錦濤가 미국의 대통령 버락 오바마를 방문했을 때 오성홍기가 워싱턴을 뒤덮었다는 기사가 나왔습니다. 당시 오바마 대통령은 미중 관계를 언급하면서 다음과 같이 말했습니다.

"산속의 좁은 길도 계속 사용하면 길이 되지만, 다니지 않으면 풀이 길을 막아버린다山徑之蹊間, 介然用之而成路, 爲間不用, 則茅塞之矣."

이 말은《맹자》〈진심 하盡心下〉편에서 인용한 말입니다. 두 나라의 소통과 협력을 강조하면서 한 이 말은 당시 국무장관 힐러리 클린턴의 "사람의 마음이 모이면 태산도 옮길 수 있다人心齊, 泰山移."는 말과 함께 중국을 향해 던진 미국의 메시지였던 것입니다.

1840년 아편전쟁 때 패배하여 '잠자는 돼지'라는 비아냥을 듣던 중국이 지금은 미국과 더불어 세계 초강대국의 대열에 들어선 것이 현실입니다. 중국이 개혁 개방으로 경제 부흥과 성공적인 개혁을 완성하지 못하고 후진국의 대열에 머물러 있었다면 과연 미국이라는 나라가 그런 태도를 보였을까요? 아마 아닐 것입니다. 지금 우리나라의 상황은 또 어떻습니까? 주류니 비주류니, 갑을 관계니, 대기업이니 중소기업이니, 정규직이니 비정규직이니 하는 현실이 우리를 우울하게 하지 않습니까? 한비는 이렇게 힘과 이해관계에 따라 좌지우지되는 현실정치를 정확히 짚고 있는 듯 보입니다.

저는 한비를 동정 어린 눈빛으로 바라봅니다. 이토록 냉정하게 현실을 들여다보고 거대한 구상을 한 사상가였지만, 정작 자신은 그 사상을 펼쳐보지도 못하고 죽어 초석이 되었다는 점에서 더욱 그렇습니다. 그의 사유가 21세기의 삭막한 현실을 버텨나가기 위한 우리의 비책이라는 것을 보면, 놀라우면서도 안타까운 감정을 금할 길이 없습니다.

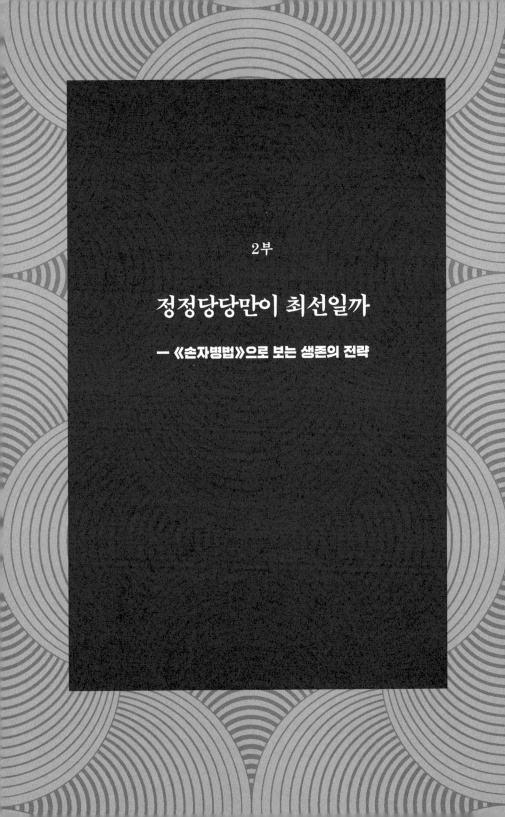

2부

정정당당만이 최선일까

─ 《손자병법》으로 보는 생존의 전략

적의 식량까지 빼앗으라는 손자의 논리는 승리 제일주의로 비판받기도 합니다. 하지만 전쟁은 명분이 아니라 현실입니다. 적에게서 전리품을 빼앗아 전쟁에 들어간 사회적 비용을 충당하지 않으면 경제를 회복할 수 없습니다. 손실이 많은 전쟁은 이겨도 진 것이나 마찬가지가 아닐까요?

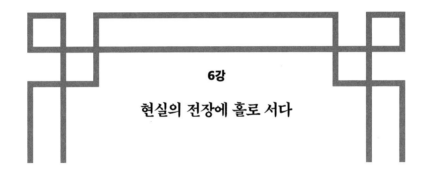

6강

현실의 전장에 홀로 서다

《손자병법》에서 나온 중국의 지혜

혼란스러웠던 춘추 전국 시대에 가장 필요한 사상은 무엇이었을까요? 저는 병가兵家라고 생각합니다. 병가란 전쟁에서 이기는 병법, 즉 용병과 권모의 기술에 대해 다루는 학파입니다. 물론 그들이 다루는 것은 전략과 전술뿐 아니라 정치·경제·외교 등 처세 전반에 걸친 폭넓은 가르침입니다. 뜻만으로 일을 도모하는 것이 순진한 생각임을 인식해야 한다는 전제 아래 철저한 준비와 심리 전술 그리고 적절하고 과감한 행동에 대한 현실적인 방법들을 병가는 제시합니다.

중국에는 수많은 병서가 있습니다. 청나라에 이르기까지 무려 4,000여 종이나 존재한다고 합니다. 그중 우리에게 널리 알려진 책들이 무경칠서武經七書입니다. 《손자병법孫子兵法》, 《오자吳子》, 《사마법司馬法》, 《이위공문대李衛公問對》, 《위료자尉繚子》, 《삼략三略》, 《육도六韜》 등입니다. 그중 첫째로 꼽는 책이 우리가 이번 강의에서 살펴볼 《손자병법》

입니다. 청나라 때 편찬된 《사고전서총목四庫全書總目》에서도 이 책을 두고 "100세대 동안 병법을 이야기한 것 중의 시조百代談兵之祖."라고 언급했습니다.

물론 《손자병법》이 병법서 중 가장 오래된 책이라 이번 강의에서 다루는 것은 아닙니다. 이 책을 선택한 이유는 거기에 담긴 사상이 중국의 어제와 오늘을 이해하기 위한 기본적인 코드로 손색이 없기 때문입니다.

서양 사람들은 흔히 《손자병법》을 '아트 오브 워Art of War'라고 번역합니다. '전쟁의 기술'이나 '전쟁의 기교'라는 뜻인데, 사실 이보다는 '로 오브 워Law of War'라는 말이 더 맞을 듯싶습니다. '아트'와 '로'라는 단어 사이에는 미묘한 차이가 있습니다. 아무래도 앞의 말에서 좀 더 다른 신비감이 느껴집니다.

《손자병법》의 권위자 리링李零 교수는 이 책을 두고 "지혜의 책"이라고 말했습니다. 병법서라고 해서 단순히 병법에 관한 이야기만 실려 있다면 이런 말을 하지 않았겠지요. 서양 철학자 헤겔도 중국 철학을 강의하면서 《논어論語》, 《주역周易》, 《노자老子 도덕경道德經》을 순서대로 거론했습니다. 이 세 권의 책이 중국의 사상 대부분을 담고 있다고 생각하기 때문이었을 것입니다. 리링 교수는 여기에 이의를 제기합니다. 그의 《병이사립兵以詐立》이라는 책을 보면, "중국 사상은 《손자》의 군사 관련 변증법에서 발전하여 《노자 도덕경》의 철학 사상이 되었으며, 《노자 도덕경》의 철학 사상에서 발전하여 《한비자韓非子》의 제왕술이 나왔고, 최후에는 《한비자》에 이르러 '사람의 정신과 지혜를 돕는다益人神智.'는 개념이 나오게 되었다."고 말합니다. 말하자면 중국의 지혜를 이해하기 위한 코드로 《손자병법》, 《노자 도덕경》, 《한비자》를 꼽고 있는 겁니다. 물론 이 견해는 1984년 리쩌허우李澤厚 선생의 〈손자·노자·한비자를 함께 이야기하다孫老韓合說〉라는 글을 부연 설명한 것에 지나지 않습니다. 저는 이 두 선생의 견해가 사마천司馬遷이 〈노자·한비 열전〉을 묶은 것과 연계된다고 봅니다. 손자를 사상가가 아닌 전략가이자 병법가일 뿐이라고 저평가할 수도 있지만, 그렇지 않게 보는 시각도 많다는 얘기입니다. 미국의 정치가 헨리 키신저Henry A. Kissinger가 쓴 《헨리 키신저의 중국 이야기》라는 책에서도 서구와 다른 중국의 특이성을 《손자병법》에서 찾습니다. 키신저는 "자신들의 문화와 체제가 보편적인 타당성을 지녔다고 주장하면서도 타인을 개종시키려 하지 않는 나라, 세상에서 가장 부유하면서도 해외 교역이나 기술 혁신에 무관심한 나라"라고 중국을 규정하며 그 중심에 손자의 가르침이 있다고 단언합니다.

"지피지기 백전백승"은 틀린 말

우리가 《손자병법》 하면 흔히 "지피지기면 백전백승이다."라는 말을 떠올립니다. 상대를 알고 나를 알면 백 번을 싸워도 백 번을 다 이긴다는 뜻이죠. 사실 《손자병법》에는 백전백승이라는 말이 〈모공謨攻〉 편에서 딱 한 번 나오기는 합니다. "그러므로 백 번 싸워 백 번 이기는 것이 잘된 것 중에 잘된 용병이 아니며, 싸우지 않고 적을 굴복시키는 용병이 잘된 것 중의 잘된 용병이다是故百戰百勝, 非善之善者也. 不戰而屈人之兵, 善之善者也."라고 말이죠. 여기서는 백전백승이 좋은 뜻으로 쓰이지 않았습니다. 싸우지 않고 이기는 것보다 못하다는 비교 대상으로 쓰였을 뿐입니다. 또 '지피지기知彼知己'라는 말도 안 보이죠? 사실 지피지기에 이어 나오는 말은 백전백승이 아니라 '백전불태百戰不殆'입니다. 여기서 '태殆'는 위태롭다는 뜻입니다. 즉 백 번 싸워도 위태롭지 않다는 의미가 됩니다. 원전을 한번 살펴볼까요?

> 그러므로 말한다. 적을 알고 나를 알면 백 번 싸워도 위태롭지 않을 것이다. 적을 알지 못하고 나만 알면 한 번은 이기고 한 번은 지게 될 것이며, 적을 알지 못하고 나도 알지 못하면 싸울 때마다 반드시 위태롭게 될 것이다.
>
> 故曰: 知彼知己, 百戰不殆; 不知彼而知己, 一勝一負; 不知彼不知己, 每戰必殆.
>
> ─《손자병법》〈모공〉

〈모공〉에서 '모謀'는 책략, '공攻'은 공격을 뜻합니다. 적을 공격할 때에는 책략을 짜야만 적을 이길 수 있다는 것입니다. 손자는 싸우지 않고 적을 굴복시키는 것을 최상의 전략으로 보았습니다. 이 구체적인 방법을 소개하기 위해 〈모공〉 편을 지은 것입니다.

손자가 말하는 병법의 기본적인 이치는 상대를 속이는 것입니다. 이를 궤도詭道라고 합니다. 속일 궤詭, 길 도道 자를 씁니다. 말하자면 전쟁에서 모략으로 공격하는 것이 대단히 중요하다는 의미입니다. 그것이 바로 모공입니다. 여기에 반대되는 개념이 병사들이 성벽을 마치 개미 떼처럼 기어올라 공격하는 공성攻城이라고 할 수 있습니다. 손자는 공성이야말로 가장 최하위 단계라고 봤습니다. 왜 그럴까요? 모공을 펼치면 상대편 국가와 군대를 온전히 두고 이기지만, 적의 최후 보루인 성을 공략하게 되면 저항하는 쪽도 필사적이어서 결국 적군 뿐만 아니라 아군의 피해도 커져 이겨도 엉망이 되기 때문입니다. 그래서 싸우지 않고 적을 격파할 수 있는 비전이 중요하다고 손자가 말하는 겁니다.

이러한 생각의 전환을 높이 평가한 역사가 사마천은 《손자병법》의 저자 손무孫武에게 손자라는 존칭을 붙였습니다. 여기서 성 다음에 붙는 '자子'는 그 시대에 엄청난 공적을 이룬 대학자를 존칭하는 말입니다. 공자, 노자처럼 말이죠. 오늘날의 선생님이라는 뜻과도 비슷합니다. 유가에서는 공 선생님, 도가에서는 노 선생님 하고 부르듯이 군사 분야에서 업적을 쌓은 손무를 손 선생님이라고 부르는 겁니다.

그럼 이 책의 애독자, 그러니까 "손 선생님!" 하고 부르면서 그의 병법을 따른 인물로는 누가 있을까요? 먼저 그 유명한 후한 말기와 삼국 시대에 활약한 조조曹操가 있습니다. 조조는 《손자병법》 열세 편에 주석을 달면서 "내가 본 병서와 책략이 많지만 손무가 지은 것이 깊이가 있다."고 말했습니다. 그 뒤로 손무의 병법은 수많은 곳에서 인용되고 실전에 적용되었습니다. 지금 우리가 읽고 있는 《손자병법》의 가장 탁월한 주석서가 바로 조조가 지은 것이라는 사실을 염두에 두어야 합니다.

그럼 현대에 이르러 《손자병법》을 실전에 적극 사용한 사람은 누가 있을까요? 바로 국공합작 시대에 《손자병법》을 활용한 중국의 마오쩌둥毛澤東입니다. 임종 사흘 전까지도 고전을 읽었던 그는 늘 머리맡에 이 책을 두었다고 합니다. 그는 여기에 나온 전략과 전술을 활용하여 국민당의 장제스蔣介石를 물리쳤습니다. 사실 이 책은 제2차 세계대전 때까지도 별 볼일 없었는데, 마오쩌둥의 활약으로 서양에 널리 알려집니다. 미국의 중국 전문가이자 해군 제독 새뮤얼 그리피스가 영문판 번역서로 출간할 정도였습니다. 영국의 전략가인 리델 하트Liddell Hart는 이 책의 서문을 쓰면서 서양의 클라우제비츠의 《전쟁론》과 견줄 수 있는, 뛰어나고 깊이가 있는 전략서라고 평했습니다.

　마오쩌둥이《손자병법》에서 가장 좋아했던 말이 위에서 우리가 살펴본 "지피지기 백전불태"라는 말입니다. "적을 알고 나를 알고 싸우면 백번 싸워도 위태롭지 않다." 이 말은 전쟁에서뿐만 아니라 우리의 삶에서도 통용될 수 있는 가르침입니다. 단순히 군사 교과서로 보는 시각에서 벗어나, 조직을 관리하고 사람을 다루고 세상의 이치를 냉정하게 살펴 살아남는 기술의 경전으로《손자병법》을 읽는다면, 이 험난한 시대를 헤쳐 나가는 삶의 전략을 배울 수 있을 것입니다.

실전에 적용되지 않는 이론은 의미가 없다

　《손자병법》의 저자는 손무입니다. 그런데 가끔 손무와 그보다 100여 년 뒤에 등장한 손빈孫臏을 혼동하는 분들이 있습니다. 두 사람 다 손자라는 존칭으로 불렸고, 또 둘 다《손자병법》을 지었기 때문입니다. 구분해보자면, 손무가 지은 책을《오손자병법吳孫子兵法》, 손빈이 지은 책을《제손자병법齊孫子兵法》이라고 부릅니다. 손무의 활동 시기는 춘추 말기이고, 손빈의 활동 시기는 전국 중기 제齊나라 위왕威王 때입니다.

　우리가 여기서 살펴보고자 하는 것은 손무의《손자병법》입니다. 손무의 특징적인 면모가 잘 나온《사기史記》의 〈손자·오기 열전〉을 잠시 살펴보도록 하겠습니다.

　손자가《손자병법》을 지었을 때 그의 이름은 이미 상당히 알려져 있었습니다. 병법에 대해서 이론적으로 알았을 뿐만 아니라 실전 경험도 많았죠. 그는 자신의 웅지를 펼치기 위해서 오吳나라 왕 합려闔閭를 찾아갑니다. 오나라의 장수가 되어 이론과 실제를 결합해 군략의 틀을 마련해보고자 한 것입니다. 하지만 오왕은 과연 손자에게 실제로 능력이 있는지 의심합니다. 그래서 궁녀 180명을 주고 한번 지휘해보라고 제안합니다. 아끼는 궁녀를 내주는 것이 상당히 부담스러운 일이긴 합니다만, 의외의 상황에서 손자가 어떻게 대처하는지 한번 시험해보려고 한 것입니다. 손자는 망설임 없이 궁녀를 좌우 두 편으로 나눠 오왕이 가장 아끼는 궁녀 둘을 각 편의 대장으로 삼습니다. 그러고 나서 180명의 궁녀에게 창을 들게 한 다음 한 줄로 세우고는 이런 말을 합니다.

"여러분은 자신들의 가슴, 왼손, 오른손, 등을 알고 있는가?"

그러자 모두 알고 있다고 대답합니다. 그랬더니 손자가 말합니다.

"'앞으로!' 하면 가슴 쪽을 바라보고, '좌로!' 하면 왼손 쪽을 바라보며, '우로!' 하면 오른손 쪽을 바라보고, '뒤로!' 하면 등 뒤쪽을 보도록 하라."

궁녀들은 알겠다고 대답합니다. 그런데 막상 훈련에 들어가니 궁녀들은 군령에 따르기는커녕 서로 키득거리면서 장난만 치는 게 아니겠습니까? 오왕은 자신이 예상했던 대로 '손자가 이론은 좀 알지만, 임기응변은 잘하지 못하는구나.' 하고 생각합니다. 그러던 찰나 손자가 도끼를 움켜쥐고 말합니다.

"약속이 분명하지 않고 명령에 숙달되지 않은 것은 장수의 죄다."

손자는 다시 여러 차례 군령을 되풀이합니다. 궁녀들이 완전히 숙지한 것을 확인하고는 다시 명령을 내립니다. 그런데 이번에도 여전히 궁녀들은 깔깔대면서 비웃습니다. 마치 손자를 골려주려는 것처럼 말이죠. 다시 손자가 말합니다.

"약속이 분명하지 않고 명령에 숙달되지 않은 것은 장수의 죄이지만,

(약속이) 이미 분명해졌는데도 법에 따르지 않는 것은 사졸들의 죄다."

그러면서 손자는 조금 전 좌우의 대장으로 뽑았던 궁녀 두 명의 목을 베려고 합니다. 그런데 그 두 궁녀가 누구입니까? 180명 궁녀 중에서 오왕이 가장 아끼는 궁녀들이 아닙니까? 오왕은 급히 사람을 보내 이런 이야기를 전달합니다.

"과인은 이미 장군이 용병에 뛰어나다는 것을 알았소. 과인은 이 두 희첩이 없으면 음식을 먹어도 단맛을 모르니, 부디 목을 베지 말아주시오."

이 말에 손자가 뭐라고 답했을까요? "알겠습니다. 살려드리겠습니다." 하고 말했을까요? 아닙니다. 아주 용감하게도 손자는 이렇게 말합니다.

"저는 이미 명을 받아 장수가 되었습니다. 장수가 군에 있을 때에는 군주의 명이라도 받들지 않는 경우가 있습니다."

그러면서 손자는 결국 두 궁녀의 목을 잘라버렸습니다. 그러자 나머지 궁녀들은 손자가 명령하는 대로 일사불란하게 움직이기 시작합니다. 이미 죽어버린 동료를 향한 슬픔이나 연민은 온데간데없었죠. 오직 살아남기 위해 손자의 말에 복종하는 그 모습은 처량하다 못해 구차스러울 정도였습니다.

손자는 한 치의 흔들림 없이 과제를 마치고 나서 오왕에게 내려와 한번 보라고 말합니다. "왕께서 그들을 쓰고자 하신다면 물불을 가리지 않고 뛰어들 것입니다."라면서 말이지요. 하지만 이미 아끼던 궁녀를 둘이나 잃은 왕의 심정이 어떻겠습니까? 오왕은 슬픔에 젖어 "장군은 그만 관사로 돌아가 쉬도록 하시오. 과인은 내려가 보고 싶지 않소."라고 하며 손자를 물리쳤습니다.

고전의 전략

마지막으로 손자는 일침을 놓듯이 오왕을 향해 이렇게 말합니다.

"임금께서는 한갓 이론만 좋아할 뿐 그것을 실제로 사용하실 수 없습니다."

오왕은 손자의 능력을 시험해보려다가 된통 당하고 만 것입니다. 결국 손자는 오왕에게 능력을 인정받아 장군으로 임명됩니다.

이 일화에서 우리는 무엇을 알 수 있을까요? 먼저 우리는 손자가 굉장히 슬기롭고 엄격한 사람이라는 것을 알 수 있습니다. 여기서 슬기롭다고 말한 것은 손자가 오왕이 가장 아끼는 두 궁녀를 본보기로 삼아 처형하면 나머지 궁녀들도 명령을 따르기 마련이라는 것을 파악했기 때문입니다. 또 엄격하다고 말한 것은 훈련도 실전의 연장선으로 보았기 때문입니다. 훈련이든 아니든 군대의 명령이란 서릿발처럼 엄하게 적용되어야 한다는 사실을 손자는 직접 보여주었죠. 전쟁을 할 때 용병은 국가의 존망과 생사를 갈음하는 중요한 일이고, 이는 훈련 중에도 마찬가지입니다. 용병에서의 원칙, 즉 군법이 바로 서야 군대가 일사불란하게 움직이는 법입니다. 훈련된 병사들이 아니라 생전 무기를 손에 잡아본 적도 없는 궁녀들을 대상으로도 그런 원칙은 변함없었습니다.

하지만 우리가 알 수 있는 것은 그뿐일까요? 좀 더 살펴보면 이 일화에는 더 복잡하고 무서운 의미가 숨어 있습니다.

병법, 현실의 비유로 작동하다

저는 이러한 의문이 듭니다. 과연 손자가 궁녀를 죽여야 할 만큼 조직에서 권위는 중요한 것일까요? 또 그러한 피도 눈물도 없는 것이 리더의 자질일까요? 여러분은 어떻게 생각하십니까? 두 궁녀가 불쌍하다는 생각이 드십니까? 아니면 손자가 옳았다는 생각이 드십니까? 두 궁녀가 여러분의 동료이고, 손자가 여러분의 상사라면 어떻게 이를 받아들이시겠습니까?

회사를 움직이는 최소한의 단위는 명령입니다. 하지만 명령이 초월적인 권위를 가지는 것은 효율적인 임무 수행이라는 일반적인 조직에서의 가치 때문만은 아닐 겁니다. 한 조직에서 어떤 명령이 인정되고 합리화될 수 있는지 따져보는 것은 대단히 중요합니다. 이러한 참혹하고도 희극적인 일이 왜 생겼는지 궁녀들, 오왕, 손자 각각의 입장에 대해서 한번 살펴봅시다.

먼저 궁녀들에 대해서 생각해봅시다. 당시 손님의 입장으로 오나라를 방문한 손자의 입지는 그리 강하지 않았습니다. 어찌 보면 그 조직에서는 오왕이 아끼던 궁녀들이 기득권 세력입니다. 그래서 궁녀들은 손자의 명령을 들을 가치가 없다고 생각하고 만만히 본 것입니다. 오왕이 아끼는 두 명의 궁녀는 평소에도 득의만만했을 테니, 명령을 좀 어겼다고 해서 죽을 거라고는 생각하지 못했을 것입니다. 이처럼 상황을 오판한 결과가 어땠습니까? 결국 목숨까지 잃고 말았습니다. 이들의 운명은 대단히 어처구니없지만, 여기서는 별일이 아닌 것처럼 다뤄집니다. 결국 두 궁녀는 커다란 조직을 이끌어가는 오왕과 거기에 들어가려는 손자의 파워 게임 속의 희생양, 커다란 조직에서 소모되는 하나의 부품에 불과하다는 것을 보여주는 사례가 아닐까요?

다음으로 오왕의 입장을 생각해봅시다. 오왕은 손자를 시험해보면서 심리전을 벌였다고 할 수 있습니다. 일부러 궁녀들을 내어주면서까지 말이죠. 무수한 심리전이 작동하는 것이 현실 정치입니다. 왕과 병법가, 리더와 실무자, 갑과 을의 암투 말입니다. 그 암투 때문에 결국 애꿎은 궁녀들의 목만 달아나고 말았지만요. 우리는 여기서 자신에게든 타인에게든 잔인한 자들이 권력 사슬의 맨 위에 존재한다는 것을 알 수 있습니다. 그들은 서로의 파워 게임에서 승리하기 위해 밑에 있는 사람들을 희생시키기를 마다하지 않습니다. 결국 오왕이 미치광이처럼 월권한 것으로 보일 수 있었던 손자를 용서하고 냉철하게 장수로 임명한 것은 더 큰 것을 얻기 위해 권력자가 할 수 있는 최대한의 정치적인 수완이고 관용이었습니다.

마지막으로 손자의 입장에 대해서 알아봅시다. 저는 이 일화를 주류의 세계로 들어가기 위한 하나의 심리전으로 읽습니다. 명령하는 자가 명령을 어기는 자에게 느끼는 감정은 기본적으로 분노일 것입니다. 그 분노라는 것을 조직을 살리기 위한 방향에서 본다면, 이익과 맞부딪히면서 억제되어야 할 수밖에 없습니다. 여기서 손자는 고도의 절제력을 발휘하여 자신의 사적인 분노를 공적인 속성의 군령과 결합시킵니다. 자기 자신의 감정에 충실하면서도 조직의 측면에서 보았을 때에도 이견을 제시할 수 없는 상황을 만들어놓는 것입니다. 이것은 아주 과감하고도 영악한 심리전이라고 할 수 있습니다.

제가 여기서 강조하고 싶은 것은 하나의 고전 속 일화도 개인과 조직, 최고 권력자의 상황에 따라 아주 다양한 비유로 작동할 수 있다는 겁니다. 받아들이는 사람마다 그 해석은 다를 것입니다. 그것을 어떤 의미로 한정하기보다는 각자 취할 수 있는 것을 취하면 되는 것입니다. 그것이 바로 고전이 주는 진정한 묘미라고 할 수 있습니다.

다음에는 《손자병법》에 나온 전략 전술에 대해서 본격적으로 알아보도록 하겠습니다. 우리가 흔히 생각하는 방식과는 사뭇 다른 전쟁 기술에 여러분은 놀랄지도 모릅니다.

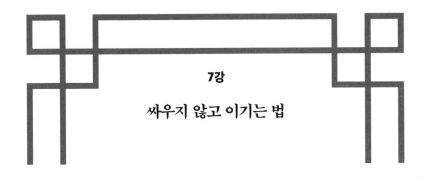

7강

싸우지 않고 이기는 법

전략과 전술은 다르다

전쟁에는 전략과 전술이 있습니다. 우리는 흔히 그 용어를 구분 없이 사용합니다. 자세히 살펴보자면, 전략은 전쟁의 준비·계획·운용 등을 아우르는 전반적인 방책이며, 전술은 실제 전투를 할 때 쓰는 세부적인 술책을 의미합니다. 전략이 더 큰 것이며, 전술은 그 하위에 속한다고 할 수 있습니다.

이번 강의에서는 《손자병법》의 전략을 차근차근 살펴보려고 합니다. 《손자병법》은 매우 함축적일 뿐만 아니라 그 책이 쓰인 시대적 배경 속에서 이해되도록 집필되었습니다. 손자가 제시한 전략에 맞는 전투 사례를 찾아본다면, 그 이해가 더욱 쉬울 것입니다.

중국의 리링 교수는 《손자병법》을 크게 내편內篇와 외편外篇 두 부분으로 나누어 설명합니다. 내편은 권모와 형세에 관한 부분입니다. 〈계計〉, 〈작전作戰〉, 〈모공〉 편이 권모에 속하고, 〈형形〉, 〈세勢〉, 〈허실虛實〉

편이 형세에 속합니다. 여기까지는 전략에 관한 이론적인 내용이 주를 이룹니다. 외편에는 〈군쟁軍爭〉, 〈구변九變〉·〈행군行軍〉, 〈지형地形〉, 〈구지九地〉 등이 있습니다. 실제 작전에서 쓸 수 있는 용병의 구체적인 성과들이 담겨 있죠. 그 외 맨 마지막 두 편은 〈화공火攻〉, 〈용간用間〉입니다. 리링 교수는 이 두 부분을 기타로 분류하지만, 저는 군쟁 부분에 넣어도 무방하다고 생각합니다.

《손자병법》의 전략을 요약하자면 신전愼戰·비구非久·비공非攻이라고 할 수 있습니다. 《손자병법》 전체의 총론이라고 할 수 있는 내편의 〈계〉, 〈작전〉, 〈모공〉 편에서 그 의미를 살펴보겠습니다.

전쟁하기 전에 먼저 살펴라

《손자병법》은 이렇게 시작합니다.

> 전쟁이란 나라의 중대한 일이다. 죽음과 삶의 문제이며, 존립과 패망의 길이니 살피지 않을 수 없다.
>
> 兵者, 國之大事, 死生之地, 存亡之道, 不可不察也.
>
> ─《손자병법》〈계〉

《손자병법》 열세 편 중 첫 번째인 〈계〉는 책 전체를 총괄하는 가장 중요한 부분입니다. 여기서 손자는 전쟁의 기술을 설명하기보다는 전쟁은 국가의 중대사이고, 회피할 수 없다는 명제로 시작합니다. "불가불찰야不可不察也"라고 하며 살필 '찰察'을 쓰고 있습니다. 살피지 않을 수가 없다! 전쟁하기에 앞서 신중할 것을 강조합니다. 왜 그럴까요? 손자가 〈화공〉 편에서 선언했듯이 "망한 나라는 다시 존재할 수 없고, 죽은자는 다시 소생할 수 없기亡國不可以復存, 死者不可以復生" 때문입니다.

전쟁은 국가의 존망이 달린 일입니다. 열 번을 이겨도, 결정적으로 한 번을 지면 패망할 수 있습니다. 춘추 시대 때 제나라가 그랬습니다. 유방劉邦에게 패배한 항우項羽도 마찬가지입니다. 항우는 카리스마 있는 리더십으로 군대를 이끌고 진秦나라를 멸망시켰습니다. 또 그의 라이벌인 유방과의 7년여에 걸친 싸움에서 거의 단 한 번도 지지 않았습니다. 곧 항우가 새로운 나라를 세워 황제가 될 것 같았습니다. 하지만 항우는 강력한 힘만 추종했으며, 제후들에게 봉토를 공평하게 나눠주지 않았고, 친척만 등용하여 인화人和에 실패했습니다. 강팍한 기질 때문에 갈수록 고립을 자초하다가 결국 유방과 건곤일척의 운명을 건 전투에서 참패해 사면초가의 신세로 전락하고 말았습니다.

그러면 대체 손자는 무엇을 살피라는 것일까요? 전쟁에 앞서 적군과 아군의 형세를 비교하고, 승산이 있는지 없는지 철저히 검증하라는 것입니다. 이때 살펴야 할 것을 오사五事와 칠계七計로 나눕니다. 여기서 오사는 승부를 결정하는 5대 요소이고, 칠계는 오사를 바탕으로 한 구체적이고 보완적인 설명입니다.

먼저 오사를 살펴봅시다. 도道·천天·지地·장將·법法, 이 다섯 가지가 오사입니다. 여기서 도란 도덕을 의미합니다. 백성이 윗사람과 뜻을 함께하는지 살펴보는 것입니다. 천이란 천시天時입니다. 주로 기후나 날씨 변화를 살펴보는 것입니다. 싸워야 할 때 날이 맑은지 비가 오는지, 날씨가 추운지 더운지, 무슨 계절인지를 따지는 겁니다. 지란 지리입니다. 싸워야 하는 상대가 멀리 있는지 가까이 있는지, 전장으로 향하는 길이 험준한지 평탄한지, 전장이 넓은지 좁은지, 살 곳인지 죽을 곳인지 따져보는 겁니다. 장이란 장수입니다. 군대를 이끌 장수가 지혜가 있는지, 믿음이 있는지, 어진 성격인지, 용기가 있는지, 엄격한지 따져보는 것입니다. 법이란 법도입니다. 군대 편제, 조정의 벼슬 체계와 식량 수송로, 주력 부대의 보급 물자 운용 등을 가리킵니다. 이처럼 도덕·천시·지리·장수·법도 등 다섯 가지를 잘 점검하면 사병들의 역량이 극대화되고 참모들의 책략도 빛을 발한다고 말합니다.

여기서 천·지·법은 비교적 눈에 잘 보이지만, 도와 장은 잘 보이지 않습니다. 이것들은 사람과 관계된 것이므로 주의 깊게 살펴야 합니다. 맹자는 "천시는 지리보다 못하고, 지리는 인화보다 못하다天時不如地利, 地理不如人和."고 말했습니다. 전쟁뿐만 아니라 무엇을 하든 사람의 역할을 강조한 것입니다.

그다음 칠계를 살펴봅시다. 칠계는 오사를 중심에 놓고 전쟁의 승패를 예측해보는 질문입니다. 첫째, 군주 중에서 누가 도를 지키는가? 둘째, 장수 중에서 누가 더 유능한가? 셋째, 천시와 지리는 누가 얻었는가? 넷째, 법령은 누가 잘 시행하는가? 다섯째, 병력은 누가 더 강한가? 여섯째, 병사들은 어느 쪽이 잘 훈련되어 있는가? 일곱째, 상벌은 누가 분명한가? 이렇게 물어보는 것입니다.

이처럼 현명한 군주가 되려면 항상 국익을 사수한다는 관점에서 전운이 도는 현장을 꿰뚫어보고 통찰해야 합니다. 전쟁은 결코 명분이나 허세에 기대어 해서는 안 된다는 겁니다. 철저히 계산하고 책략을 검토해 확신이 선 뒤 전쟁에 나서야 합니다. 이러한 일이 당연한 것 같으면서도 실제로는 쉽지 않습니다. '지피지기'란 생각처럼 쉬운 것이 아닙니다. 나의 상황을 알면서도 다른 사람의 상황을 잘 알지 못하고, 다른 사람의 상황을 잘 안다고 해도 나에 대해서 모르는 경우가 많습니다. 어떠한 사안을 아전인수 격으로 해석하는 것이 대부분 인간의 속성이기 때문입니다.

여기서 가장 중요하게 생각해야 할 점은 눈앞에 있는 것만 보면 안된다는 것입니다. 이와 관련해서《한시외전韓詩外傳》에 나오는 '당랑재후螳螂在後'라는 말을 한번 봅시다. 이 말은 사마귀에게도 뒤쪽이 있다, 즉 눈앞의 이익에만 어두워 뒤따라올 큰일을 알지 못하는 상황을 비유하는 말입니다. 연원은 이렇습니다. 초楚나라 장왕莊王이 진晉나라를 치려고 하면서 "감히 간언하는 자는 죽음이 있을 뿐 사면은 없다."라고 포고합니다. 그러자 명재상 손숙오孫叔敖가 용감하게 나섭니다. "채찍의 엄함을 두려워해 아버지에게 감히 간언하지 못하는 자는 효자가 아니며, 부월斧鉞의 형벌을 두려워해 감히 군주에게 간언하지 못하는 자는 충신이 아니다."라면서 말이죠. 그때 손숙오가 든 비유가 걸작입니다.

신의 정원에 느티나무가 있는데, 그 위에 매미가 있습니다. 매미는 날개를 막 펴고 슬피 울며 맑은 이슬을 마시려고 하면서 사마귀가 뒤에서 목을 굽혀 먹으려 하고 있음을 알지 못합니다. 사마귀는 매미를 먹으려고 하면서 참새가 뒤에서 목을 들고 쪼아 먹으려고 하는 것을 알지 못합니다. 참새는 사마귀를 먹으려고 하면서 어린아이가 아래에서 새총을 쏘려고 하는 줄을 알지 못합니다. 어린아이는 참새에게 총을 쏘려고 하면서 앞에 깊은 웅덩이가 있고 뒤에는 굴이 있는 것을 알지 못합니다. 이것은 모두 눈앞의 이익 때문에 배후의 해로움을 돌아보지 못하는 것입니다.

臣園中有楡, 其上有蟬. 蟬方奮翼悲鳴, 欲飮淸露, 不知螳螂之在後, 曲其頸, 欲攫
而食之也. 螳螂方欲食蟬, 而不知黃雀在後, 擧其頸, 欲啄而食之也. 黃雀方欲食螳
螂, 不知童挾彈丸在下, 迎而欲彈之, 童子方欲彈黃雀, 不知前有深坑, 後有窟也. 此
皆見前之利, 而不顧後害者也.

꼬리에 꼬리를 무는 반전이 재밌지 않습니까? 그들은 앞에 있는 목표물만 볼 뿐 자신의 뒤편을 돌아보지 못하고 있습니다. 결국 '사마귀나 참새나 어린아이만 이런 게 아니라 지금 당신이 저쪽 땅을 탐하다 보면 생각지도 못한 일들이 벌어질 수도 있다.'고 경고하는 말입니다. 본래 이 말은 '당랑포선螳螂捕蟬'이라고도 알려져 있습니다. 원래《장자莊子》〈산목山木〉편에 실렸는데, 나중에《전국책戰國策》〈설원說苑〉 등에도 나옵니다.

이 말을 듣고 장왕은 느끼는 바가 있어 정벌을 포기합니다. 그리고 힘을 더 키워 훗날 춘추 시대의 다섯 강자인 춘추오패春秋五覇 중 하나가 됩니다. 자신의 전력이 강하다고 착각하지 말고 상대의 전력도 만만치 않음을 염두에 두어야 합니다. 세상에는 보이지 않는 고수들이 적지 않은 법입니다. 자신의 병력을 믿고 아전인수하듯 해석하거나 기고만장해서 상대를 무시하면 대사를 그르치게 됩니다. 승리의 전제 조건은 자신과 상대에 대한 완전한 이해입니다.

단 한 번에 모든 일을 도모하기는 어렵습니다. 먼저 승산을 헤아려 본 뒤에 싸움을 시작하고 적을 헤아리고 아군의 장수를 고찰해보면 실책이 생기지 않는 법입니다. 손자는 계획 없는 전쟁은 무모하다고 보았습니다. 제아무리 작전과 모공을 펼치려 해도 무모한 도발은 적지 않은 희생을 부르고, 심지어는 한 나라의 몰락까지 자초하기 때문입니다. 손자를 신전론자, 즉 전쟁에 신중히 임하는 병법가로 분류하는 이유가 여기에 있습니다.

어설퍼도 속전속결

예로부터 여러 번 이겨서 천하를 손에 넣은 자는 드물었고, 오히려 망한 자가 많았습니다. 수隋나라 양제煬帝가 고구려를 침공하여 전쟁이 길어지자 그의 측근인 양현감楊玄感이 반란을 일으켰습니다. 당나라의 이세민李世民은 고구려의 안시성을 침략하며 60일에 걸쳐 성보다 높은 토산을 쌓아 싸웠지만 갑자기 토산이 무너지는 바람에 결국 퇴각하고 말았죠. 현대에 이르러 16년간 벌어진 베트남전과 한 달 만에 끝난 제1차 걸프전에서도 교훈을 얻을 수 있습니다. 미국은 베트남전에서 장기전으로 패배했고, 걸프전에서는 속도전으로 승리했다고 할 수 있습니다. 물론 현대의 전쟁에서는 속도전이 지구전보다 꼭 낫다고는 장담할 수는 없습니다. "미국의 상대인 베트남은 장기전으로 이긴 것 아닙니까?" 하고 질문할 수도 있지요. 일단 다양한 변수를 갖는 현실 속에서 원칙이 그대로 적용되지 않는다는 것을 알아둡시다. 그리고 전쟁의 폐해를 자세히 들여다본다면, 그러한 질문이 얼마나 어리석은 질문인지 알게 될 것입니다.

마이클 매클리어가 쓴 《베트남 10,000일의 전쟁》이라는 책이 있습니다. 20세기의 가장 길었던 전쟁이자 가장 처참한 전쟁으로 기록되고 있는 이 전쟁은 그야말로 미국 국방장관 클라크 클리퍼드의 말처럼 "목표와 전략이 없던 전쟁"이었습니다. 그 누구도 미국을 패자로 보지도 않고 베트남을 승자로 보지도 않습니다. 둘 다 패자일 뿐입니다. 아니, 더 지독한 패배자는 미국일 거라고 조심스레 생각해봅니다. 물론 승자는 있습니다. 바로 군수 산업체들이죠. 하지만 그 대가가 너무도 컸습니다. 전쟁에 참여했던 미군의 3분의 2인 175만 명이 종전 후에도 정신과 상담을 계속하고 있다고 합니다. 인명과 물적 피해는 별개로 칠 만큼 어마어마한 손실이 아닙니까? 그것이 과연 누구를 위한 전쟁이었는지 다시 생각하게끔 합니다. 걸프전, 소말리아 내전, 보스니아 내전, 아프가니스탄 분쟁 등등에서도 불가피한 명분을 내세워 전쟁을 일으켰지만, 그 결과 역시 베트남전처럼 지루한 소모전이 되었을 뿐입니다. 미국의 얼굴에 남겨진 진한 화농 자국과도 같은 베트남전을 2,500여 년 전의 탁월한 병법가 손자가 보았다면 과연 어떤 말을 했을지 궁금합니다.

꼼꼼히 살펴본 뒤에 전쟁을 시작했다면 그다음에는 어떻게 해야 할까요?《손자병법》두 번째 편인 〈작전〉에는 이런 말이 나옵니다.

> 용병법에서 '어설프지만 속전속결해야 한다拙速'는 말은 들어보았지만, 교묘하게 질질 끄는 경우는 본 적이 없다.
>
> 兵聞拙速, 未睹巧之久也. 夫兵久而國利者, 未之有也.

'졸속拙速'이란 말은 많이 들어보셨을 겁니다. 우리는 흔히 형편없는 영화를 보고는 졸속으로 만들었다고 불평합니다. 공무원들이 마구잡이로 일하면 졸속 행정을 했다고 비난합니다. 졸속은 "어설프고 빠르다."는 뜻입니다. 우리는 흔히 그 말을 나쁜 뜻으로 씁니다.

하지만《손자병법》에서 보이는 졸속이란 말은 "질질 끈다."는 뜻의 '구久'와 대비되는 말입니다. 이 한 단어에서 손자의 의도가 그대로 읽힙니다. 전쟁 전에는 철저히 준비해야 하지만, 일단 전장에 나서면 속전속결이 최우선이라는 뜻이죠. 준비가 미흡해도 기회가 생기면 즉각 전쟁을 개시하고, 다소 위험하더라도 기동력을 발휘해야 한다는 것. 이것이 바로 손자가 졸속이란 말을 쓴 저의입니다. 원래 이 말은 춘추 시대에 예법이나 관습으로 정해져 있는 번잡한 과정을 긴급할 때에는 생략해도 좋다는 의미로 쓰였습니다.

그런데 왜 한 나라의 명운이 달려 있을지도 모를 중대한 전쟁터에서 손자는 신중을 기하지 못할지언정 차라리 졸속이 낫다고 말했을까요? 결론부터 말씀드리자면, 전쟁은 경제력으로 하는 것이라고 보았기 때문입니다. 손자는 〈작전〉 편에서 다음과 같은 원칙을 제시합니다.

1. 비용을 계산하라.
2. 장기전에는 폐해가 많으므로 질질 끌면 패망한다.
3. 식량은 적지에서 현지 조달하라.
4. 탈취한 물건으로 포상하라.
5. 전쟁의 목적은 승리다.

〈작전〉 편은 묘산妙算을 한 이후 군대를 일으키고 용병하는 법을 다룬 부분입니다. 그 첫머리에서 손자는 전쟁을 하는 데 있어 인력과 물질·재정적 자원의 중요성을 역설합니다. 그러고 나서 군대를 일으키고 용병하는 방법을 서술하며 빠른 승리를 최우선 정책으로 삼을 것을 강조합니다. 싸우기 전에 자신의 인력과 자원, 즉 경제력을 계량하는 것이 중요하다고 본 것입니다.

전쟁을 하기 위해서는 먼저 비용을 따져봐야 합니다. 국방력이 곧 경제력이기 때문입니다. 경제력이 뒷받침되지 않으면 전쟁은 불가능합니다. 제아무리 상대보다 경제력이 크더라도 막대한 비용이 드는 만큼 거기에 대비해야 합니다. 손자는 "무릇 용병의 원칙에는 가벼운 (전쟁용) 수레 1천 대와 무장한 수레 1천 대, 갑옷 입은 병사 10만 명, 1천 리 길에 걸쳐 나를 식량이 필요하다. 국내와 국외의 비용, 빈객 접대비, 아교와 칠에 쓰는 재료, 수레와 갑옷을 정비하는 비용 등이 하루에 1천 금씩 소모된다凡用兵之法, 馳車千駟, 革車千乘, 帶甲十萬, 千里饋糧. 則內外之費, 賓客之用, 膠漆之材, 車甲之奉, 日費千金."고 하며 구체적인 숫자를 제시합니다. 병력 동원 규모가 방대하면 적국 깊숙이 들어가 후방과 멀리 떨어져 있을 때 군량 보급에 장애가 생길 위험이 있습니다. 차에 시동을 걸어놓으면 기름이 소모되듯, 들판에서 야전 노숙을 오래 하면 군대도 녹슬기 마련입니다. 질질 끌게 되면 결국 승기를 놓쳐 내부의 조직만 무너지고 상대를 유리하게 한다는 겁니다. 심지어 내란이 일어나게 될 가능성마저 생깁니다. 따라서 속전속결로 전쟁을 수행하고, 적에게서 식량과 장비를 탈취하는 것은 야전의 기본이라고 할 수 있습니다. 물론 적의 식량까지 빼앗으라는 손자의 논리는 승리 제일주의로 비판받기도 합니다. 하지만 전쟁은 명분이 아니라 현실입니다. 적에게서 전리품을 빼앗아 전쟁에 들어간 사회적 비용을 충당하지 않으면 경제를 회복할 수 없습니다. 손실이 많은 전쟁은 이겨도 진 것이나 마찬가지가 아닐까요?

이런 의미에서 〈작전〉 편에서는 전쟁을 아는 장수는 백성과 국가의 운명을 좌우할 수 있는 존재라고 말합니다. 일단 전쟁이 일어났다는 것 자체가 양측의 손실이기 때문입니다. 손자는 '사명司命'이라는 말로 나라의 운명을 결정짓는 지도자의 무한한 책임을 상기시킵니다.

고전의 전략

> 전쟁은 승리하는 것을 귀하게 여기는 것이지, 오래 끄는 것을 귀하
> 게 여기지 않는다. 따라서 (이러한) 전쟁의 본질을 아는 장수만이 백
> 성의 생명을 관장하며, 나라의 안위를 책임지는 주인이다.
>
> 兵貴勝, 不貴久. 故知兵之將, 民之司命, 國家安危之主也.

—《손자병법》〈작전〉

손자는 전쟁을 단순히 국가만의 문제가 아닌 민생의 문제로 바라봅니다. 전쟁에 지면 가장 괴로운 것은 백성이라는 거죠. 그래서 군주와 장수들은 나라를 편안하게 하고 백성을 이롭게 한다는 마음으로 전쟁을 신중하게 결정해야 하고, 전쟁을 해도 신속히 끝내야 합니다.《사마법》의 〈인본人本〉 편에서는 "군주가 백성을 사랑하는 마음으로 우선 농사철에 백성을 동원하지 말고, 전염병이 돌 때 군사를 징집하지 않아야 한다."고 나와 있습니다. 전쟁에서 대치 국면이 오래가면 나라가 반드시 피폐해지고 백성도 궁해지기 때문이죠. 전쟁에서는 그 승리도 중요하지만, 백성의 처지에서 전쟁이라는 재앙을 먼저 생각하는 것이 더 중요합니다. "앞으로 나갈 줄은 알지만 물러날 줄은 모르고, 생존은 알지만 사망은 모르며, 얻는 것은 알지만 잃는 것은 모른다."는 말은 얼핏 전쟁터의 장수에게 용기를 실어주는 말처럼 들리지만, 실은 정벌 전쟁의 폐단을 꿰뚫는 말이 아닐까 합니다.

모략으로 제압하라

전쟁을 하기 전에는 꼼꼼히 살피고, 전쟁을 시작하면 속전속결해야

하지만, 가장 좋은 방법은 전쟁을 하지 않고 적을 제압하는 것입니다. 그런 의미에서 손자는 《손자병법》의 세 번째 편인 〈모공〉 편을 썼습니다. "대체로 용병의 원칙에는 (적의) 국가를 온전히 하는 것을 상책으로 삼으며, 적국을 쳐부수는 것을 차선책으로 삼는다凡用兵之法, 全國爲上, 破國次之."로 시작되는 이 편은 앞서 우리가 살펴본 〈계〉, 〈작전〉 편과 더불어 《손자병법》의 총론에 해당합니다.

완전한 승리란 적을 온전하게 유지하면서 이기는 것입니다. 상대의 땅이 황폐해지고 병사들이 다 죽으면 전쟁에서 이겨봤자 소득이 없습니다. 결국 최소한의 비용으로 최대의 효과를 얻어야 합니다. 절대적으로 우위에 있는 전력으로 고도의 전략을 구사하여 적으로 하여금 심리적인 면에서 저항 의지를 잃어버리고 조직적으로 대하지 못하게 해야 한다는 것입니다. 싸우지 않고 이기는 법, 그것이 바로 모공의 요체입니다.

조금 더 살펴보겠습니다.

용병을 잘하는 자는 적의 군대를 굴복시키지만 전쟁은 하지 않고, 적의 성을 함락시키지만 공격은 하지 않으며, 적의 나라를 무너뜨리지만 질질 끌지는 않고, 반드시 (적을) 온전하게 하여 천하를 다투므로 군대는 무뎌지지 않으면서 이익은 정말로 온전해지니, 이것이야말로 지모로써 성을 공격하는 방법이다.

善用兵者, 屈人之兵而非戰也. 拔人之城而非攻也, 破人之國而非久也, 必以全爭 於天下, 故兵不頓, 而利可全, 此謀攻之法也.

—《손자병법》〈모공〉

다소 궤변처럼 보이는 문장입니다만, 그 요지는 명확합니다. 힘들게 병사들을 성벽에 기어오르게 하지 말고, 머리를 써서 성을 공략하라는 것입니다. 한쪽이 성을 지키고 한쪽이 성을 함락시키려는 공성전이 전쟁 영화에서는 장대하게 보일지는 몰라도, 현실에서는 최하위 계책에 불과합니다. 여기서 손자의 세 번째 전략이 나옵니다. 비공非功, 이것은 적을 공격하지 않는다는 뜻이 아니라 성을 공격하지 않는다는 뜻으로 보면 됩니다.

> 상책의 용병은 (적의) 모략을 공격하는 것이며, 차선책은 외교 관계를 공격하는 것이고, 그다음은 군대를 공격하는 것이며, 최하의 방법은 성을 공격하는 것이다.
> 上兵伐謀, 其次伐交, 其次伐兵, 其下攻城.
> ―《손자병법》〈모공〉

여기서 주목해야 할 것은 첫 문장인 "상병벌모上兵伐謀"입니다. 여기서 '모謀'는 책략이며 '벌伐'은 '공攻'과 마찬가지로 공격을 뜻합니다. 적의 계략을 공격하는 것이 상책이란 뜻이죠.

손자는 벌모伐謀, 벌교伐交, 벌병伐兵, 공성 등을 순서대로 이야기하는데, 끝으로 갈수록 희생만 커지고 성과가 없다고 보았습니다. 여기서는 벌모와 벌교에 대해서만 알아봅시다.

벌모란 위협하고 이간질하고 때로는 유혹하는 등 상대를 굴복시키기 위해 동원할 수 있는 거의 모든 모략을 가리킵니다. 아군의 손실을 최소화하고 적의 침략 의도를 아예 꺾어버리는 전략이라고 할 수 있습니다. 벌교는 주변 제후국들과 튼튼한 연맹을 맺어 상대를 고립시키는 외교 전략입니다. 다른 제후국들이 아군의 전술에 대응하는 데 급급하게 만들어 이쪽의 틈은 보이지 않는 효과를 내는 겁니다. 그래서 전쟁을 결정하면 성문을 걸어 잠그고 통행증을 폐기하여 적국의 사절이 외교적인 접근을 하지 못하게 하기도 합니다. 승리의 보조 수단으로 외교를 적극 활용하는 전략이 바로 벌교입니다.

손자는 완전한 승리란 "나라를 온전하게全國" 유지하면서 이기는 것이지, "나라를 파괴하는破國" 것은 차선책이라고 말합니다. 최소의 비용, 최대의 효과란 단지 용병의 문제에 그치는 것이 아니라 어떤 일을 하든 간에 적용되어야 하는 최상의 비책인 셈입니다.

리더는 실무자의 일에 개입하지 않는다

이제 종합적으로 살펴보겠습니다. '지승지도知勝之道'라는 말이 있습니다. 승리를 알 수 있는 이치란 뜻이지요. 바로 이 구절입니다.

> (첫째,) 싸워야 할 때를 아는 것과 싸워서는 안 될 때를 아는 자는 승리한다. (둘째,) 병력이 많고 적음에 따라 용병법을 아는 자는 승리한다. (셋째,) 위(장수)와 아래(병사)가 한마음이 되면 승리한다. (넷째,) 준비하고 있으면서 준비하지 못한 적을 기다리는 자는 승리한다. (다섯째,) 장수가 유능하고 군주가 조종하려고 들지 않으면 승리한다. 이 다섯 가지는 승리를 알 수 있는 이치이다.
>
> 知可以戰, 與不可以戰者勝, 識衆寡之用者勝, 上下同欲者勝, 以虞待不虞者勝, 將能而君不御者勝. 此五者, 知勝之道也.
>
> ─《손자병법》〈모공〉

여기서 손자가 말하는 승리의 요건은 판단력, 용병의 유연성, 상하의 일치된 마음, 준비성, 정치적 간섭에서의 자유 등입니다. 지극히 평범한 말처럼 들리지만, 여기에 〈모공〉의 핵심이 들어 있습니다. 이 가운데 셋째 "위와 아래가 한마음이 되면 승리한다."와 다섯째 "장수가 유능하고 군주가 조종하려고 들지 않으면 승리한다."에 대해서 알아보겠습니다.

이 말들은 장수와 부하의 단합이 잘되어 적군이 비집고 들어올 틈이 생기지 않게 하는 것이 중요하며 군주가 장수에게 지나친 정치적 간섭을 하지 않을 때 승리의 원동력이 될 수 있다는 것을 뜻합니다. 용병은 심리적인 문제이고, 인화가 관건입니다. 적어도 상식적인 군주라면 장수의 독자성을 배려해주어 소신에 따라 전략을 구사하게 놔두어야 합니다.

군주는 내정에 충실하고, 장수는 야전 사령관으로 활약할 때 나라가 강성할 수 있습니다. 군주가 궁궐에서 야전의 일을 함부로 왈가왈부해서는 안 된다는 겁니다. 〈모공〉 편에서는 특히 장수와 군주 사이의 역할 분담이 실패할 때 이런 상황이 초래된다고 했습니다. 그래서 손자는 군주의 세 가지 금기 사항을 제시합니다. 첫째, "군대가 진격할 수 없는 상황인데도 진군하라는 명을 내리거나, 군대가 후퇴해서는 안 되는 상황인데도 후퇴하라는 명을 내리不知軍之不可以進而謂之進, 不知軍之不可以退而謂之退"는 경우입니다. 둘째, "삼군三軍의 사정을 알지 못하면서 삼군 군정에 간섭하면 군사들이 미혹되不知三軍之事, 而同三軍之政者, 則軍士惑矣"는 경우입니다. 셋째, "삼군의 권한을 알지 못하면서 삼군의 직책을 맡으려고 한다면 군사들이 회의를 품게 되不知三軍之權, 而同三軍之任, 則軍士疑矣"는 경우입니다. 이는 곧 실무자인 장수가 전쟁의 전권을 쥐고 일을 추진하게 놔두라는 것으로 요약됩니다.

여기서 중요한 것은 군주와 장수 사이에 존재하는 '혹惑'과 '의疑'의 문제입니다. 이것은 신뢰와 밀접한 관련이 있습니다. 전쟁에서 군주와 장수 사이에 틈이 벌어지고 화합하지 못하는 것은 단순한 병폐가 아니라 아군의 몰락을 자초할 수 있는 심각한 문제입니다. 특히 군대 진퇴 여부에 군주가 관여한다는 것 자체가 어불성설입니다. 현장 정황은 참전하고 있는 장수가 가장 잘 알기 때문입니다. 군주가 함부로 군대 내부 문제에 간섭하지 않아야 지휘 계통의 혼란이 최소화됩니다.

'자중지란自中之亂'이란 말이 있습니다. 같은 편 사이에서 일어나는 혼란이나 난리를 말합니다. 상대는 예측도 하지 않았는데 내분으로 적에게 의외의 승리를 안긴 사례는 적지 않습니다. "나 아니면 안 돼."라는 식으로 모든 일에 나서는 리더들이 있는데, 리더가 직접 주도하여 일하게 되면 스스로도 피곤한 것은 물론이고, 아랫사람의 일하는 방식에도 쉽게 만족하지 못하게 됩니다. 결국 본인이나 다른 사람에게 좋지 않은 결과만 가져올 뿐입니다. 어떤 조직이든 최고경영자가 어설픈 지식과 판단 착오로 주제넘게 일에 관여하여, 조직을 파국으로 치닫게 할 수 있다는 점을 꼭 명심하길 바랍니다.

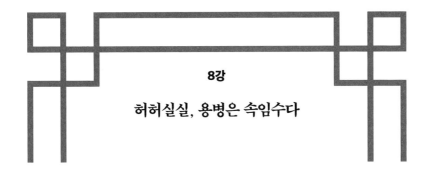

8강
허허실실, 용병은 속임수다

적은 내가 원하는 대로 따라오지 않는다

지난 강의에서 《손자병법》에 나온 전반적인 전략에 대해서 살펴보았다면, 이번 강의에서는 전술의 원칙에 대해서 알아보도록 하겠습니다. 내편의 〈형〉, 〈세〉, 〈허실〉에 해당하는 부분인데, 이 가운데 가장 중요한 것은 〈허실〉 편이라고 할 수 있습니다. 《손자병법》의 전략을 "싸우지 않고 이긴다."라고 요약할 수 있다면, 전술은 한마디로 "용병은 속임수다." 즉 허허실실虛虛實實이라고 할 수 있습니다.

이것은 기본적으로 얼핏 이로워 보이는 곳에 해로운 것을 섞어 넣어 적이 오판하게 유도하는 방법입니다. 또 해로운 점이 있다고 해도 조금 이로워 보이는 것을 섞어 적이 함부로 공격하지 못하게 하는 방법이기도 합니다. 손자는 적이 아군의 바람처럼 움직여줄 것이라는 환상이나 막연한 기대를 버리라고 말합니다. 더 나아가 먼저 적을 조종해야 한다고까지 말합니다.

《손자병법》 다섯째 편인 〈세〉에는 이런 내용이 나옵니다.

> 손자는 말한다.
>
> 무릇 많은 수의 병력을 다스리면서 마치 적은 수의 병력을 다스리듯 할 수 있는 것은 분수分數에 달려 있다. 많은 수의 병력과 싸우면서 적은 수의 병력과 싸우듯 할 수 있는 것은 형명形名에 달려 있다. 삼군의 병사들이 적을 맞아 싸우고도 반드시 패배하지 않게 하는 것은 기정奇正에 달려 있다. 병력을 더 투입하는 것을 마치 숫돌을 던져 달걀을 깨뜨리는 것처럼 할 수 있는 것은 허실虛實에 달려 있다.
>
> 孫子曰: 凡治衆如治寡, 分數是也; 鬪衆如鬪寡, 形名是也; 三軍之衆, 可使必受敵而無敗者, 奇正是也; 兵之所加, 如以碬投卵者, 虛實是也.

이 부분에서는 작전의 기본 요소인 '분수', '형명', '기정', '허실'을 언급하고 있습니다. 여기서 분수는 분대의 편성 제도입니다. 형명은 글자 그대로 풀면 사물의 형체와 명칭이라는 뜻입니다. 군대를 지휘할 때 쓰는 징·북·깃발 등을 뜻하는데, 여기서는 병력을 질서정연하게 통제하기 위해 사용되는 과정을 포괄하는 개념입니다. 말하자면 부대가 잘 편성되고, 위아래의 명령 체계가 명확하고, 조직 체계가 일사불란하고, 각종 진법에 숙달된 병사들이 있어야만 한다는 겁니다. '허실'은 '기정'과 함께 《손자병법》의 중요 키워드입니다. 영국의 중국학자 라이어널 자일스Lionel Giles는 허실이란 말을 "움푹 팬 곳과 단단한 곳the hollow and the solid"이라고 번역합니다. 물론 여기엔 이보다 더 깊은 뜻이 있습니다. '허虛'는 어떤 상황과 사물의 틈입니다. 반대로 그 틈이 없는 곳이 '실實'입니다. 힘이 잘 모인 상태가 '실', 그 반대가 '허'입니다. 충분히 대비되어 있는 상태를 '실'이라고 하면, 대비가 되어 있지 않은 상태를 '허'라고 합니다. 물론 여기서 '허실'이란 단순히 고정된 상태를 의미하는 것이 아니고, '허허실실'이라는 말처럼 진짜와는 반대의 모습으로 위장하라는 뜻이 담겨 있습니다.

전쟁터에서 승리하려면 적이 빈틈없이 수비할 때 그 급소를 쳐야 합니다. 그러기 위해서는 상대가 예측할 수 없는 방향에서 공격해야 하죠. 이렇게 공격하면 적은 분산될 수밖에 없고, 그 틈을 노려 승리를 취할 수 있습니다. 일의 관건을 건드리고 나면 나머지는 저절로 따라오는 법이 아니겠습니까?

전쟁을 할 때 한쪽 편의 전력이 절대적으로 우월한 경우는 거의 없습니다. 겉으로는 아무런 전력도 없어 보이는 듯한 군대가 오히려 속이 꽉 차 있는 경우도 적지 않습니다. 아군의 분산을 막으면서 상대를 분산시키고, 아군의 형세는 철저히 위장하고 적의 형세를 드러내게 하는, 신출귀몰한 형세를 취해야만 합니다. 훌륭한 장수는 적에게 전력을 노출하지 않습니다. 이러한 전술을 펼치기 위해서는 적극적으로 미끼를 던져 적을 유인해야 합니다. 그야말로 뒤통수를 치는 것이지요. 병사들이 병들어 보이게 한다든지, 국내 정세가 어지러워 보이게 한다든지, 아니면 장수의 신변에 문제가 생긴 것처럼 보이게 한다든지, 일부러 불리한 곳에 진지를 구축한 것처럼 보여 적이 먼저 공격하도록 유도한 다음에 적 대열의 허리를 끊는다든지, 아군의 동태를 살피러 온 적의 탐색병이 상황을 오판하고 잘못된 보고를 올려 상대가 느슨해졌을 때 공격을 한다든지……. 이런 것들은 《삼국지연의三國志演義》를 즐겨 읽으신 독자라면 수없이 보았던 전술일 겁니다. 이제 그 구체적인 사례를 찾아보겠습니다.

기이한 용병으로 성을 구하다

《손자병법》을 읽다 보면 자연스레 성동격서聲東擊西라는 고사성어가 생각납니다. 동쪽에서 소리를 울리고 서쪽을 친다, 즉 동쪽으로 군대를 향하게 하면서 실제로는 소수 정예를 서쪽으로 보내 성벽을 기어오르게 한다는 말입니다. 동태를 살피던 서쪽의 적이 심리적으로 안심할 때 '허'가 생깁니다. 사마천의 《사기》에는 이런 말이 있습니다. "용병의 도는 정공법으로 싸우고, 기이한 계책으로 (허를 찔러) 이기는 것이다." 이는 사마천이 제나라 전단田單이라는 장군의 용병법을 두고 한 말입니다.

기원전 284년 연燕나라 소왕昭王은 악의樂毅에게 다섯 나라의 병사들을 이끌고 제나라를 공격하게 하여 제나라의 수도 임치臨淄와 70여 개 성을 함락시켰습니다. 제나라는 거성莒城과 즉묵卽墨 두 성만 남기고 수세에 몰리게 되죠. 이때 제나라 장수 전단이 비상한 지혜와 군사적 재능으로 제나라를 지켜냅니다. 그때 그가 펼친 전술이 바로 허허실실 작전이었습니다. 중요한 일화이니 좀 더 자세히 살펴보겠습니다.

연나라 소왕이 죽고 그 아들이 왕위를 이었는데, 그가 바로 혜왕惠王입니다. 혜왕은 태자 때부터 악의를 달갑게 여기지 않았습니다. 혜왕이 즉위하자 전단은 연나라로 첩자를 보내 이러한 말을 퍼뜨립니다.

"제나라 성 가운데 항복하지 않은 곳은 두 곳뿐이다. 그런데 들리는 말에 따르면 이 성을 빨리 치지 않는 까닭은 악의가 새로 즉위한 연나라 왕과 사이가 나빠 전쟁을 질질 끌면서 제나라에 머물러 제나라의 왕이 되려고 하기 때문이라고 한다. 그래서 제나라는 연나라에서 다른 장수가 오지 않을까 두려워하고 있다고 한다."

여기에 걸려든 연나라 혜왕은 악의를 불러들이고 그 대신 기겁騎劫을 장군으로 파견합니다. 악의는 혜왕이 자신을 탐탁지 않게 여겨 다른 사람으로 교체시킨 줄 압니다. 그래서 고국으로 돌아가면 죽을까봐 두려워 조나라에 투항합니다. 이렇게 혼란스러우니 당연히 연나라 군사들의 사기가 떨어지게 됩니다.

물론 적군의 사기가 떨어진다고 아군의 형편이 나아지는 것은 아닙니다. 장군이 바뀌었다고 해도 여전히 객관적인 전력은 연나라가 우세했기 때문입니다. 여기서 전단은 연나라 병사들을 자극해 제나라 병사들의 분노를 상승시키는 작전을 폅니다. 연나라 병사들이 항복한 제나라 병사들의 코를 베거나 제나라 사람들의 무덤을 파헤쳐 욕을 보이면 제나라 병사들의 사기가 떨어질 것이라는 소문을 퍼뜨린 겁니다. 이번에도 연나라 병사들이 걸려들어 이를 그대로 실행합니다. 그러니 제나라 병사들의 분노가 하늘로 치솟았습니다.

여기서 한발 더 나아가 전단은 상대의 경계심까지 누그러뜨립니다. 정공법으로는 도저히 승산이 없었기에 아군의 전력을 철저히 숨긴 것입니다. 무장한 병사를 모두 숨게 하고 노약자와 부녀자들만 성 위에 오르게 하여 항복시킵니다. 그러자 연나라 군사들은 만세를 부릅니다. 또 2만 냥의 거금을 연나라 장수에게 보내, 자신의 집안과 처첩들은 포로로 삼지 말고 편안하게 살 수 있도록 해달라고 부탁하는 기만전술을 펼칩니다. 그러자 적군은 이미 이긴 싸움이나 다름없다고 자만하며 풀어질 대로 풀어집니다.

이때를 놓치지 않고 전단은 기습 공격을 합니다. 성 안의 소 1,000여 마리를 모아 용무늬를 그려 넣은 옷을 입히고, 쇠뿔에는 칼날을 붙들어 매고, 꼬리에 기름을 부어 불을 붙입니다. 깜짝 놀란 소들이 연나라 진영으로 돌진하고, 그 뒤를 제나라의 5,000여 군사들이 쫓아갑니다. 병사들이 북을 울리며 함성을 지르고, 뒤따르는 노인과 아이들도 구리 그릇을 두들겨대며 성원을 보냅니다. 그 소리가 어찌나 컸는지 마치 천지를 뒤흔드는 것 같았다고 합니다. 안심하고 자다가 그 소리를 들은 연나라 군사들은 오죽 놀랐겠습니까? 꼬리에 불이 붙어 무서운 속도로 뛰어오는 소들을 용으로 착각하고 혼비백산 도망칩니다. 이렇게 파죽지세로 밀고 나간 제나라 병사들은 결국 70여 개의 성을 되찾습니다. 이것이 전단이 보여준, 허허실실로 먼저 적을 속여 안심시킨 뒤에 기상천외한 방법으로 기습한 용병술이었습니다. 이를 역사에서는 화우진火牛陳이라고 부릅니다.

　적에게 조종당하지 않고, 오히려 적을 조종하기 위한 전략과 전술, 약점과 강점을 유효적절하게 운용하여 전쟁의 주도권을 장악하는 것이 바로 허허실실의 핵심이라고 할 수 있습니다.

정공법으로 싸우고 변칙으로 승리한다

　우리는 전단의 계책에서 '허허실실' 외에도 '기정상생奇正相生'의 전술을 읽을 수 있습니다.

　'기정상생'은 《손자병법》의 〈세〉 편에 나오는 말입니다. '기奇'와 '정正'은 철학의 범주로, '정'은 정상이고 '기'는 정상에서 벗어난 것입니다. 여기서 이 둘은 서로 상생하고 보완하는 관계입니다. 군사적으로 볼 때 기정이란 비정규 전술과 정규 전술을 모두 포괄합니다. '정'이 교전할 때 적진에 병사들을 투입하여 싸우는 돌격 부대라고 한다면, '기'는 장군 수하에 남겨 우측과 좌측의 날개가 되어 기습 공격을 하는 특수 부대입니다. 작전 개념에서 본다면 적진을 향해 직접 창끝을 겨누는 것을 '정', 우회하여 측면으로 출동하는 것을 '기'라고 합니다. 정상적이고 일반 원칙으로 운용하는 것을 '정', 기민하게 변화하는 상황에 대응하는 것을 '기'라고 합니다. 형체가 있는 것으로 형체가 있는 것에 응하는 것이 '정'이며, 형체가 없는 것으로 형체가 있는 것을 제압하는 것은 '기'라고 합니다.

이렇게 보면 '기정'이란 말은 '허실'이란 말과 긴밀한 연계성을 지닙니다. 다만 '기정'이 병력을 실제 전투에 투입할 때 만들어지는 전술적인 배치 상황이라면, '허실'은 분산과 집결이라는 변화의 원칙을 적용하여 전쟁터에서 아군에게는 강하고 적군에게는 약한 형국을 조성하는 것이 됩니다.

전쟁이란 정공법과 기습법을 능숙하게 구사하는 장수가 승리하게 되어 있습니다. 손자는 "무릇 전쟁이란 정공법으로 (적군과) 맞서고 기습으로 승리한다. 따라서 기습을 잘하는 자는 끝이 없는 것이 하늘과 땅 같고, 마르지 않는 것이 강과 바다 같다凡戰者, 以正合, 以奇勝. 故善出奇者, 無窮如天地, 不竭如江河."라고 단언합니다. 이것이 용병술의 기본이고, 앞서 화우진에서 나온 용병의 핵심입니다.《사기》〈전단 열전〉맨 끝에는 이런 말이 나옵니다.

용병의 도는 정공법으로 싸우고, 기이한 계책으로 (허를 찔러) 승리하는 것이다. 싸움을 잘하는 사람은 기이한 계책을 무궁무진하게 낸다. 기이한 계책과 정공법이 서로 어우러져 쓰이는 것이 마치 끝이 없는 둥근 고리 같다. 대체로 기이한 병법은 처음에는 처녀처럼 약하게 보여 적군으로 하여금 (얕잡아보고) 문을 열어두게 하지만, 나중에는 그물을 벗어난 토끼처럼 날래져서 적이 막으려고 해도 막을 수 없다. 이는 전단의 용병법을 두고 한 말일 것이다.

兵以正合, 以奇勝. 善之者, 出奇無窮. 奇正還相生, 如環之無端. 夫始如處女, 適人開戶, 後如脫兎, 適不及距, 其田單之謂邪.

적을 상대할 때 원칙에 따라 자신을 다지고 임기응변하는 비책으로 적의 빈틈을 공격하는 것이 전술의 기본입니다. '기정'은 마치 뫼비우스의 띠처럼 서로 다른 전술이 겉과 속을 이루면서 끊임없이 만들어지는 것입니다.

이것은 조직에서도 마찬가지입니다. 한 회사에는 꾸준히 어떠한 결과를 담보하는 일상적인 기본 업무를 해나가면서도, 그 중간중간에 순발력 있게 모험적인 프로젝트를 시도해야 합니다. 여기서 꾸준한 결과를 담보하는 기본 업무가 '정'이라면, 모험적인 프로젝트는 '기'입니다. 또 개인적으로 처세할 때에도 묵묵히 자신의 일을 해나가면서도 때로는 상대의 허를 찌르는 기습과 역발상을 적절히 사용할 줄 알아야 합니다.

물처럼 형태 없이 움직여라

〈허실〉편을 계속 따라가 보겠습니다. 손자는 "그러므로 전쟁을 잘하는 자는 적을 끌어들이지, 적에게 끌려가지는 않는다故善戰者, 致人而不致於人."고 말합니다. 이것은 주도권 장악의 중요성을 말한 것입니다. 그러기 위해서는 "적이 생각하지 못한 곳으로 달려가야 한다趨其所不意."는 것이지요. 철저한 준비와 심리 전술을 통해 적을 이기는 기술이 필요하다는 말입니다. 상대의 예측을 벗어나면서도 과감하게 행동하는 것이 그 핵심이죠.

널리 알려진 대로 마오쩌둥은 《손자병법》에서 배운 전술로 유격전을 펼쳐 전투 역량을 극대화했습니다. 마오쩌둥의 전술을 손자의 말과 한 번 대비해보겠습니다.

> 이롭게 하면서 적을 꾀어내고 (내부를) 어지럽게 하여 적을 습격한다. (적이) 충실하면 적을 방비하고, (적이) 강하면 적을 피하고, (적이) 분노하면 그들을 소란스럽게 하고, (적이) 낮추려 들면 적을 교만에 빠지게 하고, (적이) 편안해하면 그들을 수고롭게 만들고, (적이) 친하게 지내면 그들을 **이간질하라.** 그들이 방비하지 않은 곳을 공격하고, 그들이 생각하지 못한 곳으로 출격하라. 이것은 병가에서 승리할 수 있는 길이니, 정말로 미리 전수해져서는 안 된다.
>
> 利而誘之, 亂而取之, 實而備之, 强而避之, 怒而撓之, 卑而驕之, 佚而勞之, 親而離之. 攻其無備, 出其不意. 此兵家之勝, 不可先傳也.
>
> —《손자병법》〈계〉

여기서 굵게 표시한 부분은 "적이 공격하면 우리는 후퇴하고, 적이 주둔하면 우리는 소란스럽게 하고, 적이 피로하면 우리는 공격하고, 적이 물러나면 우리는 추격한다敵進我退, 敵駐我擾, 敵疲我打, 敵退我追."는 마오쩌둥의 '16자 전법'과 거의 같은 맥락입니다.

마오쩌둥은 국민당과 투쟁할 때 이러한 전술을 활용했습니다. 마오쩌둥의 공산당은 여러 해 동안 장제스가 이끄는 국민당 정부와 내전을 벌이며 역사적인 '대장정大長征' 행군을 감행합니다. 1934년부터 1935

년까지 1만 5,000킬로미터에 달하는 거리를 옮겨가며 싸웠습니다. 전력이 열세였던 공산군 홍군紅軍은 "적이 공격하면 후퇴하고, 적이 주둔하면 소란스럽게 하고, 적이 물러나면 추격하는" 전술을 펼쳐 혁명의 근거지를 중국 동남부에서 서북부로 옮기고, 추격해오는 장제스의 국민당 군과 계속 맞서 싸웁니다. 열여덟 개의 산맥을 넘고 스물네 개의 강을 건너 서북 지방의 산시성陝西省에 도달합니다. 말만 들어도 엄청난 스케일이지 않습니까? 이 영웅적인 투쟁에 중국의 많은 청년이 자극을 받아 공산당에 가담했고, 이로써 공산당은 세를 늘려 자신들보다 훨씬 규모가 크지만, 내부에서 분열이 일어난 국민당 군을 무찔렀습니다. 이러한 전술이 아니었다면 전력이 열세였던 공산당은 국민당에 패배하여 중화인민공화국을 세우지 못했을지도 모르는 일입니다.

공격과 수비의 불문율을 손자는 이렇게 설명하고 있습니다.

그러므로 공격을 잘하는 자는 수비하는 곳을 적이 알지 못하게 하고, 수비를 잘하는 자는 그 공격해야 할 곳을 적이 알지 못하게 한다. 미묘하고 미묘하니 형태가 없는 데에 이르고, 신기하고 신기하니 소리가 들리지 않는다. 이런 경지에 이르면 적의 목숨을 좌우할 수 있다. (아군이) 진격해도 (적이) 방어할 수 없는 것은 그 허점을 찌르기 때문이고, (아군이) 후퇴해도 (적이) 추격할 수 없는 것은 (이미) 멀리 달아나 따라잡을 수 없기 때문이다. 그러므로 내가 전쟁을 하고자 하면 적이 비록 높은 성루와 깊은 도랑을 만든다고 하여도 부득이 나와 싸울 수밖에 없으니, 적이 반드시 구해야만 하는 곳을 공격하기 때문이다. 내가 싸우고자 하지 않으면 비록 땅을 구획하고 그곳을 지키려고 하여도 적이 아군과 싸움을 할 수 없는 것은 방향을 어그러뜨렸기 때문이다.

故善攻者, 敵不知其所守. 善守者, 敵不知其所攻. 微乎微乎, 至於無形, 神乎神乎, 至於無聲, 故能爲敵之司命. 進而不可禦者, 衝其虛也; 退而不可追者, 遠而不可及也. 故我欲戰, 敵雖高壘深溝, 不得不與我戰者, 攻其所必救也; 我不欲戰, 畫地而守之, 敵不得與我戰者, 乖其所之也.

— 《손자병법》〈허실〉

'무형無形'과 '무성無聲' 등의 단어에서 알 수 있듯이 가능하면 아군의 전력을 드러내지 말고 상대가 오판하게끔 하라고 손자는 주장합니다. 절대적인 우위를 차지하기 위한 전략은 상대가 나의 존재를 파악할 수 없게 하는 것입니다. 심지어 아무런 형상이 없는 군대를 만드는 신출귀몰한 전략이 필요합니다. 은밀하게 움직여 적의 눈에 띄지 않으면 적이 당황하고, 그러면 전력의 우위가 생깁니다. 손자는 "적을 드러나게 하고 아군을 드러나지 않게 하는 것形人而我無形"을 〈허실〉 편의 결론으로 내립니다.

'허허실실'이든 '기정상생'이든 결국 손자가 강조하는 것은 전략의 유연성이라고 할 수 있습니다. 무조건 맞받아치기보다는 상황에 따라 굽히고 받아줄 때도 필요한 법입니다. 병력을 운용할 때에는 일반적인 개념을 벗어나 정해진 틀을 피해야 합니다.

그런 의미에서 손자는 용병을 물의 성질에 비유합니다. 물은 일정한 형태가 없어 그릇에 담기는 대로 그 형태가 결정됩니다. 그리고 끊임없이 아래로 흘러가는 속성이 있습니다. 이러한 물의 유동성과 하향성에서 우리는 일정한 틀에 얽매이지 않고 변화하여 상황에 적응하는 전술을 읽을 수 있습니다.

용병의 형세는 물과 같은 형상(형태)을 띠어야만 한다. 물이 흘러감은 높은 곳을 피하고 낮은 곳으로 달려간다. 용병의 형상은 충실한 곳을 피하고 허약한 곳을 공격하는 것이다. 물은 땅의 형태에 따라 흐름이 만들어진다. 용병은 적에 따라 승리가 만들어진다. 그러므로 용병은 영원한 형세가 없고, 물은 영원한 형태가 없다. 적의 변화에 따라 승리를 취하는 것을 일컬어 '신神'이라고 부른다.

夫兵形象水, 水之行, 避高而趨下, 兵之形, 避實而擊虛, 水因地而制流, 兵因敵而制勝. 故兵無常勢, 水無常形, 能因敵變化而取勝者, 謂之神.

　　　　　　　　　　　　　　　　　　—《손자병법》〈허실〉

고전의 전략

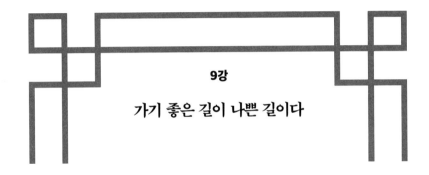

9강

가기 좋은 길이 나쁜 길이다

손자와 노자는 무슨 관련이 있을까?

마오쩌둥은 1966년 문화대혁명을 시작할 즈음 디칭翟靑이라는 필명으로 "《노자 도덕경》은 병서이다."라는 유명한 말을 남겼습니다. 우리는 이미 마오쩌둥이 《손자병법》을 탐독하고 활용하여 대장정에서 승리한 사실을 잘 알고 있습니다. 마오쩌둥이 스스로 인정한 것은 아닙니다만, 그의 전략과 전술이 상당 부분 《손자병법》에서 나왔다는 것을 알 수 있죠. 그런데 《노자 도덕경》이 병서라는 말은 또 무슨 말일까요?

앞서 리링 교수가 "중국 사상은 《손자》의 군사 관련 이야기가 발전하여 《노자 도덕경》의 철학 사상이 되었으며, 《노자 도덕경》의 철학 사상에서 발전하여 《한비자》의 제왕술이 나왔고, 최후에는 《한비자》에 이르러 '사람의 정신과 지혜를 돕는다.'는 개념이 나오게 되었다."고 배웠습니다. 이제 이러한 의견에 답을 구해야 할 시간인 것 같습니다. 여러분은 어떻게 생각하십니까? 《손자병법》에 그만한 지혜가 담겨 있다고 생각하십니까? 《손자병법》의 군사 관련 변증법이 《노자 도덕경》의 철학 사상과 연관된 것 같습니까? 《손자병법》은 병법서이고 《노자 도덕경》은 철학서입니다. 사람을 죽이는 병법서와 무위자연을 이야기하는 도가의 경전 사이에 회통하는 지점이 있다고 하면 믿으시겠습니까? 이번 강의에서는 손자와 노자가 어떤 관련이 있는지 먼저 살펴본 뒤에 《손자병법》의 세부 전술로 넘어가도록 하겠습니다.

나약함은 강함에서 생겨난다

《손자병법》〈세〉 편을 보면, "무릇 전쟁이란 정공법으로 (적군과) 맞서고 기습으로 승리한다凡戰者, 以正合, 以奇勝."는 말이 나옵니다. 여기서 '정'은 교전할 때 적들과 정면으로 마주쳐 싸우는 공격 부대이고, '기'는 기습 공격을 하는 기동 부대입니다. 그리고 이런 전술이 겉과 속을 이루어 끊임없이 만들어진다는 것이 손자의 대표적인 전술 운용 방법입니다.

그런데 《노자 도덕경》 57장에도 이와 비슷한 말이 나옵니다. "정으로 나라를 다스리고, 기로 용병한다以正治國, 以奇用兵." 이 말은 나라를 다스리는 것과 전쟁 사이의 차이를 분명하게 보여주는 말입니다. 클라우제비츠가 《전쟁론》 1권에서 말한 "전쟁은 정치의 연속이다."라는 명제와 이 문장은 어딘지 모르게 닮았습니다. 여기서 '정'은 올바름이란 뜻이고, '기'란 기이하다는 뜻이니, 정치는 올바르게 하는 것이 기본이지만, 전쟁은 기이함을 기본으로 한다는 말이 됩니다. 이 말은 《사마법》의 〈인본〉 편에 나온 "올바름이 뜻을 얻지 못하면 권도權道를 사용하라."는 말과도 연결됩니다. 권도는 바로 권모술수의 길, 즉 기이하고 편법적이며 뭔가 정도를 벗어난 것입니다. 어쩔 수 없이 쓰는 방법, 즉 부득이하여 사용하는 방법으로, 전쟁이라는 최악의 상황에서 벗어나기 위한 필요악을 뜻합니다.

다음과 같은 말도 살펴봅시다. "혼란스러움은 다스려지는 데에서 생겨나고, 겁은 용기에서 생겨나며, 나약함은 강함에서 생겨난다亂生於治, 怯生於勇, 弱生於彊." 《노자 도덕경》에 대해 잘 알고 계시는 분은 이 말 또한 거기에서 나온 것이 아닌가 생각하실 수도 있습니다. 하지만 이 말 역시《손자병법》〈세〉편에 나오는 표현입니다. 나약함이 강함에서 생겨난다? 고개를 갸우뚱할 수밖에 없는 말입니다. 나약한 것이면 나약한 것이고, 강한 것이면 강한 것이지, 어째서 나약함에서 강함이 생겨납니까? 왜 이 말이 나오게 되었는지 그 배경을 살펴보면 이해하기가 쉬울 듯합니다.

손자가 활동하던 당시에 오나라는 초나라와 싸워 이기는 등 그 어느 때보다도 강성했습니다. 그러나 오왕 합려는 점점 오만해지기 시작했습니다. 부차夫差를 태자로 삼아 초나라 땅 일부를 지키게 하고 자신은 궁궐에 호화로운 연못과 시설을 마련해놓고 유희를 일삼았습니다. 심지어 태호太湖라는 호수를 제대로 보기 위해 따로 길을 내는 공사를 했고, 궁궐에 별관도 만들어 미인들을 모아 갖은 음식을 쌓아놓고 방탕하게 생활했습니다. 과거에 초나라와 전쟁할 때 보여주었던 근면 검소한 모습은 사라진 지 오래였죠. 몰락은 외부에서 찾아오기보다 내부에서부터 생겨나는 법 아닙니까? 이러한 오만과 방탕이 망국의 시초가 되었기에 손자는 "나약함은 강함에서 생겨난다."는 말을 남긴 것입니다.

"겁은 용기에서 생겨난다."든지 "강함이 나약함에서 생겨난다."든지 하는 손자의 언어는 일반 통념을 뒤집는 부정과 역설의 언어입니다. 이런 독특한 사유 구조와 언어는 흔히 공자로 대변되는 유가와는 근본적으로 다르죠. 차라리 《노자 도덕경》의 언어와 궤를 같이합니다. "도가 말할 수 있다면 늘 그러한 도가 아니다, 이름을 지을 수 있으면 늘 그러한 이름이 아니다道可道, 非常道, 名可名, 非常名."라는 말이나 "지혜로운 자는 말을 하지 않고, 말하는 자는 지혜롭지 못하다知者不言, 言者不知." 같은 말과 비슷합니다. 여기서 우리는 노자의 언어관이 무엇인지 추측해볼 수 있습니다.

보통 사람들은 보거나 느끼고 생각하여 어떤 사물을 인식합니다. 하지만 노자에게 그러한 경험적 인식은 전체적인 진리를 파편적으로 개념화하는 것에 불과합니다. 현상 세계란 본래 저 스스로 그러한 존재인데, 우리의 주관적인 인식으로 파악하다 보면 객관성을 잃어버려서 오히려 그 본질을 해친다고 보는 겁니다. 이러한 인식은 결국 인간의 지식은 주관적이고 구별은 무가치하다는 생각에까지 이릅니다. 말로는 도를 재단할 수 없다는 것이죠. 노자가 생각하는 도는 볼 수도 없고, 들을 수도 없으며, 만질 수도 없는 비실재적인 것이라는 인식에 근거하고 있기 때문에 그것을 규정하는 언어조차도 부정해야 합니다. "소리도 없고無聲""형체도 없는無形"것이 도인데, 제한된 언어나 개념으로 표현하거나 정의 내릴 방법이 없지 않습니까? 결국 표현할 수 없는 대상을 표현하기 위한 최후의 수단으로 부정과 역설의 언어를 쓰는 겁니다.

부드러운 것이 강한 것을 이긴다

손자의 용병술은 허허실실, 물의 유연성 등을 강조하며 부드러움과 여성성을 드러냅니다. 바로 그런 사고의 이면에 노자의 다음과 같은 말들이 스며들어 있습니다. 널리 알려진《노자 도덕경》의 76장입니다.

> 사람이 살아 있을 때에는 부드럽고 연약하지만 그가 죽게 되면 딱딱하고 굳어버린다.
>
> 만물이나 초목이 살아 있을 때에는 부드럽고 여리지만 그들이 죽게 되면 마르고 뻣뻣해진다.
>
> 그러므로 딱딱하고 굳어버린 것은 죽음의 무리이고, 부드럽고 연약한 것은 삶의 무리이다.
>
> 이 때문에 군대가 강하면 멸망하게 되고, 나무가 강하기만 하면 부러진다.
>
> 강하고 큰 것은 아래에 거처하고, 부드럽고 연약한 것은 위에 거처한다.
>
> 人之生也柔弱, 其死也堅强. 萬物草木之生也柔脆, 其死也枯槁.
>
> 故堅强者死之徒, 柔弱者生之徒. 是以兵强則滅, 木强則折. 强大處下, 柔弱處上.

다시 읽어보아도 노자의 탁견이 살아 숨 쉬는 듯한 명문입니다. "산 것과 죽은 것의 차이는 부드러움과 뻣뻣함의 차이와 같다."는 노자의 말은 역시 위에서 나온 "병강즉멸兵强則滅"이라는 말에서 병법과 접목됩니다. 군사가 강하면 결국 전쟁하기를 즐기고, 그러한 결과로 마침내 국력이 피폐해져 나라가 망한다는 뜻이죠. 손자가 말하는 신전과 비전

非戰의 문제도 따지고 보면 당시에 강함과 남자다움을 강조하다 패망한 춘추 시대의 수많은 나라를 빗대는 것처럼 들립니다.

물론 노자의 이 말은 요즘 더욱 와 닿습니다. 젊어서 철없을 때 좀 으스대던 모습이 떠오르지 않습니까? 운동을 하든 무엇을 하든 부드럽고 여유 있게 하라는 말은 삶을 살아가는 원칙과 방식에도 그대로 적용되는 듯합니다. 이러한 자연의 이치는 우리 인간에게도 그대로 적용됩니다. 무리 없는 자연의 법칙이 인위적이고 강제적인 인간의 법도보다 우월한 위상을 구축한다는 것이죠. 가장 여린 이파리는 높은 공중에서 바람에 나부끼지만, 가장 오래되고 딱딱한 이파리는 하늘과 만나지 못하고 그늘에 묻혀 있습니다. 가장 민첩한 부드러운 잔뿌리는 땅의 가장 깊숙한 곳까지 파고들어 물을 빨아올리지만, 이미 딱딱해진 뿌리는 움직임 없이 땅속에 갇혀 있습니다. 그것이 자연의 이치입니다. 나이가 어릴 때 유연하고 나이가 들수록 뻣뻣해지는 우리의 몸도 마찬가지입니다.

어떻습니까? 노자의 사유는 매우 심오하며 곱씹을수록 풍부한 의미가 풀려나오지 않습니까? 내친김에 노자의 전쟁관도 잠시 살펴보고 넘어가겠습니다. 《노자 도덕경》 30장입니다.

> 도道로 군주를 보좌하는 자는 군대로 천하를 강제하지 않으니, 그 (군대) 일은 바로 곧잘 (보복으로) 되돌아온다.
> 군대가 주둔한 곳에는 가시덤불이 자라나고, 대군이 지나간 후에는 반드시 흉년이 든다.
> (전쟁을) 잘하는 자는 구제해줄 뿐이지, 감히 (군대로) 강함을 취하려고 하지 않는다.
> 구제해주었다고 뽐내지 말고, 구제해주었다고 자랑하지 말며, 구제

해주었다고 교만하지 말라. 구제하되 어쩔 수 없다면, 구제해주었다고 강포하지 말아야 한다.

사물은 굳세어지면 노쇠하게 되니, 이를 도에 맞지 않는다고 한다. 도에 맞지 않으면 일찍 끝나버린다.

以道佐人主者, 不以兵强天下, 其事好還. 師之所處, 荊棘生焉, 大軍之後, 必有凶年. 善者果而已, 不敢以取强. 果而勿矜, 果而勿伐, 果而勿驕, 果而不得已, 果而勿强. 物壯則老, 是謂不道, 不道早已.

노자의 전쟁관이 드러나 있는 이 장을 읽어보면 춘추 시대에 얼마나 많은 전쟁이 있었는지 생각해보게 됩니다. '유'를 강하게 대상화하면 할수록 '무' 역시 그에 상응합니다. 마치 유가에서 인의를 주장하면 묵가에서는 겸애兼愛를 주장하듯 말입니다. 모든 것은 상대적으로 존재하기에 전쟁의 승리는 곧 전쟁의 패배를 예비하게 됩니다.

노자는 성과가 있을 때 적당한 단계에서 그만두는 지혜를 발휘해야지, 극단까지 달려가는 것은 전혀 바람직하지 않다고 강조합니다. 뽐내거나 자랑하거나 교만하면 천하에서 무력을 통해 강자 노릇을 하다가도 망하기에 십상입니다. 군대건 나라건 갑자기 흥하는 것은 결코 도와 어울리지 않고 오래가지도 않는다는 것입니다. 그래서 노자가 갑자기 흥하면 빨리 늙고 시든다고 강조한 것입니다.

자연의 법칙을 따라야 하는 것이 섭리인데도 이를 거스르려는 어리석은 시도는 계속된다고 노자는 탄식합니다. 그 대표적인 것이 전쟁과 무력으로 문제를 해결하려는 것입니다. 30장의 자매 편 격인 31장에서도 노자는 "병기란 상서롭지 못한 기물이며 군자의 기물이 아니다. 부득이해서 그것을 사용하지만, 초연함과 담담함을 최상으로 삼는다兵者,

不祥之器, 非君子之器, 不得已而用之, 恬淡爲上.", "승리해도 (이를) 불미스럽게 여겨야 하니, 그것을 찬미하는 사람은 바로 사람을 죽이는 것을 즐기는 사람이다. 사람을 죽이는 것을 즐기는 사람은 천하에서 뜻을 얻지 못할 것이다勝而不美, 而美之者, 是樂殺人, 夫樂殺人者, 則不可得志於天下矣.", "(전쟁에서) 죽인 사람이 많으면 비통한 마음으로 임하고, 전쟁에 이기더라도 (흉한) 상례에 따라 처리한다殺人之衆, 以哀悲泣之, 戰勝以喪禮處之."고 말합니다.

잘 읽어보시면, 여기에는 노자가 말하고자 하는 전쟁관이 거의 다 들어가 있습니다. 상서롭지 못한 기물이라는 뜻의 '불상지기不祥之器'라는 말은 손자가 강조한 신중한 전쟁과 그 의미가 통하고, 가능하면 전쟁을 삼가라는 말과 연계됩니다. 노자는 잔인한 통치자는 천하를 다스릴 수 없다고 말하며, 그 승리와 전리품에 도취할 것이 아니라 최대한 예를 다해 상대의 장례까지 정성껏 치러주어야만 민심을 해치지 않는다고 봅니다. 불가피한 전쟁으로 승리를 하더라도 반드시 절제해야 한다는 것이죠. 상대를 짓밟고 장례 의식조차 무시한다면 세상을 거머쥐기에는 기본적인 인성조차 갖추어지지 않은 리더라고 보는 것입니다.

이러한 관점은 신중히 전쟁에 임하라고 하면서, 피할 수 있으면 전쟁을 피하라고 주장한 손자와 비슷하고도 다릅니다. 비슷하다는 것은 전쟁이라는 중대사를 다시 한 번 성찰하게 하기 때문입니다. 다르다는 것은 손자가 전쟁에 신중할 것을 주장하기는 했지만 그 최종 목적이 승리를 쟁취하는 데 있었던 반면, 노자는 거의 반전 평화주의자에 가깝다고 할 수 있기 때문입니다. 무위와 자연의 도를 강조한 노자가 전쟁 문제에 대해서도 여러 장을 두어 다룬 것은 그만큼 당시 시대적 상황이 전쟁의 연속이었음을 방증한다고 할 수 있습니다.

속도와 피로를 장악하라

이제부터는 《손자병법》의 세부 전술을 살펴보도록 하겠습니다. 앞서 살펴본 언어의 운용법과 전쟁관을 염두에 두고 읽으면 그 의미를 이해하기가 더욱 수월할 것입니다. 내편인 〈계〉에서 〈허실〉 편까지 전쟁의 이론적인 측면을 다뤘다면, 외편인 〈군쟁〉, 〈구변〉, 〈행군〉, 〈지형〉, 〈구지〉에서는 실제 작전에서 쓸 수 있는 용병술을 다룹니다. 기타로 분류되는 〈화공〉과 〈용간〉도 이 분류에 넣어 알아보도록 하겠습니다.

먼저 일곱째 편 〈군쟁〉은 승리를 위한 방략이 망라된 후반부의 총론이라고 할 수 있습니다. 군쟁이란 적보다 유리한 위치를 차지하기 위해 다투는 것이라고 할 수 있습니다. 유리한 시간과 유리한 지점을 잡는 방법인데, 여기서는 어떻게 시간을 공간으로 바꾸고 공간을 시간으로 바꾸는지, 어떻게 속도와 피로함을 장악하는지가 가장 중요한 관건입니다. 다음 내용을 살펴봅시다.

군쟁 중에서 어려운 점은 먼 길로 돌아가면서도 곧바로 가는 것처럼 하고, 근심거리를 (오히려) 이로움으로 삼는 것이다. 그러므로 그 길을 구불구불 가는 것처럼 하여 적을 미끼로 유인하면 나중에 출발한 군대가 먼저 도착하는 것이니, 이를 '먼 길로 돌아가면서도 곧바로 가는 것처럼' 하는 계책을 안다고 하는 것이다.

軍爭之難者, 以迂爲直, 以患爲利. 故迂其途, 而誘之以利, 後人發, 先人至, 此知迂直之計者也.

—《손자병법》〈군쟁〉

장수가 군주의 명을 받아 군대를 출동시킬 때 우회하는 전략을 선택하는 이유가 무엇입니까? 바로 적이 예상하는 진격로를 벗어나기 위해서입니다. 여기서도 손자의 역설은 빛을 발합니다. 일반 통념과 세속적인 시각을 벗어나라는 것이죠.《노자 도덕경》40장의 "되돌아가는 것이 도의 움직임이고, 유약한 것이 도의 작용이다反者道之動, 弱者道之用."라는 구절이라든지, 45장의 "크게 곧은 것은 굽은 듯하고, 크게 뛰어난 기교는 서툰 듯하며, 크게 훌륭한 언변은 말을 더듬는 듯하다大直若屈, 大巧若拙, 大辯若訥."라는 말이 떠오릅니다. 이 구절의 메시지 역시 세속적인 시각과 달리, 진정한 고수는 남들과 다른 지점을 보는 힘이 있는 사람이라는 것입니다.

　　다시 손자에게로 돌아가 봅시다. 적이 예상하는 길로 간다면 결과야 뻔하지 않겠습니까? 적이 길을 끊어놓을 수도 있고, 군대를 매복하여 덮칠 수도 있습니다. 그러면 시간이 더 걸립니다. 적의 눈과 마음을 빼앗아 아군의 기동을 눈치채지 못하게 하여 나중에 출발해도 먼저 도착한다는 원리를 바로 '우직지계迂直之計'라고 합니다. 바람처럼 숲처럼 불처럼 산처럼 기동하는 것이 그 핵심이라고 할 수 있죠. "그러므로 그 (병력의 기동이) 빠르기가 광풍과 같고, 그 고요함은 숲속과 같으며, (적을) 공격하고 약탈하는 것이 불과 같고, 미동하지 않는 것이 산과 같다. 알기 어려움이 어둠에 있는 것 같고, 움직이는 것이 천둥과 벼락이 치는 것과 같다故其疾如風, 其徐如林, 侵掠如火, 不動如山, 難知如陰, 動如雷霆."는 표현이 멋들어지지 않습니까?

　　여덟째 편인 〈구변〉은 긴급 상황에서 교묘하게 대처하는 법을 다룹니다. '구九'는 다양함을 뜻하고, '변變'이란 시대와 상황에 따른 융통성, 임기응변을 뜻합니다. 여기서 참고해볼 만한 부분은 오위五危입니다.

이것은 장수가 경계해야 할 다섯 가지 위태로움을 뜻하는데, 여기서도 역설의 언어가 등장합니다.

장수에게는 다섯 가지의 위험한 일이 있으니, (장수가 용맹이 지나쳐) 반드시 죽음을 각오하고 (싸우면) 죽을 수 있고, 반드시 살기를 각오하고 (싸우면) 사로잡히게 되며, 분을 이기지 못해 성급하게 행동하면 모욕을 당할 수 있고, 성품이 지나치게 깨끗하면 치욕을 당할 수 있으며, 백성을 지나치게 사랑하면 번민을 하게 된다.

將有五危: 必死可殺也, 必生可虜也, 忿速可侮也, 廉潔可辱也, 愛民可煩也.

—《손자병법》〈구변〉

여기서 말하는 자질은 〈계〉 편에서 장수의 자질로 뽑은 지혜智·믿음信·어짊仁·용기勇·엄격함嚴과 상대되는 개념입니다. 앞서 제시한 덕목이 지나치게 되면 어떤 일이 벌어지는지 설명하는 것입니다. 장수가 용기가 있는 것은 좋지만, 죽기를 각오하고 물러서지 않는 무모함을 부리면 군대를 심각한 위험에 빠뜨릴 수 있습니다. 너무 지혜로우면 오만하거나 자기 꾀에 빠질 수 있고, 너무 믿으면 속기가 쉽고, 너무 어질면 물렀다는 말을 듣고, 너무 엄격하면 밑에 있는 사람들이 숨을 쉬지 못합니다. 지나치는 것은 모자람만 못한 법입니다. 장수는 균형 잡힌 이성의 소유자여야 하지, 편견과 아집에 사로잡힌 사람이어서는 안 됩니다. 장수가 능력이 있다는 것은 귀한 일이지만, 역으로 그 능력과 판단을 과신하지 않는 겸손함도 필요하다는 것을 알 수 있습니다.

지형을 숙지하고 기동하라

〈행군〉, 〈지형〉, 〈구지〉 편은 모두 지형과 관련이 있습니다. 그러나 본격적으로 지형과 관련된 편은 〈구지〉 편이라고 할 수 있습니다.

〈행군〉 편은 군대의 기동, 즉 전투, 행군, 주둔 등 모든 군사 작전 행위를 총괄합니다. 오늘날 통용되는 행군보다 훨씬 포괄적인 개념입니다. 이 편에서도 손자는 지형보다는 병력 운용에 중점을 둡니다. 병력 숫자만 믿지 말라는 거죠. "병력이 더 많다고 좋은 것은 아니며, 오직 무모하게 진격만 해서도 안 되고, 병사들의 힘을 하나로 집중시켜 적을 헤아려 판단하고 인재를 취하기만 하면 될 뿐이다. 단지 깊은 생각 없이 적을 얕잡아 보면 반드시 적에게 사로잡힐 것이다兵非益多也, 惟無武進, 足以併力料敵, 取人而已. 夫惟無慮而易敵者, 必擒於人." 바로 이 문장의 핵심은 병비익다兵非益多라는 말인데, 군대의 병력이 많다고 좋은 것은 아니라는 뜻입니다. 이 말이 소수 병력으로 적을 이길 수 있다는 뜻을 함축하고 있기는 하지만, 그렇다고 다수 병력이 필요하지 않다는 말은 아닙니다. 편명을 보면 행군하는 것만 다루었을 법한데, 여기서도 알 수 있듯이 용병의 요체가 심리전임을 손자는 또다시 강조하고 있습니다.

〈지형〉 편에서 손자는 군대가 기동할 때 가장 중요한 지형의 문제를 다룹니다. 여기서는 산지·하천·진펄·평지 등 지형에 따른 작전 운용법과 특별한 지형에서의 군대 운용법을 다룹니다. 절대적으로 해로운 지형을 육해六害로 구분하고, 다음 편인 〈지형〉 편에서는 육형六形을 거론하며, 차지해야 할 지형과 주둔 방법을 설명합니다. 그러나 앞의 행군과 마찬가지로 〈지형〉 편에서도 손자가 말하고자 하는 핵심은 그 편명과 좀 괴리가 있습니다. 제가 생각하는 〈지형〉 편의 핵심은 다음과 같습니다.

> 병사들을 마치 어린아이 대하듯이 하여야 하니, 그들과 함께 깊은
> 계곡을 달려가기 때문이다. 병사들을 자식을 사랑하는 것처럼 하여야
> 하는 것이니, 그들과 함께 죽을 수도 있기 때문이다. (그러나 병사들
> 을) 너무 후하게 대하면 부릴 수 없으며, 아끼기만 하면 명령할 수 없
> 게 된다. 어지러우면 다스릴 수 없으니, 비유하건대 교만한 자식과 같
> 아서 아무 소용이 없다.
>
> 視卒如嬰兒, 故可與之赴深溪; 視卒如愛子, 故可與之俱死. 厚而不能使, 愛而不
> 能令, 亂而不能治, 譬如驕子, 不可用也.

좀 더 살펴보겠습니다. 손자는 이 글에서 장수가 병사를 인격적으로
대우하면서 그들과 함께 전쟁할 것을 강조합니다. 병사를 어린아이처
럼 소중하게 대해야 그들이 목숨을 바쳐 싸우게 될 것이라고 말이죠.
병사가 의로워야 용맹스러워지지 않겠습니까? 이는 전국 시대의 병법
가인 오기吳起의 일화를 떠올리게 합니다. 《사기》의 〈손자·오기 열전〉
에 나오는 이야기를 한번 보겠습니다.

오기는 장수가 되자 신분이 가장 낮은 병사들과 똑같이 옷을 입고 밥
을 먹었습니다. 잠을 잘 때에도 자리를 깔지 못하게 하고 행군할 때에
도 말이나 수레를 타지 않고 자기가 먹을 식량은 직접 가지고 다니는
등 병사들과 함께 고통을 나누었습니다.

한번은 종기가 난 병사가 있었는데, 오기는 그 병사를 위해 입으로
고름을 빨아주었습니다. 그 소식을 들은 병사의 어머니가 슬피 우니 옆
에 있던 사람이 그 까닭을 물었습니다.

"당신의 아들은 졸병인데도 장군께서 직접 고름을 빨아주셨는데 어찌하여 슬피 소리 내어 우시오?"

병사의 어머니의 답은 이러했습니다.

"그렇지 않습니다. 예전에 오공吳公께서 우리 애 아버지의 종기를 빨아준 적이 있는데 그 사람은 자기 몸을 돌보지 않고 용감히 싸우다가 적진에서 죽고 말았습니다. 오공이 지금 또 제 자식의 종기를 빨아주었으니, 이 아이가 (어느 때 어디서) 죽게 될지 모릅니다. 이 때문에 소리 내어 우는 것입니다."

이게 무슨 말입니까? 병사의 어머니는 아들의 죽음을 예견하고는 전쟁에 승리하기 위해서라면 병사의 피고름도 빨아줄 수 있는 오기의 위선적 모습을 꼬집은 겁니다. 사실 오기는 성공을 위해서라면 수단과 방법을 가리지 않는 야심가였습니다. 심지어 출세를 위해 아내까지 죽이는 무자비한 면모를 보이기도 했지요. 역사적으로 유명한 인물을 살펴보면 인품이 훌륭한 인물도 있지만, 반대로 인품이 부족하거나 차마 입에 거론하기에 부적절한 인물도 있습니다. 병법가 오기를 보면 인품은 성공과 비례하지 않거나 심지어는 별개의 차원에 속한다는 것을 알 수가 있습니다. 어쨌든 손자의 말처럼 오기는 전쟁에 이기기 위해서 병졸들을 극진하게 대해주었고 우여곡절 끝에 위나라에 중용되었습니다. 76번 싸워 64번 완승할 정도로 뛰어났는데, 이는 병사들의 희생이 있었기에 가능한 일이었습니다.

〈구지〉 편에서는 아홉 가지 지대에 대한 공격과 방어 전술을 설명합니다. 여기서 중요한 것은 지형에 대한 평면적인 서술보다는 그 지형을 어떻게 운용할 것인지 입체적으로 얘기한다는 겁니다. 즉 지형의 유형을 분류하면서 거기에 맞는 전술 원칙을 설명하고 있습니다. 이 편이야말로 본격적으로 지형에 대해 설명하는 부분이라고 할 수 있으니, 한번 살펴봅시다.

먼저 흩어져 도망가기 쉬운 '산지散地'가 있습니다. 여기서는 전쟁을 벌여서는 안 됩니다. 쉽게 퇴각할 수 있는 '경지輕地'가 있습니다. 여기서는 멈추어서는 안 됩니다. 양측이 점령해도 유리한 '쟁지爭地'가 있습니다. 여기서는 주동적으로 공격하면 안 됩니다. 사방이 만나는 '교지交地'가 있습니다. 여기서는 부대의 앞뒤가 끊어져서는 안 됩니다. 사통팔달의 '구지衢地'가 있습니다. 여기서는 널리 외교 관계를 맺어야 합니다. 군대의 보급 문제를 해결하는 곳인 '중지重地'가 있습니다. 여기서는 사방으로 약탈해야 합니다. 움푹 꺼져 행군하기 어려운 땅인 '비지圮地'가 있습니다. 여기서는 신속하게 통과해야 합니다. 사방이 포위하기 쉬운 '위지圍地'가 있습니다. 여기서는 모책을 써야 합니다. 죽을 수밖에 없는 꽉 막힌 '사지死地'가 있습니다. 여기서는 함부로 들어가서도 안 되겠지만, 일단 들어가게 되면 죽음을 각오하고 싸워야 한다고 말합니다.

제아무리 지형이 다양해도 손자는 "상산의 뱀처럼 부려라常山率然."라는 말을 잊지 않습니다. 이 말은 적의 공격에 조직적이고 긴밀히 연락하여 대처하는 것을 뜻합니다. 각 부대가 따로 놀면 안 되고, 유기적으로 융합해야 한다는 것이죠. 이 편의 대표적인 다음 두 절을 읽어보고, 이제 《손자병법》의 마지막 두 편으로 넘어가 봅시다.

그러므로 용병을 잘하는 자는 마치 '솔연率然'처럼 부대를 지휘한다. '솔연'은 상산常山의 뱀으로, 그 머리를 치면 꼬리가 달려들고, 그 꼬리를 치면 머리가 달려들며, 그 허리를 치면 머리와 꼬리가 함께 달려든다. 감히 "군대를 '솔연'처럼 부릴 수 있는가?"라고 물으면 "가능하다"라고 답한다. 무릇 오나라 사람과 월越나라 사람은 서로 미워하는데, 그들이 한배를 타고 강을 건너다가 바람을 만났을 때에는 서로를 구하려고 (마치 한 몸에 붙은) 왼손과 오른손처럼 하는 것과 같다.

故善用兵者, 譬如率然. 率然者, 常山之蛇也. 擊其首則尾至, 擊其尾則首至, 擊其中則首尾俱至. 敢問 "兵可使如率然乎?" 曰 "可." 夫吳人與越人相惡也, 當其同舟而濟遇風, 其相救也, 如左右手.

적이 소중히 여기는 곳을 먼저 공략할 틈을 은밀히 기다리면서 묵묵히 적정에 따라 행동하다가 전쟁의 승패를 결정짓는다. 그러므로 처음에는 마치 처녀처럼 (조용히 움직이기) 시작하지만, 적군이 문을 연 뒤에는 도망가는 토끼처럼 적군이 항거할 수 없게 해야 한다.

先其所愛, 微與之期. 踐墨隨敵, 以決戰事. 是故始如處女, 敵人開戶, 後如脫兔, 敵不及拒.

—《손자병법》〈구지〉

최후의 수단, 화공과 용간

손자는 열두째 편에 〈화공〉을 두었습니다. 마지막 〈용간〉 편과 더불어 거의 최후의 수단이고, 어찌 보면 무자비하고 비열하기조차 한 전술이라고 볼 수 있습니다. 화공이란 불로 공격한다는 뜻이고, 용간은 첩자를 쓴다는 것인데, 이 얼마나 끔찍하고 비열한 짓입니까? 송대 문인 소식蘇軾은 "손자는 화공이라는 것을 하책下策으로 여겼다."고 말했습니다. 화공은 심각한 피해를 불러와 신중하게 써야 하므로 손자는 이것을 맨 마지막에 다루었습니다. 저 유명한 《삼국지》의 적벽대전赤壁大戰이 화공전이었던 것처럼, 실제로 화공은 옛 전쟁에서 활용도가 비교적 높은 전법 중 하나였습니다.

손자가 말하는 화공의 핵심은 오화지변五火之變입니다. 화공을 시행할 때 바람·방향·정황 등을 다섯 가지 유형에 따라 언급한 것이죠. 첫째, 화공도 첩자를 파견하여 안팎이 호응해야 작전을 완벽하게 수행할 수 있다는 것입니다. 밖에서 기다리고 있다가 불이 나서 적들이 우왕좌왕하면 안팎에서 동시에 공격해 제압하는 것이죠. 둘째, 첩자가 적진에 들어가서 불을 질렀는데 적이 동요하지 않으면 뭔가 문제가 생겼다는 것입니다. 화공을 예상하고 적들이 모두 피했을 수도 있고, 매복하고 있다가 아군을 공격하려고 시도할 수도 있지 않습니까? 결국 화공은 적을 무방비 상태에 놓이게 하는 전술이니, 적이 스스로 드러내지 않는데 먼저 뛰어들면 아무래도 불리하다는 겁니다. 셋째는 적진 내부가 아니라 바깥에 불을 지르는 것입니다. 내부에 불을 지르면 적들은 바깥으로 도망치지만, 바깥에 불을 피우면 적이 고립되기 때문입니다. 넷째, 바람이 적의 방향으로 불 때 공격하라는 것이고, 다섯째, 낮에 바람이 세차게 불 때는 공격을 멈췄다가 밤에 바람이 잠잠해지면 공격하라는 것입니다.

《손자병법》의 마지막 편인 〈용간〉에서는 전쟁의 모든 문제가 사람의 문제로 귀결된다는 점을 강조합니다. 첩자를 잘 활용하는 국가는 주도권을 장악하지만, 제대로 활용하지 못하는 국가는 역이용되거나 위기에 처하게 된다고 말이죠. 그중에서 핵심인 '필취어인必取於人'이란 말은 '반드시 사람에게서 얻는다'는 말입니다. 무엇을 얻는다는 것일까요? 바로 정보라고 할 수 있습니다.

먼저 안다는 것은 귀신에게 의존해서 알 수 있는 것이 아니며, 이전에 있었던 일에서 유추할 수 있는 것도 아니고, 법도에 의해서 시험해 볼 수 있는 것도 아니며, 반드시 사람에게 취해서 적의 상황을 알아내는 것이다.

先知者, 不可取於鬼神, 不可象於事, 不可驗於度. 必取於人, 知敵之情者也.

—《손자병법》〈용간〉

전쟁은 군대와 군대가 맞부딪쳐서 하는 것만은 아닙니다. 때로는 과감히 사람을 이용해 상대를 이간질하고 내분을 일으켜 승리를 거머쥐어야 한다고 손자는 말합니다. 외부에서 적의 정황을 살펴보는 것은 한계가 있기 마련입니다. 그래서 적국이나 적진 깊숙이 첩자를 침투시켜 중요한 정보를 캐내라는 것입니다.

손자는 이런 사람을 간자間者라고 부릅니다. 이를 용병의 요체라고까지 하면서 다섯 가지 간첩, 오간五間으로 분류했습니다. 인간因間이란 적국 백성을 이용하여 정보를 얻는 것입니다. 내간內間이란 적국 관리를 매수하여 정보를 얻는 것입니다. 반간反間이란 적국 첩자를 포섭하여 아군 첩자로 삼는 것입니다. 사간死間이란 죽음을 각오하고 적국에 잠입하여 활동하는 것입니다. 생간生間이란 적국으로 들어가 정보를 캐내 살아 돌아오는 것입니다.

손자가 첩자를 중시한 이유는 전쟁에서 이기려면 군사력보다 첩보가 더 중요하다는 것을 알았기 때문입니다. 앞서 말씀드렸듯이 당시의 전쟁은 반드시 외교전을 전초전으로 삼아 치렀기 때문에 첩자들의 활약에 따라 외교와 전쟁의 갈림길이 결정될 수밖에 없었죠. 워낙 첩자가 많다 보니, 왕은 최측근을 제외하고는 신하 대부분을 믿지 않았고, 심지어 그들에게 감시를 붙였다고도 합니다.

물론 이러한 수단이 전쟁에만 국한된 것은 아닙니다. 세간의 일이나 조직 주변의 상황을 판단할 때도 마찬가지입니다. 실제로 조사하지 않고 검증되지 않은 소문이나 고정관념, 자기 경험을 과신하여 감이나 막연한 추측에 의존한다면 상황을 잘못 판단하기가 쉽습니다. 중요한 일을 할 때 한 번의 오판은 커다란 실패를 불러옵니다. 첩자를 쓰는 전략이 좀 격이 떨어지는 비열한 전술이라고 생각할지도 모르지만, 이 또한 "지피지기 백전불태"라는 손자의 지론에서 나온 전술임을 알아야 합니다.

이상 네 편의 강의를 통해 손자가 전하는 메시지를 읽으셨습니까? 저는 중국을 이해하고 중국인의 전략을 알고자 할 때 꼭 염두에 두어야 하는 책이《손자병법》이라고 단언합니다. 드러내기보다는 속으로 움츠리는 듯하고, 상대에게 쉽사리 속내를 내보이지 않으면서도 손실을 별로 입지 않으려는 고도의 정치적 마인드를 읽을 수 있기 때문입니다. 때로는 물이 흘러가듯 유연하게 처신하면서도 강력한 힘을 발휘하곤 하는 현대 정치가들의 리더십 근저에는《손자병법》의 가르침이 자리하고 있습니다.

세상에는 영원한 강자도 없고 영원한 약자도 없습니다. 아니, 영원한 갑도 없고 영원한 을도 없습니다. 서로 물고 물리는 관계입니다. 손자가 살다 간 춘추 시대 상황도 별반 다르지 않았을 겁니다. 손자는 전쟁이라는 것도 결국에는 치밀한 전략과 정치적 상황, 국민감정 등을 두루 고려하여 판단해야 한다고 강조합니다. 전쟁을 쉽게 생각하여 치르지 말라는 손자의 외침은, 첩자 활용과 화공 등을 이용해서라도 반드시 이겨야 한다는 말과는 서로 맞물리지 않는 듯 보이기도 합니다. 하지만 이 역시 손자가 장수로서 전쟁을 두루 경험해보고 나서 냉철하게 터득한 이치이기에, 오늘날 우리에게 현실적인 의미로 다가온다고 할 수 있습니다.

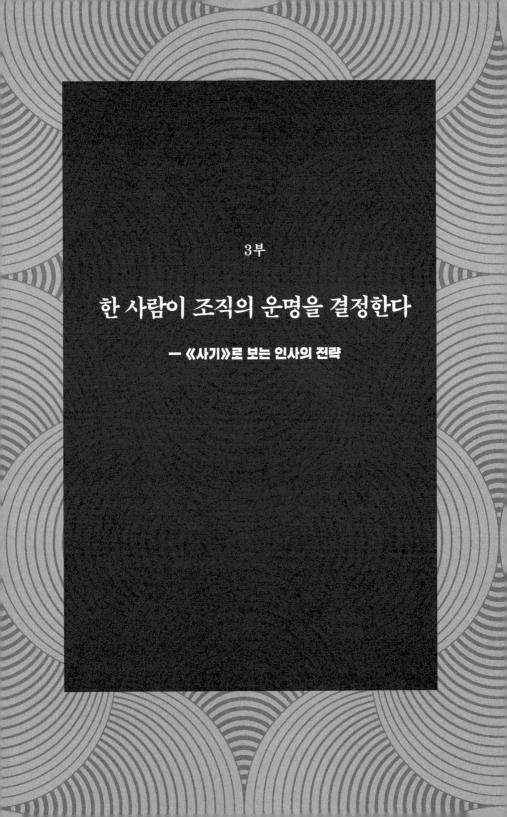

3부

한 사람이 조직의 운명을 결정한다

— 《사기》로 보는 인사의 전략

계명구도鷄鳴狗盜라는 말처럼 쓸모없어 보이는 인물들도 결정적인 순간에 그 쓰임을 다한다는 사마천의 이야기는 우리를 대단히 행복하게 해줍니다. 세상에 쓸모없는 사람은 없다는 것이 바로 우리네 인생사라고 다시금 상기시켜주기 때문입니다. 다수를 차지한 소수 중에는 뭇 사람을 없어도 되는 허울로 치부하는 자도 있지 않습니까? 아마도 사마천이 바랐던 세상은 저마다 자신의 목소리를 내며 살아가는 세상일지도 모릅니다.

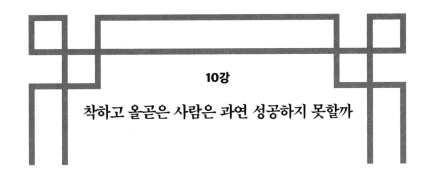

10강

착하고 올곧은 사람은 과연 성공하지 못할까

《사기》, 인재를 말하다

요즘에 인재가 화두라는 이야기를 많이 합니다. 이번에는 인간학의 최고봉인 《사기史記》에서 주요 인물들을 선정해 그들의 공과 과가 무엇인지, 오늘날의 인재들과 어떤 공통점과 차이점이 있는지 살펴보려고 합니다. 과거 인물들의 생각과 지금의 사고를 접목하여 그 사이를 소통시키면서, 어떻게 이들을 새롭게 탄생시킬 수 있는지 고민해보려고 합니다. 미라처럼 잠들어 있는 인물들을 무조건 끄집어내자는 것은 아니고, 그들을 조심스럽게 재조명해보자는 것입니다. 원전을 충실히 따라가되, 제 시각에서 본 이야기들을 말씀드리면서 사마천司馬遷의 생각과 제 생각을 함께 다루려고 합니다. 시공을 초월한 가상의 대화를 통해 그 인물들의 머릿속으로 들어가보는 것도 의미가 있을 것입니다.

어떻게 과거의 리더들이 조직을 이끌고 인재를 활용했는지, 그 밑에 있는 인재가 갖춰야 할 소양은 무엇인지, 또 인재가 커갈 수 있는 토양이 무엇인지, 역사 속 양상을 살피는 것은 의미가 있습니다. 지금부터 약 2000~3000년 전에 있었던 이야기들을 21세기의 시점에 어떻게 적용할 수 있는지 살펴보고, 더 나아가 미래의 인재를 상상해보고 싶습니다.

아이러니하게도 사마천이 《사기》에서 주목한 인물들은 조직에서 필요 없는 사람일 수도 있습니다. 기존 역사 서술에서 주체가 되는 사람들은 제부·왕·장상 등이었습니다. 제齊·초楚·연燕·한韓·위魏·조趙·진秦 등 전국칠웅戰國七雄과 통일 국가인 진나라와 한나라를 하나의 커다란 기업 조직으로 본다면, 이들은 오늘날의 CEO라고 할 수 있습니다. 하지만 사마천이 《사기》에서 다루는 장군·모사·협객·장사꾼 등은 우리가 늘 마주치는 다양한 인물입니다.

이 인물들을 특징별로 나눠보자면, 먼저 제왕을 도와 천하를 좌우한 이인자들이 있습니다. 안영晏嬰은 모욕을 촌철살인 유머로 받아친 춘추 시대의 뛰어난 외교관으로, 열린 사고와 유연한 리더십을 갖고 있습니다. 관중管仲은 "풍족해야 명예와 치욕을 안다."는 말로 경제 정책의 중요성을 설파했고, 상앙商鞅은 급진적 개혁으로 절대 권력을 이룬 사람입니다. 여불위呂不韋는 인재에 투자한 거상巨商이고, 이사李斯는 인재 개방론을 주장하며 진 제국의 시스템을 완성한 인물입니다. 한신韓信은 한나라 개국의 일등 공신이었으나 처신을 잘하지 못하여 모반죄를 뒤집어쓴 사람이고, 주아부周亞夫는 치밀한 전략과 임기응변으로 난세를 헤쳐나간 사람입니다. 이들은 제왕과 동지적 관계를 맺기도 하고 때로는 적대적 관계를 맺기도 합니다. 단순히 갑을 관계에 머무른 경우도 있지만 동반 성장의 관계, 서로의 이익을 추구하는 관계를 맺기도 합니다.

그런가 하면 발분發憤과 절치부심切齒腐心으로 치욕을 승화시켜 인생 역전에 성공한 인물들이 있습니다. 오줌을 받아먹고 결국 진나라 재상까지 올라간 범저范雎, 치욕을 농담과 여유로 극복하여 세 치 혀로 재상이 된 장의張儀, 빼어난 외모의 백수건달로 승상이 된 진평陳平 등이 있습니다.

상식을 깨는 범상치 않은 인물들도 있습니다. 개와 닭을 흉내 내는 사람까지 차별하지 않고 등용해 자신의 목숨을 지킨 맹상군孟嘗君, 유머 속에 담긴 촌철살인으로 폭군의 마음마저 움직인 순우곤淳于髡, 두둑한 배짱만으로 100만 대군을 돌려세운 노중련魯仲連, 초나라 회왕懷王에게 세탁독청世濁獨淸이라는, 세상은 흐린데 한밤에 나만 홀로 깨끗하다는 말을 남기고 멱라강에 투신자살한 굴원屈原, 무모하면서도 낭만적인 용기를 지닌 비운의 자객 형가荊軻, 자신을 알아주는 사람을 위해 목숨을 바쳐 원수마저 감동시킨 예양豫讓 등이 있습니다.

또 간언과 직언을 마다하지 않은 원칙론자들이 있습니다. 목숨을 구해준 친구를 위해 군주 앞에서도 할 말을 다한 난포樊布, '완벽完璧'이라는 고사를 남긴 명재상이자 용기와 지혜를 겸한 드문 인물로 기지와 언변으로 나라의 자존심을 살린 인상여藺相如, 유방의 천도 계획을 막은 현실주의자 유경劉敬 등이 있습니다.

그리고 전장을 누빈 야전 사령관들이 있습니다. 병법의 신이라고 불리는 손무孫武, 병사의 고름을 빨아내고 아내까지 죽인 비정한 야심가 오기吳起, 군법을 수호하기 위해 측근까지 제거한 양저穰苴, 병법 이론에만 빠삭하여 탁상공론으로 45만 명을 몰살시킨 조괄趙括, 흉노와의 전쟁을 70번이나 승리로 이끈 전쟁의 신 이광李廣 등이 있습니다.

이러한 인물 분류보다 더 중요한 것은 이런 인물들에서 우리가 무엇을 배울 수 있을까 하는 겁니다. 소진蘇秦과 장의, 범저에게서는 절치부심을, 구천句踐과 부차夫差에게서는 와신상담臥薪嘗膽을 배웁니다. 여불위, 이사, 진시황秦始皇에게서는 인맥 구축을, 진평陳平에게서는 생각 경영을, 저자인 사마천에게서는 자아를 성찰하는 법을 배울 수 있습니다.

또한 그 인재들의 재능과 결단력, 야망을 배웁니다. 관중의 안목, 여불위의 통찰, 장의의 여유, 이사의 비정함, 진섭陳涉의 권력의지, 여태후呂太后의 욕망을 들여다보며 성공과 실패의 이유를 볼 수 있습니다. 자기 관리에 실패한 상앙, 과욕을 부린 한신, 과신한 이광, 과대망상에 빠진 조괄, 방심한 항우項羽, 독선을 부린 진시황 등에서 말입니다. 이들은 나름의 장점으로 성공하는 듯싶다가도 몰락하기도 하고, 자신의 단점으로 역경을 겪다가도, 그로 인해 또다시 성공하기도 합니다. 다양한 사람의 삶과 그들의 천변만화하는 인생을 느끼는 것이 바로 《사기》의 맛입니다.

우리가 여기서 고민할 문제는 그들이 세상으로 나아가는 모습을 보면서 현실을 어떻게 바라보고 판단할 것인가, 어떻게 소통할 것인가, 어떤 시기에 배짱을 부리고, 또 어떤 시기에 물러설 것인가, 원칙이란 무엇이며 소신을 지키기 위해서는 어떤 노력을 해야 하는가, 시류는 어떻게 읽고 타협은 어떨 때 필요한지 깨닫는 것입니다. 잘만 한다면, 우리는 인간이 살아가면서 얻어야 할 모든 지혜를 여기서 얻을 수 있을 것입니다.

《사기》는 사마천이 붙인 이름이 아니다?

먼저 《사기》에 대해서 구체적으로 알아봅시다. 여기서 '사기史記'라는 말은 흔히 역사에 대한 기록을 뜻하는 보편적인 말입니다. 당시 사마천이 지은 책은 《태사공서太史公書》라고 불렸는데, 태사공이 바로 사마천의 자字입니다. 즉 사마천이 직접 이 책에 사기라는 이름을 붙인 것이 아니라, 후대 사람들이 《태사공서》 또는 《태사공기》의 약칭으로 《사기》라고 부른 것입니다.

《사기》는 크게 다섯 부분으로 나뉩니다. 《사기 본기本紀》, 《사기 세가世家》, 《사기 표表》, 《사기 서書》 그리고 《사기 열전列傳》이 있습니다. 본기의 '기紀'는 기록한다는 뜻의 '기記'와 같습니다. 역사적 사실에 근거하여 기록한다는 뜻으로, 열두 명의 제왕에 대한 이야기입니다. 《사기 세가》는 제왕들 바로 아래에서 시대를 이끌어가는 제후들이나 그에 버금가는 인물들에 대한 이야기입니다. 《사기 표》는 중국 역사의 시초라고 할 수 있는 황제黃帝가 지배하던 상고 시대부터 사마천이 살았던 한나라 무제武帝 때까지 2500년의 역사를 시간 순서대로 일목요연하게 구성해놓은 연표입니다. 그리고 《사기 서》에는 당시의 천문이라든지 역법, 지리, 민생, 치수, 음악 등 제도와 문물을 아우르는 전장제도典章制度에 대한 사마천의 관점이 서술되어 있습니다.

마지막으로 《사기 열전》에는 왕과 제후 밑에 있던 수많은 인물의 이야기가 담겨 있습니다. '열전'이란 글자 그대로 어떤 인물에 대한 전기의 배열입니다. 사기를 바라보는 여러 가지 시각이 있겠지만, 일반적으로 열전이 갖고 있는 어떠한 힘이 가장 중요합니다. 그 힘은 바로 역사에 대한, 역사를 구성하는 주체를 얘기할 때 열전에서 다뤄지는 많은 인물에서 비롯됩니다. 백이伯夷와 숙제叔齊처럼 왕족의 자손이었다가 왕위를 계승하지 않고 굶어 죽은 사람도 있고, 관중과 안영처럼 재상 자리까지 올랐던 사람도 있으며, 제자백가의 공자·노자·장자·한비도 있으며, 자객인 형가나 조말曹沫, 심지어 점술가들까지 당시 사마천이 알고 있던 중국 고전의 수많은 인물, 그때까지 역사의 한 페이지를 장식한 인물들을 전기 형태로 나눠서 기록했습니다.

'본기'와 '세가'가 있는데, 왜 자꾸 '열전'에서 의미를 찾아야 하는지 궁금하시죠? 아무래도 본기는 제왕에 대해서 다루고, 세가는 제후에 대해서 다루다 보니까 그렇습니다. 중국에는 '24사二十四史'가 있습니다. 역대 왕조의 정사正史로 인정되는 스물네 종류의 역사서입니다. 《사기》에서 시작해 《한서漢書》, 《삼국지三國志》, 《진서晉書》, 《송서宋書》, 《명사明史》까지, 중국의 역사를 관통합니다. 여기서 《사기》를 제외한 다른 역사서들은 관찬官撰입니다. 관청의 명령에 따라 쓴 역사서라는 겁니다. 《한서》는 《사기》와 90년밖에 차이가 나지 않지만, 사마천이 철저히 인간에 대해서 쓴 데에 반해, 반고班固는 정권과 유가적인 입장에서 교훈적으로 역사를 썼습니다. 그러다 보니 자객에 대해서 쓰겠습니까? 당연히 인물 취급도 안 합니다. 《사기》의 10대 명편이라는 〈화식 열전〉에 나오는 상인들, 당시의 개그맨이라고 할 수 있는 골계가滑稽家 인재들, 의사나 점술가 같은 인물들은 역사 영역에서 아예 배제해버린다 이겁니다. 사마천의 《사기》가 높이 평가받는 이유가 개인이 쓴 사찬私撰으로 이야기하고 싶은 것을 거침없이 썼는데도 '본기'·'세가'·'열전'·'표'·'서'로 체제를 갖춰 중국 역사의 기본 틀이 되었다는 점입니다. 보통 역사를 서술할 때의 기본 형식을 기전체紀傳體라고 하는데, 이 것은 본기의 '기紀'와, 열전의 '전傳'을 합친 말입니다.

《사기 열전》은 모두 70편입니다. 그중 69편이 주로 인물들에 대한 전기이고, 나머지 하나는 〈태사공 자서自序〉입니다. 그런데 이것을 《사기 열전》으로 넣느냐 마느냐 논란이 많습니다. 왜냐하면 말 그대로 이 글은《사기》전체에 대한 서문이기 때문입니다. 지금은 서문을 맨 앞에 넣지만, 옛날에는 뒤에 넣었기 때문에 발문이라고 부르기도 했습니다. 작가 후기라고도 볼 수 있겠죠. 그런데 왜 자서까지 넣어 70편이라고 얘기하느냐? 그 이유는 자서에《사기》전체에 대한 해제가 쓰여 있고, 더 중요하게는 사마천 자신이《사기》를 짓게 된 동기가 나와 있기 때문입니다. 자신의 집안 내력과 경력은 물론, 화병 때문에 죽은 아버지 사마담司馬談의 유지를 이어 역사 서술 작업을 해야 하는 당위성 그리고 이 책이 빛을 못 보고 탄압받을 것 같다, 그래서 정본과 부본을 한 부씩 마련해 하나는 명산에 감춰두고 하나는 선비들이 열람하게 했다는 사실까지 소상히 밝혀둡니다. 그래서 결국 〈태사공 자서〉를 태사공 열전으로 하는 게 어떠냐, 그렇게 해도 손색이 없겠다고 판단해《사기 열전》을 70편으로 분류하게 된 것입니다.

사마천 필생의 단 한 가지 질문

그럼《사기 열전》을 구성하는 사마천의 주요 시각과 의도는 무엇일까요? 우선 그 시작이 무엇인지 살펴보면 됩니다.《사기 열전》의 시작은 〈백이 열전〉입니다. 이 편에서는 백이와 숙제를 함께 다루고 있습니다. 그들은 은殷나라 고죽국孤竹國의 두 왕자입니다. 백이가 형, 숙제가 동생이었는데, 군주인 아버지는 동생인 숙제에게 왕위를 물려주려고 했습니다. 하지만 아버지가 돌아가시자 숙제는 형 백이에게 왕위를 양보하려고 했습니다. 백이는 아버지의 명령을 어길 수 없다며 나라 밖으로 달아나고, 숙제도 왕위를 거부하며 달아나 버립니다. 그러다 결국 둘 사이의 다른 형제, 즉 백이의 동생이자 숙제의 형이 왕이 되었습니다. 이 이야기의 결말은 어떻게 되었을까요? 왕위를 서로 양보하던 두 사람은 나중에 무왕武王이 은나라에 반기를 들어 주周나라를 세우자 그의 백성이 되는 것을 거부하며 수양산에 들어가 숨습니다. 주나라의 곡식을 먹지 않겠다! 그렇게 결심하고 고사리를 뜯어 먹다가 결국 굶어 죽고 말았습니다.

사마천이 〈백이 열전〉을 《사기 열전》의 첫머리로 둔 것은, 마치 《사기 세가》의 첫머리로 오태백吳太伯의 이야기를 둔 것과도 같습니다. 오태백도 임금의 자리를 양보하고서 당시 한족 문명권이 아닌 양쯔강 남쪽 형만荊蠻 땅으로 가서 오吳나라를 세운 인물입니다. 〈백이 열전〉과 〈오태백 세가〉에서 중요하게 다루는 것은 무엇일까요? 바로 양보입니다. 당시 수많은 사람이 천하를 차지하기 위해서 저마다 많은 피를 흘리면서 싸우며 패권을 지향했습니다. 그런데 반대로 사마천은 양보의 미덕을 강조한 것입니다. 혈연으로 세습하는 것이 아니라 덕 있는 사람에게 왕위를 물려주는 요堯임금과 순舜임금의 선양禪讓 정치처럼 말이죠. 자신의 자리를 양보하는 자들에 의해서 천하가 이루어질 수 있다! 그래서 백이를 열전의 첫머리에 둔 것입니다.

그다음으로 중요한 것은 천도시비天道是非입니다. 세상에서 벌어지는 온갖 사람의 일인 인사人事나 세사世事와 대비되는 개념이 천도라고 할 수 있는데, 이것이 "시야是邪, 비야非邪?", 즉 "하늘의 도가 옳으냐 그르냐?"고 질문합니다. 당시에는 "하늘의 이치는 사사로움이 없어 늘 착한 사람과 함께한다."는 말이 있었습니다. 하지만 백이와 숙제는 어진 덕망을 쌓고 행실을 깨끗하게 한 착한 사람이라고 할 수 있는데, 결국 굶어 죽지 않습니까? 그러니 당연히 의문이 생긴 것입니다. 사마천이 생각하기에 인간 세상에서 일어나는 일들은 하늘의 뜻과 달랐던 겁니다. 그래서 이렇게 물어봅니다.

요즘 시대에 들어서면서 규범을 따르지 않고 법령이 금지하는 일만을 일삼으면서도 한평생을 편안하게 즐거워하며 대대로 (부귀가) 이어지는 사람이 있다. 그런가 하면 걸음 한 번 내딛는데도 땅을 가려서 딛고, 말을 할 때도 알맞은 때를 기다려 하며, 길을 갈 때는 작은 길로 가지 않고, 공평하고 바른 일이 아니면 떨쳐 일어나서 하지 않는데도 재앙을 만나는 사람은 헤아릴 수 없을 만큼 많다. 나는 매우 당혹스럽다. 만일 (이러한 것이) 하늘의 도라면 옳은 것인가? 그른 것인가?

若至近世, 操行不軌, 專犯忌諱, 而終身逸樂, 富厚累世不絶, 或擇地而蹈之, 時然後出言, 行不由徑, 非公正不發憤, 而遇禍災者, 不可勝數也. 餘甚惑焉, 儻所謂天道, 是邪非邪?

— 《사기》〈백이 열전〉

사마천은 백이와 숙제를 다루면서 왜 이런 이야기를 한 것일까요? 그것은 바로 사마천 자신이 한무제에게 자기 친구 이릉李陵을 변호하다 궁형을 당했기 때문입니다.

당시에는 수많은 대외 정책이 이루어졌습니다. 한무제는 대외 이민족들에게 강경 정책을 펼쳤죠. 사마천은 이에 굉장히 비판적이었는데, 마침 이때 이릉이 5,000명의 군사를 이끌다가 수만 명의 흉노에게 포위되어 투항한 사건이 일어납니다. 무제가 이 소식을 듣고 화를 냅니다. 죽을 각오는 하지 못할지언정 적에게 투항했다고 말이죠. 그래서 그의 어머니와 처자를 죽이려고 했는데 사마천이 나서서 이릉을 변호한 것입니다. 결국 사마천은 무제의 노여움을 사 생식기를 거세당하는 궁형을 받습니다. 당시 사마천은 수치스러움에 자살까지 하려고 했으나, 아버지의 유지를 이어받아 《사기》를 완성하기 위해 살아남기로 절치부심합니다. 그래서 자신이 억울하게 궁형을 당한 일을 역사 속 백이나 숙제 같은 의인들의 죽음에 투영해본 것입니다. 그냥 투영해본 것이 아니라 온 힘을 다해 질문한 것입니다.

백이와 숙제의 이야기에 이어 사마천은 공자의 제자인 안회顔回와 춘추 시대 말기의 도적인 도척盜跖을 비교합니다. 안회는 공자가 굉장히 아끼던 제자입니다. 항상 안분지족安分知足을 실천하며 살았지만, 가난 속에서 술지게미를 먹으며 목숨을 연명하다가 스물여덟 살에 요절했습니다. 그러나 도척은 사람들의 재물을 빼앗고, 사람을 죽여 간을 회를 쳐 먹었던 잔인무도한 도적인데, 제 수명을 다 누리고 죽었습니다. 여기서 안회는 선인이라 할 수 있고, 도척은 악인이라 할 수 있습니다. 착한 사람은 옳은 것으로 보답을 받아야 하고, 악한 사람은 그른 것으로 보답을 받아야 하는데, 두 사람의 운명이 바뀌지 않았습니까? 안회는 요절하고, 도척은 하늘이 준 수명을 다했습니다. 오늘날 우리 주변에서 일어난 교통사고, 테러, 삼풍백화점 붕괴, 성수대교 붕괴 등 갑작스러운 사고를 당한 사람들이 모두 악인이 아닌 것과 마찬가지입니다.

흔히 유가에서는 하늘의 도가 늘 권선징악이라고 이야기합니다만, 따지고 보면 세상의 도리인 '세도世道'나 인간의 도리인 '인도人道'가 더 현실적이라는 겁니다. 사마천이 봤을 때, 하늘의 도는 결코 옳은 쪽(시是)이나 착한 쪽(선善)으로 가는 것은 아니라 경우에 따라서는 틀린 쪽(비非)으로 갈 수도 있고, 나쁜 쪽(악惡)으로 갈 수도 있다고 생각한 겁니다. 이는 인간사를 관통하는 아주 중요한 문제이지만, 누구나 쉽게 할 수 있는 말은 아닙니다. 사마천 자신이 궁형을 당하다 보니 세상을 보는 시각이 달라졌기에 비로소 발견할 수 있었던 질문입니다. 사람은 위기를 겪기 전에, 자신이 좌절감을 겪거나 절체절명의 상황에 가지 않으면 그 기분을 알지 못하는 법입니다.

이러한 사마천의 심정이 직접 드러난 글이 있습니다. 저 유명한 〈보임소경서報任少卿書〉라는 글입니다. 이 글은 《한서》의 〈사마천전司馬遷傳〉에 실린 글로, 임 소경任少卿, 즉 임안任安이라는 사람에게 사마천이 보내는 답장입니다. 임안은 무제의 신임을 얻었던 익주 자사益州刺史였지만, 기원전 91년에 여戾 태자의 반란 음모 사건에 연루되어 요참형을 판결받고 투옥되었습니다. 낮은 벼슬아치에게 사소한 일로 매질을 가했는데, 매질을 당한 자가 임안이 태자의 모반을 도왔다고 상소하여 누명을 쓴 것입니다. 이 편지는 임안의 형 집행날이 얼마 남지 않은 시기에 쓴 것으로 보입니다. 좀 긴 듯하지만 사마천의 심정이 드러난 명문이니 한번 읽어보도록 하겠습니다.

제가 듣건대, 자신을 수양하는 것은 지혜의 상징이며, 베풀기를 좋아하는 것은 어짊의 실마리이며, 주고받는 것은 의리의 표현이라 했습니다. 치욕이란 용기의 결단이며, 이름을 세우는 것은 행동의 목적인 것입니다. 선비는 이 다섯 가지가 있어야만 그런 연후에 세상에 의탁할 수 있으며 군자의 대열에 낄 수 있습니다. 따라서 이익을 탐내는 것보다 더 참혹한 화禍는 없으며, 마음을 상하게 하는 것보다 더 고통스러운 슬픔은 없고, 선영先塋(조상)을 욕되게 하는 것보다 더 추악한 행동은 없으며, 궁형을 당하는 것보다 더 큰 치욕은 없습니다. (……) 또한 낮은 무리 속에 사는 것은 쉽지 않고 하층 사람들은 비방의 말들이 많습니다만, 제가 말을 잘못하여 이런 화를 만나 향리에서 거듭하여 비웃음거리가 되고 돌아가신 아버지를 욕되게 했으니 무슨 면목으로 다시 부모님의 무덤에 오를 수 있겠습니까? 비록 백세百世 백대百代가 지나더라도 더러운 치욕은 더욱 심해질 것입니다. 하루에도 창자가 아홉 번씩 끊어지는 듯하고 집 안에 있으면 갑자기 망연자실하고 집 밖을 나서면 어디로 가야 할지를 알지 못합니다. 매번 이 치욕을 생각할 때마다 땀이 등줄기를 흘러 옷을 적시지 않은 적이 없습니다. 저 자신은 줄곧 궁정의 신하인 몸으로 어찌 스스로 깊은 바위 동굴 속에 숨어 살 수 있겠습니까? 그러므로 또한 세속을 좇아 부침하고 시대와 더불어 부앙하며 미친 듯 미혹되어 살아가고 있습니다.

지금 소경께서는 저더러 어진 선비라고 (자신을) 밀어주라고 충고하시지만, 아마도 그와 같은 일은 저의 뜻과는 어긋나는 게 아니겠습니까? 지금 비록 아름다운 문사로 자신을 꾸민다고 한들 세속에는 아무런 유익함도 없을 것이고 (다른 사람들의) 믿음을 얻지도 못하고 단지 욕이나 얻기에 맞을 것입니다. 죽을 날을 기다리고 나서 옳고 그름은 정해지는 법입니다. 글로써 제 뜻을 다할 수는 없으나 저의 고루한 생각을 대략 말씀드렸습니다. 삼가 두 번 절하는 바입니다.

僕聞之, 脩身者, 智之符也, 愛施者, 仁之端也, 取與者, 義之表也, 恥辱者, 勇之決也. 立名者, 行之極也. 士有此五者, 然後可以託於世, 而列於君子之林矣. 故禍莫憯於欲利, 悲莫痛於傷心, 行莫醜於辱先, 詬莫大於宮刑. (……) 且負下未易居, 下流多謗議. 僕以口語遇遭此禍, 重爲鄕里所戮笑, 以辱先人, 亦何面目復上父母丘墓乎. 雖累百世, 坵彌甚耳. 是以腸一日而九迴, 居則忽忽若有所亡, 出則不知其所往. 每念斯恥, 汗未嘗不發背沾衣也. 身直爲閨閤之臣, 寧得自引於深藏巖穴邪. 故且從俗浮沈, 與時俯仰, 以通其狂惑. 今少卿乃敎以推賢進士, 無乃與僕私心剌謬乎. 今雖欲自雕琢曼辭以自飾, 無益於俗, 不信, 適足取辱耳. 要之, 死日然後是非乃定. 書不能悉意, 略陳固陋, 謹再拜.

처음에는 감개 어린 목소리로 임안의 충고에 대답하는 듯 보이지만, 일부만 인용된 이 편지 전체에서 사마천은 '욕辱'이란 글자를 무려 19번이나 쓰며 시종 자신의 고뇌를 일방적으로 써내려갑니다. 여기서 욕이란 글자는 치욕을 뜻하니, 자신의 억울한 처지와 임안의 처지가 비슷하다는 일종의 동병상련이 자리 잡고 있었던 셈입니다.

사마천은 자신이 궁형을 당하게 된 마음을 울분에 차 서술하고 있으며, 충정으로 나라에 보답하려고 하나 뜻대로 되지 않는 감정을 밝히고, 이릉을 변호하다가 궁형을 당하게 된 사건의 전말과 이릉에 대한 인물평까지 적고 있습니다. 그리고 궁형이란 치욕을 받고 구차하게 살아가는 데 많은 어려움이 있다는 점을 호소하면서 《사기》를 지은 목적과 이유를 명쾌하게 밝히고, 자신이 살아가는 이유에 대해 다시 한 번 말합니다. 사마천이 〈태사공 자서〉에서 "태사공은 이릉의 화를 입고 감옥에 갇히고 말았다. 그는 한숨을 쉬고 탄식하며 말했다. '이것이 내 죄인가? 이것이 내 죄인가? 몸이 망가져 쓸모없게 되었구나.'"라고 한 부분과 겹치며 전달됩니다.

휴머니즘으로 읽는 인간학의 최고봉

《사기》를 한마디로 요약하자면 결국 인간의 이야기입니다. 그것도 개개인 고유의 사람 냄새가 나는 이야기입니다. 어떤 인간일까요? 일단 승자와 패자의 이야기입니다. 역사를 구성할 때, 성공한 자가 있으면 반드시 실패한 자가 있기 마련이고, 승자가 있으면 패자가 있기 마련이라는 겁니다. 아이러니하게도 승자와 패자는 늘 공존하게 됩니다.

또 이러한 성패는 한 사람을 평가할 때 엇갈리기도 합니다.《사기 본기》에 나오는 진시황은 성공한 리더이기도 하고 실패한 리더이기도 합니다. 중국을 처음으로 통일한 데다 땅뿐만 아니라 문자나 도량형 등까지 통일했으니 성공한 리더라고 볼 수도 있겠지만, 재위 기간에 분서갱유가 일어나는 등 여러 문제가 발생하여 결국 15년 만에 멸망하니 실패한 리더라고 볼 수도 있겠지요.《사기 열전》에 나오는 한신 역시 마찬가지입니다. 젊어서 동네 건달의 가랑이 밑을 기어 지나가는 등 수많은 굴욕을 겪었지만, 유방을 도와 한나라를 건국하는 일등 공신이 되었으니 성공한 인물이기도 하고, 모반을 꾀했다가 토사구팽兎死狗烹의 주인공이 되고 마니 실패한 인물이기도 합니다. 여기에서 사마천이 하고 싶은 말은, 세상의 승자와 패자, 성공과 실패를 엄격하게 구분하지 말고 둘 사이의 경계에서 좀 더 다른 시각으로 진실을 찾아보자는 것입니다. 그것이 사마천이 우리에게 전달하는 커다란 메시지입니다. 만약 우리가 승자냐 패자냐, 무엇을 이루고 무엇을 이루지 못했나 하는 잣대에 비중을 두어《사기》를 읽는다면, 평범한 역사서에 그칠 것입니다.

《사기》의 독법은 바로 이러한 휴머니즘을 보는 것입니다. 인문 정신으로 인물의 본질과 내면세계를 들여다보는 것입니다. 이 내면세계를 독자에게 보여주기 위해 사마천은 갖은 장치를 마련해두었습니다. 〈자객 열전〉에 나오는 형가는 태자 단丹의 명령을 받아 진시황을 암살하러 떠나게 됩니다. 그 대목에서 뭐라고 합니까? "바람 소리는 소슬하고 역수는 차갑구나, 장사가 한번 떠나면 다시는 돌아오지 못하리!"라고 합니다. 이것은 자신의 죽음을 예고하는 겁니다. 그러자 옆에 있던 수많은 선비가 관冠 속 머리카락이 하늘로 치솟는 전율을 느낍니다. 이 장면에는 형가와 태자 단의 갈등을 하나로 집약시키는 힘이 있습니다. 비수 한 자루를 들고 무슨 일이 벌어질지 알 수 없는 진나라로 들어가야 하는 형가의 복잡한 심경, 그것을 알지 못한 채 꾸물댄다고 말하는 태자 단의 조급함, 결국 이 상황을 노래로 승화하는 형가의 결심 등…….이렇게 인물의 내면을 들여다보는 것이 《사기》를 읽는 중요한 포인트가 아닐까 생각합니다.

《사기》에 등장하는 수많은 인물들이 활약한 시대가 바로 춘추 전국 시대입니다. 주나라가 몰락하면서 수많은 인물이 등장한 춘추 시대부터 진나라가 전국 시대를 끝내기까지 생존하느냐 몰락하느냐를 놓고 온갖 문제가 펼쳐집니다. 인간에게 가장 커다란 일은 전쟁입니다. 끊이지 않는 전쟁으로 수많은 일이 벌어집니다. 고아도 생기고 기근도 생깁니다. 오죽하면 이 시대를 전국, 싸울 '전戰', 나라 '국國', 싸움만 하는 시대라고 했겠습니까? 춘추 전국 시대에서 한나라에 이르기까지, 격동하는 역사의 흐름 속에서 수많은 부류의 다양한 개성을 가진 인물들의 인생 역정을 살피는 책이 바로 《사기》입니다. 인간이 겪을 수 있는 모든 것, 가장 극한 상황에 놓인 사람들이 치열하게 고민했던 문제와 사고가 여기에 다 모여 있다고 할 수 있습니다.

다음 강의에서는 본격적으로 《사기》 속 인물들에 대해서 살펴보도록 하겠습니다.

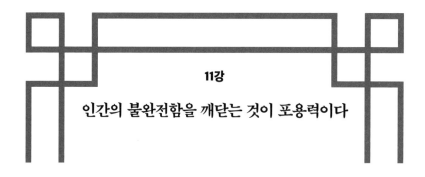

11강
인간의 불완전함을 깨닫는 것이 포용력이다

인재들은 왜 진나라로 모여들었을까?

춘추 시대 말기부터 주나라 왕실은 권력이 약해져서 그야말로 유명무실하게 되었습니다. 제왕의 권력이 약해지면 주변의 힘 가진 자들이 득세하게 됩니다. 당시 700개까지 분열됐던 나라들이 50여 개로 합쳐졌을 때를 춘추 시대라고 합니다. 그러다 강자만이 살아남아 일곱 나라만 남게 되는 때를 전국 시대라고 합니다. 거대한 세력을 형성한 각 지방 제후들이 더욱더 격렬한 대규모 전쟁을 일삼게 되는 전국 시대야말로 약육강식의 시대라고 할 수 있습니다. 이때 위세를 떨쳤던 제·초·연·한·위·조·진 등 일곱 대제후국을 '전국칠웅'이라고 부릅니다.

진나라는 서쪽에 있습니다. 함양咸陽이 수도입니다. 지금으로 말하자면 시안西安이죠. 진나라 지역은 다 강족羌族, 저족氐族과 인접한 지역으로 아주 척박한 땅입니다. 진시황이 동쪽으로 진출할 수밖에 없었던 것은 바로 생존하려면 기름진 노른자 땅으로 들어와야 했기 때문입니다.

여기서 우리가 주목해야 할 것은 초나라입니다. 아주 드넓은 영토를 갖고 있는 강대국이었는데, 결국 몰락하고 말았습니다. 왜 그랬을까요? 뒤에 다시 언급하겠지만, 장의의 연횡책連衡策으로 초나라는 거의 절반으로 줄어들게 되고, 그때부터 몰락하기 시작합니다.

한나라는 아주 작은 나라입니다. 위·초·제·진에 둘러싸여 있지만, 그런데도 생존했던 것은 주변 정세에 영향을 받아 어부지리漁夫之利로 이익을 많이 얻었기 때문입니다.

조나라와 연나라는 북방에 있습니다. 진나라가 위나라, 조나라를 거쳐 연나라를 쳐야 하니 만만치가 않습니다. 그래서 두 나라를 방패막이로 삼아 연나라는 살아날 수 있었습니다.

제나라는 산둥 지역의 강국이었습니다. 공자의 고향으로 유명한 지금의 취푸曲阜라는 곳이 당시 제나라의 땅이었습니다.

이 일곱 나라의 싸움 이야기가 이번 강의의 포인트는 아닙니다. 제가 말하고 싶은 것은 왜 천하의 인재들이 다른 나라는 놔두고 유독 진나라로, 그 척박한 땅으로 모여들었는가 하는 점입니다.

스스로 딛고 일어서는 것이 인재다

이사는 초나라 출신으로 창고를 관리하는 낮은 벼슬을 맡고 있었습니다. 그런데 어느 날 하찮은 쥐 두 마리를 보고 처세의 원리를 깨쳤습니다. 변소에 가보니 사람들이 먹다 남은 음식쓰레기 따위를 먹던 쥐는 자신의 기척에 소스라치게 놀라 달아나는데, 곡식 창고 안에 있던 쥐는 자신을 안중에도 두지 않고 쌓아놓은 곡식을 계속 먹고 있는 게 아니겠습니까? 여기서 이사는 무엇을 깨달았을까요? 바로 자신과 초나라의 운명이었습니다. 당시에 초나라는 진나라와 더불어 가장 강대국이었는데, 이사는 시간이 흐를수록 초나라의 힘이 약해지는 것을 느꼈습니다. 하지만 진나라는 달랐습니다. 당시 진나라는 60만 대군의 병력을 보유하고 있었을 뿐만 아니라, 효공孝公 때 변법과 개혁에 착수하여 강력한 시스템까지 갖추고 있었습니다. 다른 나라는 연공서열에 따라 승진을 시켜줬는데, 진나라는 글자 그대로 성과 위주로, 예를 들어 베어온 적의 수급 숫자가 많으면 장군을 시켜주었던 것입니다. 두 마리 쥐를 본 이사는 "사람이 어질다거나 못났다고 하는 것은 비유하자면 이런 쥐와 같아서 자신이 처한 환경에 달렸을 뿐이구나."라고 탄식합니다. 쥐나 사람이나 어떤 환경에서 사느냐에 따라 그 지위가 달라진다는 점을 느낀 겁니다. 그래서 출세를 위해 새로운 모험을 하기로 다짐합니다. 이사는 곧바로 자신의 조국을 버리고 아무런 연고도 없는, 당시 절대 강국이었던 진나라로 향합니다. 그는 진나라 승상 여불위를 찾아가 추천을 받아 진시황을 만납니다. 이사는 다른 여섯 나라가 힘을 합치기 전에 그들의 의도를 분쇄해야 한다고 주장합니다. 결국 진시황은 그를 궁궐 일을 총괄하는 관리의 우두머리로 삼습니다.

쥐 두 마리를 보고 미래를 예견한 이사의 통찰력은 결코 평범한 것이 아닙니다. 이사만 쥐를 봤을까요? 아마도 많은 사람이 그러한 쥐를 봤을 것입니다. 하지만 똑같은 사물을 보며 다른 생각을 하는 것, 이것이 곧 비범한 인재의 특성입니다. 누구나 특정한 공간에서, 어떤 사람들을 만나, 무언가를 느끼며 하루를 보내고 있습니다. 무심코 지나치기 쉬운 일상 속에서 지혜를 얻는 것은 아무나 할 수 있는 일이 아닙니다.

여기서 알 수 있는 이사의 삶의 원칙은 급시물태及時勿怠입니다. 이는 "때를 잡으면 게으르지 말라."는 것입니다. 기회를 잡으면 바로 실행에 옮겨야 한다는 것입니다. 이사는 스승인 순자荀子에게 배우다가 진나라에 가기로 하고는 이렇게 말합니다.

> 비천한 자리에 있으면서 아무런 계획도 세우지 않는 것은 짐승이 고기를 보고도 사람들이 자기를 쳐다본다 하여 억지로 참고 지나가는 것과 같습니다. 그러므로 가장 큰 부끄러움은 낮은 자리에 있는 것이며, 가장 큰 슬픔은 경제적으로 궁핍한 것입니다. 오랜 세월 낮은 자리와 곤궁한 처지에 있으면서 세상의 부귀를 비난하고 영리를 미워하며 스스로 아무것도 하지 않는 데 의탁하는 것은 선비의 마음이 아닐 듯합니다. 그래서 저는 서쪽 진나라 왕에게 유세하려고 합니다.
>
> 處卑賤之位而計不爲者, 此禽鹿視肉, 人面而能彊行者耳. 故詬莫大於卑賤, 而悲莫甚於窮困. 久處卑賤之位, 困苦之地, 非世而惡利, 自託於無爲, 此非士之情也. 故斯將西說秦王矣.
>
> ─《사기》〈이사 열전〉

이렇게 진나라로 건너간 인재는 이사뿐만이 아닙니다. 한나라 출신 한비도 적국 진나라로 향했고, 위나라 출신 범저 역시 진나라로 갔습니다. 이것은 보통 일이 아닙니다. 교통이 발전한 오늘날에도 기차로 가면 열 시간 이상 걸리는 거리를 달려간 것입니다. 장의가 초나라에서 쫓겨나 진나라로 갔을 때 아마도 두 달이나 석 달쯤 걸렸을 것입니다. 대체 인재들은 왜 그 먼 거리를 달려 진나라로 가야 했을까요?

그것은 다른 나라들은 하지 못했던 것을 진나라가 했기 때문입니다. 그중 하나가 바로 개혁입니다. 진나라는 변법을 시행했습니다. 그것은 말 그대로 법을 바꾼다는 뜻이지만, 그 과정이 말처럼 쉽지는 않습니다. 먼저 지금의 법이 나쁘다는 것을 인식하고, 그 법을 바꾸겠다고 나서는 인재가 있어야 합니다. 진나라에서는 상앙이 그랬습니다. 그리고 그 제안을 기꺼이 받아들이는 군주가 있어야 합니다. 효공과 진시황이 그랬습니다. 진나라의 왕들은 선대의 뜻을 이어받아 나라를 개혁했습니다. 그것은 진나라가 가지고 있는 엄청난 시스템이라고 할 수 있습니다.

후세에 사람들은 진시황을 폭군으로 알고 그가 저지른 분서갱유를 비난하지만, 사실 그의 개혁 마인드만은 대단했습니다. 당시에 문자를 통일하자는 안을 낸 것은 물론 이사였지만, 그 의견을 받아들인 것은 진시황이 아니겠습니까? 조직의 리더에게는 아랫사람의 의견을 어떻게 수용하느냐, 즉 그것을 어떻게 자신의 마인드와 접목하느냐가 대단히 중요합니다.

진시황의 마인드를 요약하자면 성과주의, 결과주의입니다. 그것이 좋고 나쁘다는 판단을 떠나 한번 생각해봅시다. 전쟁할 때 다른 사람들은 장수 위주로 상을 주었지만, 진시황은 아랫사람들에게 상을 주었습니다. 적군을 열 명 베면 한 등급 승진, 백 명 베면 두 등급 승진하는 성과주의이다 보니, 병사들은 죽기 살기로 싸웠습니다. 그러니 당연히 진나라의 경쟁 상대가 없고, 싸움에서 다 이기게 되는 것입니다.

상황이 이러하니 내부에서도 경쟁이 치열했겠죠? 초나라 출신 이사가 진나라에 '객客'으로 갔을 때 거기에는 이미 엄청난 인재들, 일명 기득권 세력이 있었습니다. 당시 진나라에는 제나라 출신 학자도 많이 있었습니다. 그들은 이사를 경계합니다. 자신들은 주인인데 손님 이사가 와서 천하를 좌지우지하고 심지어 자신들의 입지마저 위태롭게 하니 못마땅하지 않겠습니까? 진시황 정도 되면 성공한 CEO라고 할 수 있습니다. 이런 사람들은 결단력이 대단히 강합니다. 진시황은 이사가 다른 사람들보다 추진력이 굉장히 강하다고 보고 마음에 들어 하니, 학자들이 그를 제거해야겠다고 생각합니다. 그야말로 이사와 그를 내쫓으려는 기존 세력 사이에서 치열한 한판 대결이 펼쳐진 것입니다.

마침 그때 한 사건이 터집니다. 한나라의 정국鄭國이라는 사람이 진나라에 와 운하를 파라고 설득한 겁니다. 결국 진나라가 운하를 파게 되는데, 거기에 백성이 동원되다 보니 국력이 약해져 한나라를 완전히 정리하지 못했습니다. 그런데 나중에 그가 진나라를 교란시키기 위해 한나라에서 보낸 첩자로 밝혀진 겁니다. 왜 그런 일이 일어났을까요? 알다시피 당시 다른 나라의 인재들이 진나라로 몰려들었습니다. 다른 나라에서 넘어온 사람을 객이라고 불렀는데, 정국이라는 사람도 진나라에서 볼 때는 '객'이 아닙니까? 객의 위치에 있는 사람이 자꾸 왕한테 이래라저래라 하니까 왕들이 거기에 현혹됩니다. 왕들은 옆에 있는 사람은 경계하는데 멀리서 온 사람은 잘해주려고 하거든요.

그래서 곁에 있던 많은 사람이 진시황에게 축객逐客, 즉 멀리서 오는 사람들을 내쫓으라고 얘기합니다. 이 객들이야말로 전혀 도움이 안 되고 주인을 해롭게 할 수 있다면서 말이죠.

이사는 기존 세력이 자신을 내쫓으려 진시황을 설득하고 있다는 사실을 알고는 그 유명한 〈간축객서諫逐客書〉라는 글을 진시황에게 올립니다. 워낙 중요해서 한 구절 얘기해보면 다음과 같습니다.

신이 듣건대, 관리들이 빈객을 내쫓을 것을 논의하고 있다는데 가만히 생각해보면 잘못된 일입니다. 옛날 목공은 인재를 구하여 서쪽에서는 융에서 유여를 데리고 왔고, 동쪽으로는 완에서 백리해를 얻었으며, 송에서 건숙을 맞이했고, 진나라에서 비표와 공손지를 오게 했습니다. 이 다섯 사람은 진나라에서 태어나지는 않았지만, 목공은 이들을 중용하여 스무 나라를 통합하고 서융에서 우두머리가 되었습니다.

효공이 상앙의 변법을 채용하여 풍속을 바꾸자 백성이 번영하고 나라가 부강해졌으며 백성은 나라의 부역에 쓰이기를 즐거워하고, 제후들을 복종했으며 초나라와 위나라를 깨뜨려 얻은 땅이 1,000리가 넘습니다. 그래서 지금까지 잘 다스려지고 강성합니다. (······) 대체로 진나라에서 나지 않는 물건 가운데 보배로운 것이 많으며 진나라에서 태어나지 않은 인재 가운데 충성스런 인물이 많습니다. 지금 빈객을 내쫓아 적국을 이롭게 하고, 나라 밖으로 제후들에게 원한을 사면 나라가 위태롭지 않기를 바라도 그렇게 될 수밖에 없습니다.

臣聞吏議逐客, 竊以爲過矣. 昔繆公求士, 西取由餘於戎, 東得百里奚於宛, 迎蹇叔於宋, 來丕豹公孫支於晉. 此五子者, 不産於秦, 而繆公用之, 并國二十, 遂霸西戎. 孝公用商鞅之法, 移風易俗, 民以殷盛, 國以富彊, 百姓樂用, 諸侯親服, 獲楚魏之師, 擧地千里, 至今治彊. (······) 夫物不産於秦, 可寶者多; 士不産於秦, 而願忠者衆. 今逐客以資敵國, 損民以益讎, 內自虛而外樹怨於諸侯, 求國無危, 不可得也.

— 《사기》〈이사 열전〉

이사는 대단한 문장가였습니다. 이 글에도 나오다시피, 이사는 "진나라 목공穆公이 다른 나라의 인재 다섯 명을 데리고 오지 않았다면 서융西戎의 우두머리가 될 수 없었을 겁니다." 하며 역사적인 사례를 듭니다. 효공이 상앙을 받아들이고, 혜왕惠王이 장의를 받아들이고, 소왕昭王이 범저를 받아들인 사례들을 다 듭니다. 여기서 효공·혜왕·소왕은 모두 진나라의 시스템을 개혁한 왕들입니다. 그리고 상앙·장의·범저

고전의 전략

는 모두 진나라의 인재가 아닙니다. 즉 그 나라, 그 지역 출신이기 때문에 받아들인 것은 아니라는 겁니다. 인물 본연의 모습, 인재를 받아들이고 모든 사람에게 개방해야만 나라가 부강할 수 있다는 것을 예를 들어 설명한 겁니다. 요즘에는 덜하지만, 예전에는 우리나라에서도 출신 지역을 따졌습니다. 전라도 출신, 경상도 출신, 충청도 출신…… 이렇게 말이지요. 목공은 출신 지역을 따지지 않고 인물론에 근거하여 인재를 썼기에 결국 서융의 우두머리가 된 것입니다. 그때부터 진나라가 크게 발전하며 춘추 시대의 강자로 성장하게 됩니다. 지연을 거부하라는 이사의 의견은 실로 대단한 것입니다.

이런 이사의 승부수, 자신을 내쫓으려는 무리에게 감정적으로 대응하기보다는 탁월한 문장력으로 진시황을 설득하여 자신의 입지를 굳히는 승부수야말로 나라를 안정시키는 실마리가 되는 겁니다.

이사가 여기서 주장한 것을 '인재 개방론'이라고 합니다. 다른 나라 출신이라고 해서 배척하지 말고 능력에 따라 인재를 받아들이라는 것입니다. 요즘에는 당연한 말 같지만, 당시만 해도 획기적인 주장이었습니다.

여기에는 아주 유명한 말이 나옵니다. "태산은 흙 한 줌도 양보하지 않고, 하해는 작은 물줄기 하나도 가리지 않는다泰山不讓土壤, 河海不擇細流."가 바로 그것입니다. 즉 열린 마인드를 설파한 겁니다. 태산과 강과 바다가 그러한데, 왕은 어떻게 해야 할까요? 이사는 "어떠한 백성이라도 물리치지 말아야 자신의 덕을 천하에 밝힐 수 있다."고 말합니다. 인재를 받아들이려면 포용력이 있어야 하고, 포용력이 있으려면 마음을 열어야 한다는 것입니다.

진나라에는 천하의 인재가 모여들었는데, 왜 다른 나라에서는 인재들이 떠나려 했는지 한번 생각해봐야 합니다. 한 인물이 자신의 능력을 펼칠 수 있으려면 그 조직의 토양이 중요합니다. 저는 조직보다 사람을 먼저 키워야 한다고 생각합니다. 작게는 학교에서, 크게는 국가 기관, 모든 조직에서 개인의 역량을 발휘할 수 있어야 합니다. 그 인재들을 지탱하기 위해서 리더들에게는 개방적인 마인드, 사소한 것들은 무시하고 포용할 수 있는 마인드가 필요합니다. 태산처럼 높아지고 바다처럼 깊어지려면 모든 것을 받아들일 수 있어야 합니다. 편파적이지 않은 자세로 자신이 취할 수 있는 것들을 다 취해야만 합니다. 그래야 국가가 번영하고 자신이 계속 커갈 수 있습니다. 이사의 이 한마디로 축객령은 결국 거두어들여집니다. 이사는 토착 세력들의 방해를 일거에 잠재우고 객의 위치에서 권력의 주류로 급부상하여 22년간 진나라를 좌우하는 재상 자리에 오릅니다.

사람은 어디서 누구를 만나느냐가 대단히 중요합니다. 누구를 만나고 싶어도 그 사람이 안 만나주면 어쩔 수 없는 것입니다. 결국 인재는 역량을 길러줄 중요한 인물이나 환경을 만났을 때 성장할 수 있습니다. 인재가 어떤 조직에서는 클 수도 있고, 어떤 조직에서는 죽을 수도 있는 것이 바로 이 사회입니다. 많은 인재를 거느리고 있는 사람도 있지만, 이 인재가 적재적소, 각득기소各得其所 되어 있는지 살펴야 합니다.

여기서 이사의 논법은 "왜 인재들이 출신의 불이익을 당해야 하는가."였습니다. 이런 말을 거침없이 하는 이사도 대단하지만, 이사의 생각을 순순히 받아들인 진시황도 참 대단합니다. 두 사람은 말 그대로 찰떡궁합이었습니다. 개혁을 고민한 군주와 실행을 밑받침한 이인자로서 그들은 거의 모든 시스템을 개혁했습니다. 일곱 나라의 문자와 도량형을 통일했고, 군현제를 시행했으며, '직도直道'라는 도로를 만들었습니다. 직도는 흙을 다섯 겹으로 다지는 판축 공법으로 만든 도로입니다. 수도 함양에서 만리장성까지 이 도로가 깔렸는데, 진시황이 거느린 마차가 직행할 수 있도록 단단하게 만들어서 지금도 거기에는 큰 나무는 자라지 못하고 풀만 자랍니다. 이처럼 다른 나라에서 생각할 수도 없고, 상상할 수도 없는 진나라의 개혁들은 아마도 이사라는 인재가 없었다면 불가능하지 않았을까요?

나아가고 물러날 때를 아는 것이 인재다

하지만 이사의 말년은 좋지 않았습니다. 자신을 강력하게 지지하던 진시황이 죽자마자 둘째 아들인 호해胡亥와 환관 조고趙高가 주도한 유서 위조에 가담하게 되었기 때문입니다. 이사는 처음에 고민을 많이 했습니다. 그러다 안 해도 죽고, 해도 죽는 상황에서 결국 일을 저지르고 말았습니다. 앞서 그의 삶의 원칙이 무엇이라고 했습니까? '급시물태'가 아니었습니까? 기회를 잡으면 바로 실행에 옮겨야 한다는 겁니다. 하지만 기회를 잡는 것과 기회를 자신의 것으로 만드는 것은 분명 다릅니다. 아무런 원칙도 없이 유리해 보이는 기회만 잡으려는 것은 기회주의자의 행동에 지나지 않습니다.

《한비자》에는 "절대 권력자의 비밀을 알면 그 사람은 당하게 되어 있다."라는 말이 나옵니다. 이사가 유서 위조에 가담했지만 조고는 그를 죽일 생각을 하고 있었고, 결국 비참한 최후를 맞이합니다. 이사는 "내가 시황제에게 은혜를 입었으니, 2세 황제에게도 은혜를 입어 내 대를 누려 보겠다."고 생각했지만, 그것은 만용에 불과했습니다. 물러나야 할 객이 주인 행세를 너무 오래 한 꼴입니다. 자신을 밑받침해주는 강력한 후원자가 없을 때는 조용히 처신해야 한다는 사실을 이사는 몰랐습니다.

이러한 사례는 유방과 한신의 관계에서도 찾아볼 수 있습니다. 한 고조 유방의 공신 삼인방은 소하蕭何, 장량張良, 한신입니다. 모두 한나라 창업에 큰 도움을 준 일등 공신들입니다. 한 가지 재미있는 사실은 세 사람의 운명이 각기 달랐다는 겁니다. 왜 그랬을까요? 창업 전까지 유방은 이들이 정말로 필요했지만, 창업 후에는 이들을 어떻게 제거해야 할지가 과제가 되었는데, 그때 서로 처신을 달리했기 때문입니다.

한신은 원래 밥을 빌어먹을 정도의 게으름뱅이에다가 겁쟁이였던 인물입니다. 당시 한신의 일화는 너무 유명해서 다들 한 번쯤은 들어보셨을 겁니다. 가난한 데다가 방종했습니다. 관리가 될 수도 없었고, 장사를 해서 먹고살지도 않았습니다. 늘 남에게 밥을 빌어먹어 다른 이들의 멸시를 받았습니다. 매일 밥을 빌어먹으러 오는 것을 귀찮게 여긴 그의 친구는 새벽에 밥을 지어 이불 속에서 몰래 먹어치우기까지 했습니다. 보다 못해 한 아낙이 굶주린 한신에게 밥을 지어주었습니다. 무려 수십 일 동안이나 눈치도 없이 밥을 얻어먹은 한신이 "언젠가는 이 은혜에 반드시 보답하겠다."고 말하니 오히려 아낙이 "보답 같은 소리 하지 마라." 하고 화를 냈더랍니다. 또 한 젊은이의 가랑이 사이를 기어간 일화는 너무 유명해서 따로 설명하지 않아도 될 듯합니다.

재미있는 것은 훗날 대장군이 된 한신의 행동입니다. 빨래하던 아낙을 불러 1,000금을 주었고, 이불을 뒤집어쓰고 몰래 밥을 먹었던 친구에게는 100전을 주었습니다. 그리고 가랑이 밑을 기어가게 하여 자신에게 모욕을 주었던 자들을 불러 문지기 자리를 나눠주는 배포도 보입니다.

사실 한신은 상당히 품행이 오만한 자입니다. 결국 초심을 잃어 유방과 천하를 논하다가 그의 심기를 건드립니다. 이때 나온 유명한 말이 다다익선多多益善, 많으면 많을수록 좋다는 말입니다. 〈회음후淮陰侯 열전〉을 보면 이런 일화가 나옵니다.

유방은 일찍이 한신과 함께 여러 장수의 능력을 마음 놓고 말하면서 등급을 매긴 일이 있었습니다. 그 자리에서 유방이 말합니다.

"나 같은 사람은 얼마나 되는 군대를 이끌 수 있겠소?"

한신이 대답합니다.

"폐하께서는 그저 10만 명을 이끌 수 있을 뿐입니다."

유방이 다시 묻습니다.

"그대는 어떻소?"

한신이 대답합니다.

"저는 많으면 많을수록 더욱 좋습니다臣多多而益善耳."

유방이 웃으면서 되묻습니다.

"많으면 많을수록 더욱더 좋다면서 어째서 나에게 사로잡혔소?"

한신이 대답합니다.

"폐하께서는 군대를 이끌 수는 없습니다만 장수를 거느릴 수는 있습니다. 이것이 바로 신이 폐하께 사로잡힌 까닭입니다. 또 폐하는 이른바 하늘이 주신 바이니 사람 힘으로는 어쩔 수 없습니다陛下不能將兵, 而善將將, 此乃信之所以爲陛下禽也. 且陛下所謂天授, 非人力也."

마지막 한신의 말은 그냥 한 말이 아닙니다. 자신의 능력이 더 뛰어나지만, 상황이 이러하니 어쩔 수 없다는 겁니다. 은근슬쩍 빠지는 듯 보이지만, 사실 뼈가 있는 말입니다. 이렇듯 한신은 자신의 오만함을 부지불식간에 드러내고 말았습니다.

하지만 소하는 달랐습니다. 〈소 상국蕭相國 세가〉에 소하의 이야기가 나옵니다. 유방이 정권을 잡고 나서 무엇이 필요하냐고 묻자 한신은 제나라 왕으로 봉해달라고 했습니다. 당시 제나라는 제일 좋은 노른자위 땅이었습니다. 하지만 소하는 아무것도 필요 없다고 말했습니다. 그러자 유방은 엄청난 재물을 소하에게 주었습니다. 소하는 고민을 하더니 그 재물을 고스란히 유방에게 돌려주었습니다. 당시 왕에게 재물을 받으면 그것으로 병기를 사고 식객들을 모아 힘을 쌓는 게 대부분이었습니다. 하지만 유방에게 뭔가 다른 의도가 있는 듯싶어 모두 반납한 것입니다. 그 뒤로 유방은 소하를 의심하지 않았습니다.

다른 공신인 장량도 마찬가지입니다. 〈유후留侯 세가〉에 장량의 이야기가 나옵니다. 장량은 사마천이 〈태사공 자서〉에서 "장막 안에서 꾀를 내어 눈에 보이지 않는 가운데 승리한 것은 자방子房이 그 일을 꾸몄기 때문이다. 그는 이름이 알려지지도 않고 용감한 공적도 없었으나 어려운 것을 쉽게 해결하고 큰일을 작은 일로 처리했다."고 하며 높이 평가한 인물입니다. 장량은 초나라와 전쟁 중에 탁월한 계책을 세워 한나라를 세우는 데 일등 공신이 되었습니다. 그러나 유방이 장량에게 뭐가 필요하냐고 물었을 때 그는 아무것도 필요 없다며 계속 유방과 마주치지 않으려고 하다가, 만년에 가서는 솔잎이나 대추, 밤 같은 것만 먹으며 도를 닦는 양생술養生術과 몸 안의 기를 조절하는 도인술導引術을 배우며 조용히 살아갔습니다.

하지만 한신은 달랐습니다. 욕심이 너무도 많았습니다. 한나라를 세운 유방에게는 자식이 매우 많았습니다. 공신들이 있었지만 자신의 피붙이들을 제후로 봉하고 땅을 나눠주어야 안전하다고 생각했습니다. 그런데 이때 소하나 장량은 처신을 잘했지만, 한신은 세상모르는 행동을 했습니다. 바로 모반을 계획한 겁니다. 유방이 그 사실을 알고는 한신을 사로잡습니다. 한신은 죽을 때 '토사구팽'이라는 유명한 말을 남깁니다. 토끼를 잡고 나면 사냥개도 솥에 삶아진다는 말입니다. 아무리 지모가 뛰어나다고 해도 적이 없어지면 버려지기 마련입니다. 효용 가치가 끝나 조용히 은둔하며 세상을 어떻게 살아가야 하는지 모색해야 하는 상황에서도 한신은 계속 앞만 보고 나아갔습니다.

자, 여기 하나의 길이 있다고 해봅시다. 이 길로 가는 것이 당연하건만 어떤 사람들은 자꾸만 다른 길로 가려 합니다. 모든 사람이 같은 길을 가는데도 다른 길로 갈 수 있는 사람, 이들이 숨은 현자가 되는 것입니다. 때로는 물러나라는 것입니다. 물러나 관망하는 것이 때로는 살길이 아니냐는 교훈을 한신·소하·장량의 이야기가 전해줍니다.

마지막으로 유방의 입장에 대해서 알아봅시다. 흔히들 유방이 덕망 있다고 이야기합니다. 하지만 창업 공신들을 내칠 때에는 결국 사람이 무섭다는 것을 여실히 보여줍니다. 주변 사람들이 권위에 도전하여 자기 권력을 위험에 빠뜨릴까봐 겁이 난 것입니다. 이럴 때 그 위치에 있는 사람들은 그들을 배척할 것인지, 아니면 포용력을 발휘해 받아들일 것인지 고민하게 됩니다. 벽을 쌓아 인재들의 영입을 방해하는 것은 오히려 리더들이 아닌지 한번 생각해봅시다. 인재들도 자신과 관점이 다르면 리더를 거부하기 마련입니다. 이럴 때는 양자 간의 화해와 상생이 필요하지 않을까요?

서로 포용하고 상생하는 것이 인재다

전국 시대의 인상여는 '화씨지벽和氏之璧'이란 말로 유명한 사람입니다. 이 화씨 벽은 초나라에서 대대로 이어지는 아주 고귀한 옥으로 만들어진 보물인데, 조나라 혜문왕惠文王이 그것을 얻게 되었습니다. 마침 그때 진나라 소왕이 조나라의 성 열다섯 개를 빼앗고는 "성을 돌려줄 테니 화씨 벽과 맞바꾸자."고 할 정도로, 당시 화씨 벽은 대단한 것이었습니다.

그때 조나라에는 염파廉頗와 인상여라는 두 인재가 있었습니다. 염파는 장군이었고, 인상여는 유세가였습니다. 인상여가 왕에게 자신이 진나라로 가겠다고 합니다. 사실 진나라 소왕은 화씨 벽을 손에 넣을 생각만 하고, 성을 돌려줄 생각은 없었습니다. 인상여가 화씨 벽을 건네려는 순간, 소왕은 음흉한 표정을 지으면서 그것을 만지작거립니다. 그 모습을 본 인상여는 성을 돌려받을 수 없다고 판단하고는 재빨리 화씨 벽을 빼앗습니다. 그리고 기둥에 화씨 벽을 대고 이마로 박아 깨뜨릴 것처럼 자세를 취하며 소왕에게 열다섯 개의 성을 어떻게 하겠느냐고 묻습니다. 소왕은 귀중한 화씨 벽이 깨질까봐 성을 돌려주겠다고 말했지만 인상여는 여전히 못 믿겠다며 버팁니다. 소왕은 화씨 벽을 잃을까봐 겁이 나 접근하지 못했습니다. 그렇게 인상여는 열다섯 개의 성을 돌려받지는 못했지만, 화씨 벽도 빼앗기지 않고 무사히 조나라로 돌아오게 됩니다.

인상여가 공을 세우자 염파가 그를 시기하게 됩니다. 염파는 원래 인상여보다 지위가 높았습니다. 그런데 인상여가 공을 세워 돌아오니, 혜문왕은 인상여에게 상국이라는 높은 지위를 주었습니다. 그러자 염파는 "겨우 세 치 혀끝만 놀렸을 뿐인데 인상여가 나보다 높은 자리에 있다니!" 하며 시기합니다. 그러면서 그를 만나면 반드시 모욕을 주겠다고 벼릅니다. 이렇게 되자 인상여는 염파를 계속 피합니다. 조회가 있을 때마다 늘 병을 핑계 삼아 염파와 서열을 다투지 않았고, 외출할 때도 멀리에서 염파가 보이면 수레를 끌어 숨어버렸습니다. 그런 소심한 모습에 화가 난 밑에 있는 사람들이 "염파가 나쁜 말을 퍼뜨리고 다니는데도 그가 두려워 피하고 지나치게 겁을 낸다."고 하며 인상여의 곁을 떠나겠다고 합니다. 그러자 인상여가 말합니다.

"그대들은 염 장군과 진나라 왕 가운데 누가 더 무섭소?"

사인들이 대답합니다.

"염 장군이 진나라 왕에 못 미칩니다."

인상여가 다시 말합니다.

"저 진나라 왕의 위세가 대단한데도 나는 그를 궁정에서 꾸짖고 그의 신하들을 부끄럽게 만들었소. 내가 아무리 어리석기로 염 장군을 겁내겠소? 내가 곰곰이 생각해보건대 강한 진나라가 감히 조나라를 치지 못하는 까닭은 나와 염파 두 사람이 있기 때문이오. 만일 지금 호랑이 두 마리가 어울려서 싸우면 결국은 둘 다 살지 못할 것이오. 내가 염파를 피하는 것은 나라의 위급함을 먼저 생각하고 사사로운 원망을 뒤로 하기 때문이오."

그 말을 전해 들은 염파는 자신의 잘못을 크게 깨닫습니다. 여기서 나온 고사성어가 문경지교刎頸之交입니다. 벨 문刎, 목 경頸, 갈 지之, 사귈 교交. 서로 죽음을 함께할 수 있는 막역한 사이를 이르는 말입니다. 염파가 자신의 잘못을 뉘우치고 찾아와 사과하며 목을 잘라도 변치 말자는 우정을 맺게 된 일화에서 유래한 말입니다.

인상여의 말은 훗날 사실로 판명되었습니다. 혜문왕이 죽고 염파와 인상여가 밀려나자, 진나라가 곧바로 쳐들어와 기원전 228년에 조나라는 멸망합니다. 위기 상황에서 그 조직에 누가 있느냐에 따라 결과는 다르게 나옵니다. 만약 염파와 인상여가 상생하지 않았다면 조나라는 더 일찍 망했을지도 모르는 일입니다.

〈범저·채택蔡澤 열전〉을 보면 범저의 이야기가 나옵니다. 그 역시 상당히 입지전적인 인물입니다. 가난하게 태어난 그는 위나라 왕을 섬겼는데, 어느 날 제나라 왕에게 선물을 받는 장면을 위나라 공자에게 들켜 첩자로 몰립니다. 범저는 죽도록 매질을 당한 후, 멍석에 둘둘 말려 측간에 버려집니다. 때마침 연회를 하고 있던 사람들이 그것을 보고 멍석에 오줌을 쌌습니다. 오줌까지 받아먹으며 빠져나갈 기회를 노리던 범저는 "뇌물을 줄 테니까 나를 빼달라."고 문지기를 설득한 후 도망쳐 나옵니다. 그렇게 이름을 바꾸고 숨어 살다가 진나라로 가서 재상이 됩니다.

범저는 오랫동안 재상 자리에 있으며 외척을 모두 청산시키고 당시 막강했던 조나라를 무너뜨리고 나머지 나라들을 함락하여 진나라를 흥성시켰습니다. 지위는 계속 올라 무소불위의 권력을 갖게 되었죠. 그러던 중 그의 친구인 채택이 찾아와 그에게 "재상 자리를 어진 사람에게 물려주고 자리에서 물러나면 대대로 복을 누릴 것"이라고 말합니다. 그 말을 듣고 범저는 채택을 몹시 나무랐습니다. 그러자 채택이 이렇게 말합니다.

"만약 죽은 뒤에야 충성스럽다는 이름을 얻었다면 미자微子는 어진 사람이라 할 수 없고, 공자는 성인이라 할 수 없으며, 관중은 위대하다고 할 수 없습니다. 대체로 사람이 공과 이름을 세울 때 어찌 완전하기를 기대하지 않겠습니까? 몸과 이름이 모두 온전한 것이 가장 훌륭하며, 이름은 남의 모범이 될 만하지만 몸을 보존하지 못한 것이 그다음이고, 이름은 욕되어도 몸만은 온전한 것이 가장 아래입니다."

그러고는 "물을 거울로 삼는 자는 자기 얼굴을 볼 수 있고, 사람을 거울로 삼는 자는 자기의 길흉을 알 수 있다. 성공했으면 그 자리에 오래 있지 말라."고 말합니다. 달이 차면 기울듯이 정점에 오른 권력자에게는 내리막길밖에 남지 않고, 그 자리를 지키려고 애쓸수록 몸만 더 위태로워지게 된다고 충고한 것입니다. 범저가 가만히 생각해보니 과연 그 말이 맞습니다. 비로소 멈추는 법을 깨달은 범저는 채택을 진나라 소왕에게 천거하고 자리에서 물러납니다. 훗날 채택은 진나라의 중요한 인재로 활약하게 됩니다.

앞서 이야기한 이사도 최고의 자리에 올라 이와 비슷한 생각을 했지만, 실행에 옮기지는 못했습니다. 이사가 재상이 되고자 했을 때 형의 잔칫집에 선물을 싣고 온 수레가 엄청나게 많은 광경을 보며 "사물이 강성하게 되면 쇠하기 마련인데."라며 탄식했습니다. 하지만 이사는 결국 그 일을 밀어붙여 훗날 죽음을 맞이했고, 범저는 물러나야 할 때를 알아 만족한 삶을 살았습니다. 생각은 쉽지만 실행은 어려운 법입니다. 자신의 기득권을 놓아버린다는 것은 분명 비범한 일입니다. 굴욕과 치욕을 견뎌내고 멈춤의 지혜를 터득한 사람이야말로 훌륭한 인재가 아닐까요? 그리고 이러한 인재가 활동할 수 있도록 풍요로운 토양을 만드는 것이 앞선 사람이 해야 할 당연한 몫입니다.

인재를 구분하고 포용하는 법

세상에 인재는 매우 많습니다. 저잣거리에도 인재는 존재합니다. 맹상군은 계명구도鷄鳴狗盜라는 말로 유명합니다. 닭 울음소리를 잘 내는 사람과 개 흉내를 잘 내는 도둑이라는 뜻입니다. 천한 재주를 가진 사람도 때로는 요긴하게 쓰일 수 있음을 비유하는 말이죠. 맹상군은 닭 울음소리를 내고 도둑질을 잘하는, 이런 조잡한 기술을 가진 사람들도 대우했습니다. 그뿐일까요? 평원군平原君은 한 절름발이가 찾아와 자신을 비웃었다는 이유로 첩의 목을 달라고 하자 그 목을 주고 인재들을 끌어모았습니다. 이러한 이야기들을 보면 우리의 생각 바깥에 인재들이 있을 수 있다는 생각이 듭니다. 그들은 절름발이일 수도 있고, 계명구도의 사람들일 수도 있습니다. 반대로 생각해보면, 눈에 보이는 인재는 인재가 아닐 수도 있습니다. 내 주위에서 듣기 좋은 말만 하는 사람은 인재가 아닐 수 있다는 겁니다. 옥석이 같이 섞여 있는 것입니다.

그러면 우리는 어떻게 그런 인재를 구분해야 할까요? 조금씩 다른 개성을 가진 인재들을 어떻게 하면 포용할 수 있을까요? 사람을 알아보는 눈의 중요성과 포용력에 대한 일화가《사기》속에 나옵니다. 관포지교管鮑之交라는 말은 한 번쯤 들어보셨을 겁니다. 이 말을 관중과 포숙鮑叔의 우정, 즉 우정을 나타내는 말로 알고 있을 겁니다. 맞는 말입니다. 하지만 이 이야기를 잘 살펴보면 사람을 알아보는 눈의 중요성에 대해서도 역설하고 있습니다. 훌륭한 자질을 가진 관중, 그의 진가를 알고 "천하의 패자가 되고 싶다면 관중을 임용하라."며 천거한 포숙, 그 말을 받아들여 자신을 살해하려 했던 관중을 재상으로 임명하고 힘을 키워 결국 춘추오패의 일인자가 된 환공桓公에 이르기까지, 여러 인재가 이뤄

가는 절묘한 하모니가 여기에 녹아 있습니다.

관중은 몰락한 귀족의 후손으로 태어났습니다. 장사를 하느라 어려서부터 이곳저곳을 돌아다니며 각 나라의 지형과 경제 상황에 대한 남다른 경험과 안목을 쌓았습니다. 하지만 일이 그렇게 잘 풀린 것만은 아닙니다. 장사에 손만 댔다 하면 실패했고, 전쟁에 나서기만 하면 패주했으며, 심지어 관직에서 세 번이나 쫓겨나기도 했습니다. 그런 상황에서도 그의 곁에서 버팀목 역할을 해준 사람이 바로 친구 포숙입니다.

그들은 제나라 희공僖公의 눈에 들어 벼슬길에 올라 각각 그의 두 아들에게 줄을 댑니다. 이때 관중은 참으로 이기적인 행동을 합니다. 자신은 희공이 좋아하는 공자 규糾의 스승이 되겠다며, 친구인 포숙에게는 희공이 별로 아끼지 않는 공자 소백小白의 스승이 되라고 권한 거죠. 그동안 관중을 이해해주던 포숙도 이번만큼은 반대합니다. 당연하지 않겠습니까? 힘없는 소백의 스승이 되면 결과는 불 보듯 뻔하기 때문입니다. 하지만 관중은 집요하게 설득하여 자신의 의지를 관철합니다.

그런데 사람 일이라는 것은 참 모르는 겁니다. 희공의 뒤를 이어 왕위에 오른 불량한 군주 양공襄公이 살해당하고 만 것입니다. 당연히 왕위 쟁탈전이 일어나게 되겠죠. 바로 관중과 포숙이 각각 가르친 공자 규와 소백의 싸움이었습니다. 관중과 포숙은 각자 주군을 위해 서로 싸울 수밖에 없었습니다. 심지어 관중은 소백을 활로 쏴서 죽이려고까지 했습니다. 하지만 그 시도는 실패로 돌아갔고, 결국 소백이 왕위를 차지합니다. 그가 바로 제나라 환공입니다.

그럼 이제 관중은 어떻게 될까요? 환공에게 활까지 쏬으니 이제 관중에게는 죽을 일만 남았습니다. 하지만 놀랍게도 여기서 포숙이 그를 천거합니다. 그 천거로 목숨을 건질 뿐만 아니라 관직까지 맡게 됩니다.

포숙은 환공에게 "백성의 부모처럼 인자하고 관대한 관중이야말로 환공이 천하를 제패하는 데 큰 힘이 될 것"이라고 말했습니다. 만일 환공이 천하의 패권을 다투려 한다면 관중을 등용해야 한다는 겁니다. 환공은 넓은 아량을 발휘해 관중을 기용하고, 관중은 나이 마흔에 재상 자리에 오릅니다. 그리고 30년간 나라를 잘 다스리게 됩니다.

재상이 된 관중이 펼친 정책은 경제 최우선 정책이었습니다. "창고에 물자가 풍부해야 예절을 알고, 먹고 입는 것이 풍족해야 명예와 치욕을 안다."고 관중은 말했습니다. 임금이 정책을 잘 시행하고 형제간에 우애가 좋고 아버지와 아들이 잘 지내려면 일단 생활이 넉넉해야 한다는 겁니다. 이것이 바로 관중의 냉철한 현실 감각과 균형 감각입니다. 인의도덕이니 뭐니 하는 것들은 그에게 별로 중요하지 않았습니다. 모든 사람이 명분을 중요하게 여기던 시대에 그보다 중요한 것이 있다는 것을 아는 사람을 인재가 아니라면 무엇이라고 하겠습니까? 결국 제나라 환공은 그 시절 가장 강한 패자 중 하나가 됐습니다. 관중도 제나라를 부강하게 만들어 강국으로 성장시켰습니다.

어떻습니까? 관포지교로 유명한 그 둘의 우정이, 포숙을 친구로 둔 관중이 부럽지 않습니까? 사소한 원한 따위를 털어버리는 환공의 아량도 우리가 본받을 만합니다. 사람의 역량이란 완벽하지 않으니, 그의 장단점을 잘 살펴서 쓰는 것이 인재론의 핵심임을 우리는 이 일화에서 알 수 있습니다. 왜 저 사람은 저렇게밖에 하지 못할까 생각하기보다는, 인간이라는 존재가 본디 불완전하다는 사실을 깨닫는 것이 포용력을 기르는 길 아닐까요?

마지막으로 《사기》에 나온 감동적인 구절을 곱씹어보며 이번 강의를 마무리하겠습니다. 바로 관중이 남긴 말입니다.

내가 가난하게 살았을 때 포숙과 장사를 한 적이 있었는데 이익을 나눌 때마다 내가 더 많은 몫을 차지하곤 했지만, 포숙이 나를 욕심쟁이라고 말하지 않았던 것은 내가 가난한 것을 알았기 때문이다. 내가 일찍이 포숙을 대신해 어떤 일을 도모하다가 그를 더욱 어렵게 만들었지만 포숙이 나를 어리석다고 하지 않았던 것은 유리할 때와 불리할 때가 있음을 알았기 때문이다. 내가 일찍이 세 번이나 벼슬길에 나갔다가 세 번 다 군주에게 내쫓겼지만 포숙이 나를 모자란 사람이라고 여기지 않았던 것은 내가 때를 만나지 못한 것을 알았기 때문이다. 내가 일찍이 세 번 싸움에 나갔다가 세 번 모두 달아났지만 포숙이 나를 겁쟁이라고 하지 않았던 것은 내가 늙은 어머니를 모시고 있다는 사실을 알았기 때문이다. 공자 규가 (임금 자리를 놓고 벌인 싸움에서) 졌을 때, (나와 함께 곁에서 규를 도운) 소홀召忽은 스스로 목숨을 끊었고 나는 붙잡혀 굴욕스러운 몸이 되었으나 포숙이 나를 부끄러움도 모르는 사람이라고 여기지 않았던 것은 내가 자그마한 절개를 부끄러워하지 않고 천하에 이름 날리지 못하는 것을 부끄러워함을 알았기 때문이다. 나를 낳아준 이는 부모지만 나를 알아준 이는 포자(포숙)이다.

吾始困時, 嘗與鮑叔賈, 分財利多自與, 鮑叔不以我爲貪, 知我貧也. 吾嘗爲鮑叔謀事而更窮困, 鮑叔不以我爲愚, 知時有利不利也. 吾嘗三仕三見逐於君, 鮑叔不以我爲不肖, 知我不遭時也. 吾嘗三戰三走, 鮑叔不以我爲怯, 知我有老母也. 公子糾敗, 召忽死之, 吾幽囚受辱, 鮑叔不以我爲無恥, 知我不羞小節而恥功名不顯于天下也.

— 《사기》〈관·안 열전〉

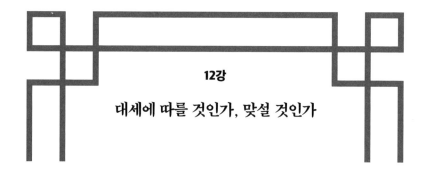

12강
대세에 따를 것인가, 맞설 것인가

합종과 연횡, 시대의 판도를 바꾸다

이번 강의에서는 소진과 장의 두 사람을 중심으로, 전국 시대에서 합종책合縱策과 연횡책의 역사적 의미와 그것이 두 사람의 행보에 어떤 영향을 끼쳤는지 알아볼까 합니다. 소진과 장의는 떼려야 뗄 수 없는 사이입니다. 《사기》의 〈소진 열전〉 바로 뒤에 〈장의 열전〉이 나옵니다. 먼저 소진의 합종을 다루고, 그다음으로 장의의 연횡을 다룹니다. 간단히 말하자면 합종은 서쪽의 강국 진나라에 대항하기 위하여 남북으로 위치한 제·초·연·한·위·조·진 여섯 나라가 세로, 즉 '종縱'으로 동맹하는 것입니다. 연횡은 진나라가 이들 여섯 나라와 가로, 즉 '횡橫'으로 각각 동맹을 맺어 화친하는 것입니다. 이것은 진나라에 맞서느냐 진나라를 섬기느냐 두 가지 상반된 관점에서 진행됩니다. 이 말을 조금 더 잘 이해하기 위해서는 전국칠웅도를 살펴볼 필요가 있습니다.

고전의 전략

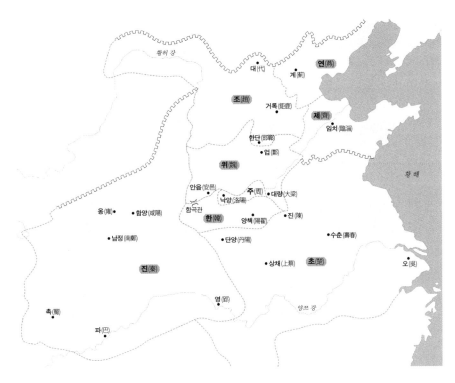

전국 시대

지도를 보면 아시겠지만 맨 왼쪽에 있는 것이 진秦나라입니다. 초나라에 비해 좀 작아 보이긴 하지만 신흥 강국으로 막 떠오르는 중입니다. 맨 아래쪽에 자리한 나라는 초나라입니다. 굉장히 광대한 영역을 차지하고 있습니다. 여기에 동쪽 산둥성의 제나라까지 포함하여 진·초·제 세 국가가 강대국입니다. 그다음에 북방의 연나라가 중간 정도의 세력을 갖추고 있습니다. 그리고 그 가운데에 조·위·한 세 나라가 있습니다. 그전에 그 자리에 있던 진晉나라가 분열하여 세 나라로 나뉜 것입니다.

크게 나누어본다면 진秦·초·제·연나라가 전국 시대의 4대 강국입니다. 그리고 그사이에 포위된 듯한 형세를 보이는 조·위·한 등이 약소국입니다. 이 가운데 한나라가 가장 약합니다. 그다음이 위나라이고, 조나라는 영토를 보면 아시겠지만 그래도 사정이 나은 편입니다.

진나라는 동쪽으로 진출해야 하는 상황이고, 동쪽의 여섯 나라는 쳐들어오는 진나라를 막으려는 상황이기 때문에 때로는 서로 연합하고 때로는 멀어집니다. 진나라가 척박한 변방에서 중앙 쪽으로 들어오려다 보니 자꾸만 충돌이 생깁니다. 제나라는 위·초 등 국경을 맞대고 있는 나라들과 사이가 좋지 않습니다. 크고 작은 문제들이 다 여기서 일어납니다.

이 혼란한 시기에 새롭게 나타난 모사들을 종횡가라고 합니다. 이들은 당시 일곱 나라를 말 그대로 종횡무진 돌아다니며 외교적인 활약을 펼칩니다. 이들은 주로 제왕들을 만나 유세를 펼쳤는데, 그 유세에서 중요한 것은 각 나라 간에 힘의 균형을 유지하는 일이었습니다.

이 종횡가의 대표적인 인물이 바로 소진과 장의입니다. 두 사람은 귀곡鬼谷 선생 아래서 동문수학한 친구지간이고 나이도 비슷합니다. 하지만 그들이 주장한 책략은 서로 달랐습니다. 합종을 주장한 소진은 여섯 개 나라의 재상을 겸직하며 진나라에 맞섰습니다. 사상 초유의 일이었죠. 실로 엄청난 유세객이라고 할 수 있습니다. 하지만 훗날 장의가 그 합종을 깨뜨렸습니다. 장의의 연횡책은 진나라가 중국 대륙을 통일하는 데 중요한 역할을 했습니다.

이들의 주장을 한마디로 요약하자면 이렇습니다. 당시의 대세였던 진나라에 맞설 것인가 아니면 진나라를 따를 것인가! 이 화두를 두고 혼란한 시대를 헤쳐나간 겁니다. 많은 사람이 두 사람을 역사에서 제거하려는 위태로운 상황 속에서, 소진과 장의가 어떻게 각자의 운명을 개척해갔는지 이번 강의에서 살펴보려고 합니다.

논리보다 중요한 현실 감각

소진에 대해서 먼저 이야기해봅시다. 소진은 위나라와 한나라의 경계선에 있는 동주東周 출신입니다. 동주에 대해 잠깐 설명하면 이렇습니다. 춘추 전국 시대 이전에 대륙 전체를 통치하던 나라가 바로 주나라입니다. 그런데 기원전 771년에 이족夷族의 침입을 받아 동쪽으로 천도한 것을 동주라고 합니다. 일반적으로 이때를 춘추 시대의 시작점으로 봅니다. 훗날 전국칠웅이 득세하고 동주는 낙읍洛邑 부근을 통치하는 작은 제후국으로 연명하다가 그마저도 진나라에 의해 멸망하고 맙니다. 그러니까 동주는 전국칠웅에도 속하지 못하는 아주 작은 나라였습니다.

이처럼 비주류 중에서도 비주류 출신인 소진은 장의와 함께 귀곡 선생 밑에서 학문을 배웠습니다. 귀곡 선생의 이름과 행적은 세간에 잘 알려지지 않았습니다. 귀곡이라는 지방에 은둔했기 때문에 그렇게 불린 것뿐입니다. 병법·수학·심리학에서 정통하여 찾아오는 사람이 상당히 많았는데, 그중에서도 뛰어난 능력을 보인 인물이 바로 소진이었습니다.

소진은 귀곡 선생에게 배운 뒤에 고향 동주를 찾아가 유세했습니다. 마침 동주의 왕이 현왕顯王이었습니다. 소진의 출신 환경이 별로 좋지 않고, 또 현왕 주위의 사람들이 그를 헐뜯다 보니, 현왕은 그의 말을 들어볼 생각도 하지 않고 내칩니다. 소진은 '고향 땅에서는 도움을 못 받겠구나.'라고 생각하고는 연고가 전혀 없는 진나라로 향합니다. 이때 진나라의 왕이 바로 혜왕입니다. 앞서 살펴보았지만, 진나라는 혜왕의 아버지인 효공 때부터 상앙을 주축으로 변법을 단행한 나라였습니다. 그러나 혜왕 때에 이르러서는 개혁이 주춤해졌습니다. 게다가 소진이 찾아간 때는 변법으로 공을 세운 상앙의 머리와 사지를 찢어 끔찍하게 죽인 시점이라 유세하며 변론하는 선비들이라면 신물이 난 상태였습니다. 법을 바꾸려면 일관성 있는 원칙에 따라 이루어져야 하는데, 어느 유세가가 와서 이런저런 이야기를 하니, 혜왕 역시 바로 소진을 내쳐버린 겁니다.

그 이후 소진은 조나라로 갑니다. 서글픈 마음을 품고 1,000킬로미터가 넘는 멀고 험한 거리를 달려갔는데, 조나라 숙후肅侯는 만나주지도 않았습니다. 숙후의 남동생인 봉양군奉陽君이 소진을 엄청나게 싫어했기 때문이었습니다. 그래서 소진은 유세할 엄두도 못 내고 조나라를 나오게 됩니다. 하지만 실망하지 않고 이번에는 북쪽 연나라로 갑니다. 연나라는 전국칠웅 중에서도 중간 규모의 강국입니다. 진나라가 연나라로 가려면 위나라와 조나라를 거쳐야 하기 때문에 비교적 안전한 편이었습니다. 그러니 연나라에서는 소진이 무슨 이야기를 할지 별로 관심이 없습니다. 그저 왔으니 한번 만나나 보려고 했는데, 다시 생각해보니 그럴 필요조차 없다는 겁니다. 게다가 당시 연나라에는 소진이 이 나라 저 나라를 다 거쳐 왔다는 소문도 돌고 있었습니다. 연나라 문후文侯 역시 소진을 만나주지 않습니다.

여기서 소진은 생각합니다. '연나라에서 성공하지 않으면 도저히 가망이 없다.'고 말이죠. 소진은 연나라에 1년 동안 머물면서 절치부심하며 자신이 실패한 원인을 분석해봅니다. 그동안 자신이 말만 앞섰다고 생각하고는 행동·실천·경험에 바탕을 둔 현실론자가 되겠다고 다짐합니다. 논리력보다 중요한 것이 현실 감각이라는 사실을 깨달은 것이죠.

사실 소진은 딱히 갈 곳도 없었습니다. 동주에 머물 때 형수 집에 얹혀살았는데, 그때 어찌나 무시를 당했던지 가슴이 너무나 아렸단 말입니다. 그런데 연나라에서마저 실패하면 집으로 돌아가야 하는데, 그러면 정말 면목이 없지 않습니까? 네 나라를 연달아 실패하는 것은 자존심이 허락하지 않으니, 이젠 승부를 내야겠다고 생각한 겁니다. 결국 소진은 1년 동안 연나라를 구석구석 돌아다니면서 창고에 뭐가 있고, 산물은 뭐가 나고, 이런 것들을 분석했습니다. 그렇게 1년 동안 공부한 뒤에 문후를 다시 찾아갔습니다. 저 좀 만나주십시오. 그랬더니 문후가 1년 만에 나타난 소진을 보고는 이야기나 한번 들어보자고 한 것입니다.

그런데 소진이 문후를 만나보니 진나라에 대해 별생각이 없는 것처럼 보입니다. 아무래도 지리적으로 안전한 위치에 있으니 그 위험성에 대해서 별로 생각하지 않은 거겠죠. 그런데 사실 문후는 당시 동쪽으로 세력을 계속 확장하려는 진나라를 내심 신경 쓰고 있었습니다. 우리가 왜 떠오르는 강호들을 신경 안 쓰는 척하면서도, 또 은근히 신경 쓰지 않습니까? 설마 진나라가 여기까지 쳐들어오겠느냐고 하면서도 워낙 강력한 군대가 있고 자체적으로도 개혁을 많이 하니까, 우리도 가만있으면 안 되겠다고 생각한 겁니다. 문제는 소진이 제시한 방법이 문후의 생각과는 전혀 달랐다는 겁니다. 문후를 만나보니까 진나라에만 은근히 신경을 쓰지, 바로 옆에 드넓은 땅을 차지한 조나라는 완전히 도외시하고 있는 겁니다. 그래서 소진이 말합니다. 한번 생각해보자, 만약 진나라가 연나라를 공격하려면 그 사이에 있는 나라를 다 거쳐 와야 한다, 그러면 몇 달이 되어도 성공을 못 한다, 막상 여기까지 와봤자 힘이 다 떨어지는 거다, 당신은 연나라가 잘나서 잘 있다고 생각하지만 사실 그게 아니다, 남쪽 조나라를 방패막이로 삼아 평화를 누리고 있기 때문에, 그러니까 진나라가 연나라를 접수하려고 해도 조나라에 가로막혀 길을 빌려야 하는 처지이기 때문에 감히 쳐들어올 수 없다⋯⋯. 이렇게 말한 겁니다.

소진이 문후에게 제안한 방법은 이렇습니다. 입장을 한번 바꿔 생각해보자, 만약 조나라가 연나라를 공격하려고 하면 열흘도 못 돼 연나라에 도착할 것이다, 그동안 조나라 때문에 무풍지대로 있다가 갑자기 이런 상황이 닥치면 어떻게 하겠는가? 조나라가 생각보다 약하지 않다⋯⋯. 소진은 진나라가 조나라를 공격해 무려 다섯 번을 싸웠는데 그중에서 조나라가 세 번이나 이긴 이유가 진나라가 원정 경기를 치렀기 때문이라고 말합니다. 요즘 스포츠에서도 그렇지 않습니까? 원정 경기가 홈경기보다 상당히 부담되잖아요. 하물며 전쟁은 오죽하겠습니까? 원정은 군사력이 대단히 강해야 가능한 겁니다. 서로 전력이 비슷한 상황에서는 결국 국경에서 맞부딪히게 되어 있습니다. 그런데 진나라는 조나라의 수도 한단邯鄲까지 공격했다가 실패하고 말았습니다. 병력을 옮기고 군사 물자를 가져가기 어려워 쉽지 않은 싸움이었다는 얘기입니다. 결과적으로 현재 연나라의 평화는 어부지리가 아니겠느냐며 소진은 이렇게 말합니다.

"진나라가 연나라를 치면 1,000리 밖에서 싸우게 되고, 조나라가 연나라를 치면 100리 안에서 싸우게 된다는 말입니다. 100리 안의 근심 거리를 생각하지 않고 1,000리 밖을 중시한다면 이보다 더 잘못된 계책은 없을 것입니다. 이런 까닭 때문에 왕께서 조나라와 합종하셔서 천하에 하나가 된다면 연나라는 반드시 근심거리가 없어질 것입니다."

문후가 가만히 생각해보니 그 말이 맞는 겁니다. '내가 만날 진나라가 공격해올까만 두려워했는데, 만약 진나라의 공격이 뜸해져서 조나라가 우리를 공격하면 위험해지겠구나.' 하고 말이죠. 문후는 "좋다, 우리가 바로 조나라랑 합종을 맺겠다."고 선언합니다. 따지고 보면 합종이란 좋은 쪽으로 연결을 맺겠다는 겁니다. 조나라와 합종을 맺으면 진나라가 절대로 쳐들어오지 못할 것이라고 주장하여 소진은 문후를 설득하는 데 성공합니다.

자신을 알아준 이를 위해 목숨을 바치다

자, 연나라를 설득한 다음에 소진이 가야 할 곳이 어딥니까? 이제 조나라에 가서 설득해야 할 것 아닙니까? 그런데 소진은 이미 조나라에 간 경험이 있습니다. 연나라에 오기 전에 조나라 숙후가 만나주질 않아 그냥 연나라로 갔다는 말입니다. 그런데 마침 조나라로 가려고 하니 공교롭게도 소진을 싫어하던 봉양군이 세상을 떠나고 숙후만 남아 있게 됩니다. 사실 숙후는 소진에 대해서 나쁜 감정이 별로 없었단 말이죠. 소진이 찾아가니 이번에는 그 말을 들어줍니다. 만약 숙후가 소진의 말을 믿게 되면 조나라와 연나라의 합종이 맺어지는 상황이었습니다.

물론 그 과정이 쉽지만은 않았습니다. 봉양군이 세상을 떠나기 전에 숙후한테 많은 이야기를 했던 것입니다. 지난번에 진나라가 우리한테 쳐들어왔지만 다섯 번 싸움에서 우리가 5전 3승을 했다, 우리가 뭐가 아쉽냐, 진나라는 강국이고 우리도 약소국이 아니다, 우리도 강하고 진나라도 강하다, 사실은 우리가 더 센 거 아니냐……. 그러한 낙관을 파고든 것이 소진의 날카로운 분석력입니다. 이번에는 홈경기의 나쁜 점에 대해서 설명한 것입니다. 무슨 소리냐, 당신들이 지금 이겼다고 생각하는데, 이긴 게 아니라 진 싸움이다, 진나라가 당신네 나라에 와서 싸웠지, 당신들이 진나라 가서 싸운 건 아니지 않으냐, 당연히 당신네 땅이 전쟁터가 되어 폐허로 변했다, 그렇다면 이겨도 산산조각이 난 것 아니냐……. 그런 논리로 얘기합니다. 그것은 숙후가 미처 생각하지 못한 점이었습니다. 진나라는 원정 경기니까 병사들만 죽고 말지만, 조나라는 자신의 땅을 전쟁터로 무려 다섯 번이나 싸우다 보니 군사 진입로 쪽은 다 폐허가 되고 여자들은 겁탈당하고 아주 초토화가 되었단 말입니다. 숙후가 이 말을 듣고서 '아, 안 되겠구나, 당신 말대로 합종을 맺어야겠다.'고 생각합니다. 지난번에는 문전박대하고 소진을 만나주지도 않았는데, 이번에는 그 말을 듣고 합종 관계를 맺게 되는 겁니다.

그 뒤에 소진은 어디로 갔을까요? 이번에는 한나라와 위나라 쪽으로 가야 합니다. 소진은 먼저 한나라로 갔습니다. 한나라는 전국칠웅 가운데 가장 약소국이라 설득하기가 쉬웠습니다. 당시 한나라를 다스리던 선왕宣王은 의양宜陽과 성고成皐 땅을 진나라한테 떼어주고 평화 협정을 맺으려는 생각이 간절했습니다. 한나라가 약소국이라 강대국인 진나라가 마음만 먹는다면 얼마든지 그 땅 전체를 차지할 수 있었기 때문입니다. 그런데 소진의 생각은 달랐습니다. 그게 아니다, 만약 의양과 성고 땅을 내주면 진나라는 곧바로 한나라 땅을 통째로 먹으려고 들 것이다, 고로 거기에 응해주지 말고 위나라 등 다른 나라들과 연합해서 진나라의 야심에 당당히 맞서야 한다……. 이렇게 말한 겁니다. 그랬더니 결국 한나라도 설득당했습니다. 소진이 주로 이야기한 것이 바로 암울한 미래였거든요. 진나라가 한나라 땅에 쳐들어오지 못하는 그럴 만한 이유가 있다고 말한 겁니다. 진나라가 한나라를 공격하면 병력이 약한 틈을 타 조나라나 초나라가 진나라를 공격할 수도 있다는 거죠. 그래서 진나라가 섣불리 움직이지 못하는 거라고 말입니다. 한나라가 작지만 강한 나라인데, 왜 지레 겁을 먹고 땅을 내주려고 하느냐는 것이었습니다. 선왕이 가만히 들어보니 과연 일리가 있는 말이었습니다. 약한 사람한테 너 정말 약하다고 하는 것과 약하지만 나름대로 강점이 있다고 이야기하는 것은 다르지 않습니까? 큰 힘이 된다는 말입니다. 선왕이 소진의 말을 들어보니까 어깨가 으쓱한 겁니다. 이번에도 소진은 합종에 성공합니다.

그러고 나서 소진은 위나라로 가서는 그들 역시 마찬가지라고 이야기합니다. 나름대로 땅을 소유하고 있으면서 진나라가 쉽게 범접할 수 없는 세력을 쌓았기 때문에 합종을 맺어야 한다고 말이죠. 그렇게 소진은 위나라도 가고, 제나라도 가고, 초나라도 갔습니다. 여섯 나라를 다 갔습니다. 그러고 나서 결국 합종 문서를 가지고 진나라에 연대 성명을 보냅니다. 이렇게 나머지 나라들이 공고히 연합했기 때문에 진나라는 무려 15년 동안 함곡관을 넘어 동쪽으로 진출할 생각을 감히 하지 못합니다.

물론 15년 동안 대규모 침략을 하지 못했다는 것이지, 크고 작은 국지전은 있었습니다. 문제는 위나라였습니다. 소진의 합종책에 동의하고 동맹에 가담했습니다만, 사실 위나라는 자신들이 진나라의 속국이라고 생각하고 있었습니다. 합종을 맺기 전만 해도 진나라한테 빌붙어 무언가를 많이 얻고 있었거든요. 그러다 보니 당연히 여기서 문제가 생긴 겁니다.

제나라에서도 문제가 생겼습니다. 제나라는 강력한 군대를 가진 나라입니다. 당시 제나라에서는 자신들을 일컬어 중원이라고 했는데, 그 말처럼 제나라는 전통 강국이었습니다. 진나라가 공격해온다 하더라도 우리가 굳이 그럴 필요 있겠느냐, 다시 한 번 생각해보자고 하는 과정에서 위나라와 합종을 했던 것입니다. 그런데 진나라의 서수犀首라는 사람이 제나라와 위나라를 속여 함께 조나라를 치게 하여 합종을 깨뜨립니다.

그 둘이 합종을 딱 깨고 나니, 연나라와 제나라가 맞대고 있는 국경이 확연히 보입니다. 왠지 두 나라 사이에서 충돌이 생길 것 같은 겁니다. 그래서 소진은 이런 생각을 했습니다. 앞서 소진이 동주에서 진나라와 조나라에 들렀다가 연나라로 갔다고 했었죠. 자신이 전국을 떠돌 때 처음으로 재상 자리를 준 게 바로 연나라였다는 말입니다. 소진은 젊을 때 겪었던 수모를 딛고 일어서게 해준 연나라 문후에게 보답하려고 결심합니다.

당시 제나라 선왕은 소진을 여전히 객경客卿으로 임명했습니다. 이것은 좀 재미있는 일입니다. 진나라의 계략으로 합종이 깨졌는데도 합종론자인 소진을 다시 기용했으니까요. 소진이 가만히 분위기를 보아하니 제나라가 뭔가를 좀 해서 연나라 땅을 차지하고 싶어 합니다. 그래서 이 기회에 소진은 연나라 문후한테 보답하자는 생각을 하고는 제나라 선왕이 죽은 뒤에 왕위에 오른 민왕湣王한테 궁궐도 넓히고 길도 좀 닦으면 좋을 것 같다고 얘기합니다. 민왕은 그 말을 따랐고요. 소진은 왜 그런 행동을 했을까요? 바로 제나라의 국력을 소모해 연나라를 공격하지 못하게 하려고 한 것이죠. 그러다 보니 제나라에는 소진을 못마땅해하는 사람들이 늘어났습니다. 심지어 어떤 사람은 소진을 칼로 찔러 죽이려고까지 했습니다. 그때 입은 상처로 죽음을 눈앞에 둔 소진은 제나라 왕을 찾아가 "제가 죽고 난 뒤에 저를 수레에 찢어서 죽이는 거열형에 처하면서 '소진이 연나라를 위해 제나라에서 반란을 일으켰다.'고 하시면 아마 저를 죽이려던 자를 찾을 수 있을 것입니다."라고 이야기합니다. 그래서 결국은 거열형을 당합니다. 그러고 나니 정말 소진을 죽이려 했던 자가 자수하여, 그를 잡아 죽였다고 합니다.

몸은 상해도 혀는 다쳐서는 안 된다

합종을 주장한 소진은 결국 그 뜻을 이루지 못하고 비참한 죽음을 맞이했습니다. 그러면 그와 정반대 입장에서 연횡책을 주장한 장의의 삶은 어땠을까요?

장의는 위나라 사람입니다. 그가 소진과 동문이라는 것은 앞서 이야기했죠. 시기적으로 보면 소진이 먼저 세상에 나와 성공했고, 그때까지 장의는 아직 성공하지 못했습니다.

《사기》에는 장의의 단면을 강조해서 보여주는 일화가 하나 있습니다. 장의는 유세가입니다. 유세가에게는 무엇이 중요할까요? 바로 혀, 입안에 있는 혀입니다. 혀가 없으면 말을 하지 못하니까요. 장의를 딱 한마디로 정의한다면, 바로 혀 '설舌' 자가 될 겁니다.

〈장의 열전〉에 이런 이야기가 나옵니다. 장의가 초나라 재상을 만나 저녁 식사를 하고 술을 마셨습니다. 그런데 마침 재상이 가진 옥을 잃어버려 당시 백수인 장의를 도둑으로 몰아 두들겨 팼습니다. 집에 돌아오니 장의의 부인이 이 꼴이 뭐냐고 구박을 합니다. "유세한답시고 허구한 날 돌아다니다 보니까 이런 수모를 겪지 않았느냐, 당신 도대체 뭐하는 사람이냐?"고 말이죠. 그때 장의가 한 말이 재미있습니다. "시오 설상재부視吾舌尚在否." 이게 무슨 말입니까? "내 혀가 아직 붙어 있는지 보아주시오."라는 말입니다. 그랬더니 아내가 웃으면서 "설재야舌在也."라고 했습니다. "혀는 남아 있네요." 정도로 번역하면 됩니다. 장의가 웃으며 "족足."이라고 답합니다. 그럼 됐다는 겁니다. 내 몸은 만신창이가 되어도, 혀만 살아 있으면 된다는 겁니다. 장의의 모든 성공은 바로 유세술과 관련되어 있기 때문입니다. 그만큼 자신의 언변에 대해서는 확신이 있었다는 이야기이기도 합니다.

여기서 더 중요한 것은 장의가 농담처럼 그 상황을 여유 있게 넘겼지만, 속으로는 '내가 이런 수모를 당하다니!' 하고 분해하며 와신상담, 절치부심했다는 겁니다. 유머 감각은 위기에 처했을 때 빠져나갈 수 있는 통로를 열어줍니다. 이때 장의의 유머는 그 울분이 바로 전달되지 않도록 차단막을 만들어주었죠. 그 뒤로 진나라 재상이 된 장의는 격문을 써서 초나라 재상에게 이렇게 알렸습니다.

"지난날 내가 당신과 술을 마셨을 때 나는 당신 구슬을 훔치지 않았건만 당신은 나를 매질했소. 이제 당신은 나라를 잘 지키시오. 나는 당신 나라의 성읍을 훔칠 것이오."

두꺼운 얼굴로 뻔뻔하라

장의는 결국 진나라로 가서 재상이 되었습니다. 당시 오랑캐인 저苴

와 촉蜀이 서로 싸워서 각각 진나라에 도움을 청한 일이 있었습니다. 그런데 마침 이때 한나라도 진나라에 쳐들어온 겁니다. 촉을 먼저 쳐야 할지, 아니면 한나라를 먼저 쳐야 할지 진나라 혜왕은 고민에 빠집니다. 그러자 장의는 가까운 한나라를 먼저 공격하고, 먼 촉나라를 나중에 공격하자고 주장합니다. 하지만 진나라 장수 사마조司馬錯는 오랑캐를 평정한다는 명분이 있는 촉을 먼저 공격하고, 그 뒤에 한나라를 공격해도 늦지 않다고 이야기합니다. 결국 혜왕은 사마조의 의견을 따릅니다.

그러한 일로 자신의 지위에 약간 위기감을 느낀 장의는 위나라를 찾아갑니다. 당시 상황이 어땠는가 하면, 진나라 혜왕이 포양蒲陽을 포위해 위나라의 숨통을 쥐고 있었습니다. 그런데 장의가 위나라 왕을 찾아가 "내가 포위망을 풀어줄 뿐만 아니라 진나라의 공자 요繇까지 볼모로 삼아 오게 하겠다."고 큰소리칩니다. 그리고 정말로 진나라가 포위망을 풀어줍니다. 물론 장의의 속셈은 따로 있었습니다. "진나라가 포위망도 풀어주고 볼모도 내주었는데, 위나라에서도 진나라를 위해 뭔가 해줘야 하지 않는가? 상군相君과 소량少梁을 떼어주면 어떻겠나?"라고 한 겁니다. 당시 상군과 소량은 전략적 요충지였습니다. 포양 대신 이곳을 취하기로 진나라와는 이미 이야기가 된 상태였죠. 결국 위나라는 그 두 지역을 진나라 혜왕에게 바칩니다. 혜왕은 장의가 결국 큰 것을 가져다 주니 '지난번에 사마조에게 밀렸지만, 그래도 장의가 쓸모 있구나.' 하고 느끼고는 그를 다시 중용하기 시작합니다.

장의는 진나라와 위나라 사이를 바삐 오갑니다. 진나라 재상 자리를 내놓고 위나라 재상이 되었는데, 그것은 진나라를 위해 일하겠다는 일종의 전략적 선택이었습니다. 장의가 위나라 양왕襄王에게 진나라를 섬기라고 설득해보지만 말을 듣지 않습니다. 그러다 양왕이 죽고 애왕哀

王이 즉위하자 이번에는 확실하게 설득합니다.

"위나라 땅은 사방 1,000리가 못 되며 병사는 겨우 30만 명입니다. 국토는 평탄하여 제후들이 사방에서 마음대로 쳐들어올 수 있습니다. 이름난 산이나 큰 하천이 가로막고 있지 않으며 신정新鄭에서 대량大梁까지 200여 리는 수레나 말을 몰고 사람이 달려도 쉽게 이를 수 있습니다. 위나라는 남쪽으로 초나라와 국경을 맞대고 있고, 서쪽으로는 한나라와 이웃하고 있으며, 북쪽으로는 조나라와 국경을 맞대고 있고, 동쪽으로는 제나라와 경계를 마주하고 있습니다. 사방을 지키는 병사와 변방의 보루를 지키는 자는 10만 명이 넘어야 합니다. 위나라 땅의 형세는 본래 싸움터가 되기에 알맞습니다. 위나라가 남쪽으로 초나라와 손을 잡아 제나라에 가담하지 않는다면 제나라는 위나라 동쪽을 칠 것입니다. 만일 동쪽으로 제나라와 손을 잡고 조나라 쪽에 서지 않는다면 조나라는 위나라 북쪽을 칠 것입니다. 한나라와 손을 잡지 않는다면 한나라는 위나라 서쪽을 칠 테고, 초나라와 친하게 지내지 않는다면 초나라가 위나라 남쪽을 칠 것입니다. 이것은 이른바 여러 갈래로 나누어지는 지세입니다."

이게 무슨 말이냐 하면, 위나라 북쪽으로는 조, 서쪽으로는 한, 남쪽으로는 초, 동쪽으로는 제나라가 있는, 즉 사방이 적으로 둘러싸인, 독안에 든 쥐의 형국이라는 겁니다. 위나라에도 그런대로 군사가 있지만, 그쪽 땅이 대부분 평지이기 때문에 위나라가 진나라를 공격하기는 어렵고, 진나라는 위나라로 불과 며칠이면 일사천리로 쳐들어올 수 있다는 겁니다. 고로 지금 믿을 것은 진나라밖에 없다는 주장입니다. 조나라나 제나라와 합종을 맺어봤자 지형상 서로 이쪽저쪽에서 칠 수 있기 때문에 별 소득이 없다는 겁니다. 결국 똑같은 주장을 하더라도 장의는 상대 약점을 부각합니다. 귀가 얇은 애왕이 그 말을 듣고 불안해져 결국 설득당할 수밖에 없습니다. 여기서 나온 장의의 이른바 '진 대세론'에는 상당히 중요한 의미가 있습니다.

애왕을 설득하고 나서 장의는 초나라로 갔습니다. 앞서 말씀드렸듯이 초나라는 장의가 흠씬 두들겨 맞고 도망쳐 나오면서 그 땅을 빼앗겠다고 앙심을 품었던 나라입니다. 당시 초나라의 땅은 대단히 넓었습니다. 회왕이라는 사람이 초나라의 왕이었는데, 굴원이라는 사람이 모셨던 왕입니다. 어리석은 군주, 우군愚君이었습니다.

당시 초나라는 강대국이었습니다. 초나라의 영역이 지금의 상하이上海 이남인데, 이곳이 중국에서 상당히 비옥한 토지입니다. 하지만 진나라는 땅도 척박하고, 식량도 별로 없고, 대부분 산악 지대입니다. 진나라가 살아남기 위해서는 초나라를 점령해야 하는데, 이게 잘 안 됩니다. 막상 공격하려고 보니 초나라와 제나라의 합종 관계가 걸립니다. 안 그래도 초나라가 힘이 좋은데 강력한 제나라까지 버티고 있기 때문에, 진나라가 절대 공격할 수 없는 형국인 겁니다. 그래서 장의가 계책을 하나 냅니다. "만약 제나라와 합종을 깨고 진나라에 협력하면 땅 600리를 주겠다."고 말이죠. 어리석은 회왕은 그 말을 듣고선 좋다며 진나라와 협력하려고 했습니다. 당시 회왕 밑에 있던 진진陳軫이라는 신하가 그 말을 듣더니 "절대 속아서는 안 된다."고 간언합니다. 하지만 회왕은 결국 제나라와의 합종을 깼습니다. 합종이 깨지자마자 바로 진나라가 제나라와 합종을 맺습니다. 그리고 곧바로 장의가 초나라 회왕을 다시 만납니다. 회왕이 땅 600리를 달라고 하자 장의는 천연덕스럽게 "제가 언제 600리라고 했습니까, 6리라고 했지요."라고 합니다. 얼굴색도 전혀 변하지 않고 말이죠.

이러한 태도를 중국에서는 '후흑厚黑'이라고 합니다. 두터울 후厚, 검을 흑黑, 얼굴은 두껍고 마음은 시커멓다는 말입니다. 이것은 중국의 리쭝우李宗吾라는 학자가 주장한 사상인데, 대표적인 예로 고조 유방을 들었습니다. 항우에게 숱한 수모를 겪고 나서도 결국 싸움에서 이겨 성공할 수 있었던 까닭은 얼굴이 두꺼워 그 마음을 알 수 없었기 때문이라는 거죠. 사소한 데 신경 안 쓰고 큰 것을 바라보는 대범함을 갖추려면 철면피의 기질이 필요하다는 겁니다.

장의가 이렇게 딱 잡아떼니, 회왕은 기가 막히지요. 그는 화를 내면서 당시 굴개屈丐라는 장수한테 무려 8만 명의 군사를 줘 진나라를 공격하게 했습니다. 진나라와 제나라가 연맹을 맺었다는 생각을 미처 하지 못했던 거죠. 두 나라가 연합하여 공격하자 초나라 땅은 박살이 났고, 진나라가 그 땅을 다 차지해버렸습니다. 결국 장의는 자신에게 수모를 안겨준 초나라에 보기 좋게 복수하게 된 셈입니다. 이렇게 해서 진나라는 초나라의 드넓은 옥토를 확보하여 명실공히 대세로 가는 힘을 받게 되었습니다.

진나라를 속이고 탈출하다

장의는 다시 한나라로 갑니다. 약소국인 한나라는 당시 다른 나라들과 합종 관계를 맺고 있었습니다. 장의는 한나라를 찾아가 왕이 진나라에 대해 잘 모른다며 겁을 줍니다. "진나라 군사들은 갑옷을 벗어던지고 맨발에 어깨를 드러낸 채 적진에 뛰어들어 왼손으로는 적군의 머리채를 잡아끌고 오른쪽 옆구리에는 포로를 잡아 낀다."고 말이죠. 진나라 병사들이 대단히 용감무쌍하여 한나라처럼 작은 나라의 군대로는 도저히 이길 수 없다고 말한 것입니다. 그러니 한왕이 불안해합니다. 진나라 서쪽이 다 강족의 영역입니다. 변방 민족들과 경계한 진나라에는 이슬람 용병이 상당히 많이 들어와 있었습니다. 그러다 보니 장의의 표현은 상당히 설득력 있었습니다. 한왕은 결국 설득당해 진나라 대세론에 합류합니다.

장의는 다시 산둥의 강국 제나라로 향합니다. 말씀드렸다시피 제나라는 중심 문명지이고, 진나라가 제나라를 공격하기도 어렵다 보니, 진대세론에 협력할 이유가 없습니다. 진나라와 전쟁을 해도 별로 지지 않았거든요. 장의는 이렇게 말합니다. 진나라가 제나라를 공격해서 다 졌다, 제나라가 다 이겼다, 그러나 결국 당신들의 땅이 만신창이가 될 수밖에 없다……. 그러면서 장의는 춘추 시대 때의 노나라를 예로 듭니다. 당시 노나라는 태산 쪽에 있는 강국이었는데, 제나라와 세 번을 싸워 다 이겼습니다. 하지만 결국 망한 것은 노나라였습니다. 왜 이겼는데도 망했을까요? 제나라는 거대한 땅덩어리를 갖고 있어서 노나라에 몇 번 진다고 해도 별 타격을 입지 않았던 겁니다. 노나라는 이겼는데 최선을 다한 것이고, 제나라는 최선을 다하지 않은 것입니다. 노나라는 100퍼센트, 아니 110퍼센트를 달성한 것이고, 제나라는 30~40퍼센트밖에 하지 않은 것입니다. 그래서 결국 이겨도 지게 되는 상황, 전쟁을 한 것만으로도 몰락하는 상황이었던 겁니다. 장의는 지금 제나라가 이미 여름을 지난 상태라면, 진나라는 초여름에 막 들어선 상태라고 말합니다. 결국 제나라 민왕은 장의에게 설득당합니다. 제나라는 여태까지 전통적으로 자기들이 강국이라고 자부하고 있었는데, 이런 생각을 장의가 부숴버린 겁니다. 제나라는 자신들의 세력이 진나라와 백중세일

거라고 여기고 있었는데, 실제 전력 면에서는 열세라는 사실을 일깨워준 겁니다. 신흥 강국인 진나라 대세론에 너희도 협력해야 하는 거 아니냐, 그러지 않으면 몰락할 수밖에 없다는 것이 바로 장의의 논법이었습니다.

장의는 진나라 대세론에 따라 주변국과의 관계를 잘 풀어냈습니다. 그런데 문제는 자신을 지지해준 혜왕이 죽고 나서 무왕武王이 왕이 되었을 때 일어납니다. 무왕은 장의를 아주 싫어했습니다. 무왕의 측근들은 장의를 헐뜯기 시작했습니다. 그래서 장의가 꾀를 냈습니다. "제나라가 나를 싫어하여 내가 위나라로 도망가면 제나라 왕이 나를 죽이러 위나라를 공격할 것이니, 이때 무왕께서는 한나라를 공격해서 땅을 빼앗아버리면 되지 않겠습니까?" 하고 제안한 겁니다. 그 말에 무왕은 솔깃해하며 장의를 위나라로 보냅니다. 그래서 위나라로 갔더니 정말로 제나라가 위나라를 공격했습니다. 물론 그때 장의가 맨몸으로 위나라에 간 것은 아닙니다. 무왕이 장의에게 전차 30대를 줘서 보냈습니다. 장의는 당시 위나라를 다스리던 애왕한테 자신이 전투를 멈추겠다고 했고, 실제로 제나라 왕은 장의를 공격하려는 것을 멈췄습니다. 그러니 진나라는 장의가 계획한 대로 한나라를 칠 수 없었죠. 결국 수레 30대만 줘서 장의를 내보낸 꼴이 된 겁니다. 장의는 위나라에서 더 활약하다가 여생을 마칩니다.

세상 사람들은 결과만 기억한다

소진이 주장한 합종은 장의의 연횡 때문에 깨졌습니다. 여섯 나라가 동맹을 맺고 진나라에 대항하자 진나라의 장의가 각 나라와 개별적으로 동맹을 맺어 합종을 깨뜨리고 제나라와 초나라를 이간시켜 결국 진나라가 천하를 통일하는 데 견인차가 된 거죠. 만약 장의의 연횡책이 없었다면 불가능했을 겁니다. 결과적으로 본다면 두 사람은 귀곡 선생 아래에서 함께 학문을 배웠고, 나이도 비슷한 친구지간이었지만, 한쪽은 성공했고 한쪽은 실패한 셈입니다.

단순히 동문수학한 친구나 라이벌로 한정하기에는 두 사람에게 더 깊은 인연이 있습니다. 일찍이 소진이 먼저 조나라에 등용되고, 장의가 초나라 재상의 구슬을 훔쳤다는 누명을 쓰고 얻어맞고 쫓겨난 뒤로, 장의는 자신을 써 달라고 부탁하러 소진을 찾아간 적이 있었습니다. 그때 소진은 장의의 잘못을 들춰내며 부탁을 거절했습니다. 장의가 앙심을 품고 진나라로 간 것은 이 때문입니다. 진나라 왕을 섬길 만한 인물이라고는 생각하지 않았지만, 진나라라면 소진이 재상을 맡은 조나라를 위협할 힘을 갖고 있다고 생각했으니까요. 그래서 그때 받은 모욕을 갚아주리라고 생각한 겁니다. 물론 이때 소진에게는 다른 계책이 있었죠. 진나라의 실권을 잡아 휘두를 사람은 장의밖에 없다고 생각했기 때문에 일부러 그를 몹시 자극하여 진나라로 가게 한 것입니다. 그래서 몰래 자신의 부하를 보내 장의가 진나라에 등용될 때까지 필요한 비용을 대주었습니다. 진나라에 임용되고 나서야 장의는 그 사실을 알고 이렇게 말합니다.

"아! 이것은 내가 배운 유세술에 있던 것인데 알지 못했구려! 내가 소진만 못한 것이 분명하오. 이렇게 하여 내가 등용되었는데 어찌 조나라를 칠 계책을 꾸미겠소? 나 대신 소 선생에 '소군이 살아 있는 한 내가 무슨 말을 할 수 있으며, 소군이 있는 한 내가 감히 무엇을 할 수 있겠소.'라고 전해주시오."

생전에 소진은 "세상 사람들은 결과만 기억한다."는 말을 남겼습니다. 그 말의 연원을 살펴보면 이렇습니다. 소진이 동주에 살 때 성공을 하지 못해 형수에게 구박을 받으며 지냈는데, 여섯 개 나라의 재상이 되고 나서 그 집에 가니 형수는 얼굴도 못 들고 쩔쩔맸습니다. 소진이 "어찌하여 전에는 오만하더니 지금은 공손합니까?"라고 묻자 형수는 "계자季子(소진)의 지위가 귀하고 재물이 매우 많은 것을 보았기 때문입니다."라고 했답니다. 소진은 이를 마음 깊이 생각하고 "사람들은 결과만 기억한다."는 말을 남겼다고 합니다.

어쩌면 이것은 냉정한 현실의 논리를 알았던 소진이 자신의 운명을 짐작한 것일지도 모른다는 생각이 듭니다. 우리는 흔히 절반의 성공이라는 얘기를 합니다. 만약 어떤 일을 도모했을 때 그것이 다 성공했다면 나중에 어떻게 평가될까요? 결과가 성공적이면 과정도 미화되는 것이 아니던가요? 예를 들어 우리나라와 다른 나라가 스포츠 시합을 했을 때 그 승패에 따라 신문이나 인터넷의 반응이 제각각입니다. 만약 경기에서 지면 뭐가 어땠다느니 말이 많아집니다. 그러나 경기에서 이기면 그럼에도 불구하고 성공했다는 식으로 미화하기 쉽습니다.

결과적으로는 소진이 먼저 비명횡사했고 장의는 그보다 11년간 더 활동하며 소진이 세웠던 계책을 깨뜨렸습니다. 두 사람은 이 나라에 가서는 이런 말을 하고, 저 나라에 가서는 저런 말을 하며, 즉 도착하는 나라마다 말과 논리를 바꾸며 왕들을 현혹시키고 정국을 혼란스럽게 했습니다. 그들은 철저하게 현실 논리에 따라 움직였습니다. 권모술수와 임기응변이 난무한 시대였습니다. 하지만 결국 진나라가 천하를 통일했다는 결과 때문에 소진보다는 장의가 조금 더 평가를 받는 것은 아닌가 합니다. 엇비슷한 그들의 행보도 각각의 최후를 보면 확연히 다르다는 것을 알 수 있습니다. 소진은 자신을 가장 먼저 임용해준 초나라를 위해 목숨을 바쳤고, 장의는 자신을 가장 먼저 임용해준 진나라를 속이고 도망쳤습니다. 마지막으로 사마천이 이 두 인물을 어떻게 판단했는지 살펴보며 이번 강의를 마무리하겠습니다. 물론 최종적인 판단을 내리는 것은 여러분의 몫입니다.

　　태사공은 말한다.
　　"소진의 형제 세 사람은 모두 제후들에게 유세하여 이름을 드날렸으며, 그들의 술수(종횡책)는 권모와 변화에 뛰어난 것이었다. 소진이 제나라에서 반간(첩자를 이용하여 적의 내부를 이간시켜 자기 쪽이 승리하게 하는 것)의 혐의를 받고 죽으니 천하 사람들은 모두 그를 비웃고 그 술수를 배우기를 꺼려했다. 그러나 세상에 퍼진 소진의 사적에 대해서는 서로 다른 주장이 많은데, 그것은 시대를 달리하는 사적을 모두 소진에게 끌어다 덧붙였기 때문일 것이다. 소진이 보통 사람의 집에서 일어나 여섯 나라를 연합시켜 합종을 맺게 한 것은 그 지혜가 보통 사람보다 뛰어났다는 사실을 뜻한다. 그래서 나는 시대 순서에 따라 그의 경력과 사적을 서술하여 유독 그만이 나쁜 평가를 듣지 않도록 했다."

　　蘇秦兄弟三人, 皆游說諸侯以顯名, 其術長於權變. 而蘇秦被反間以死, 天下共笑之, 諱學其術. 然世言蘇秦多異, 異時事有類之者皆附之蘇秦. 夫蘇秦起閭閻, 連六國從親, 此其智有過人者. 吾故列其行事, 次其時序, 毋令獨蒙惡聲焉.

—《사기》〈소진 열전〉

3부 한 사람이 조직의 운명을 결정한다 - 《사기》로 보는 인사의 전략

태사공은 말한다.

"삼진三晉에는 권모술수와 임기응변에 능한 유세가가 많았다. 합종론과 연횡론을 주장하여 진나라를 강하게 만든 자들은 대체로 모두 삼진 사람이다. 장의가 일을 꾸민 것은 소진보다 더 심한 데가 있다. 그런데도 세상 사람들이 소진을 더욱 미워하는 까닭은 그가 먼저 죽었기 때문에 장의가 그의 단점을 부풀려 들추어내고 자신의 주장을 유리하게 하여 연횡론을 이루었기 때문이다. 요컨대 이 두 사람은 참으로 나라를 기울게 하는 위험한 인물이었다고 하겠다!"

三晉多權變之士, 夫言從衡彊秦者大抵皆三晉之人也. 夫張儀之行事甚於蘇秦, 然世惡蘇秦者, 以其先死, 而儀振暴其短以扶其說, 成其衡道. 要之, 此兩人眞傾危之士哉!

—《사기》〈장의 열전〉

고전의 전략

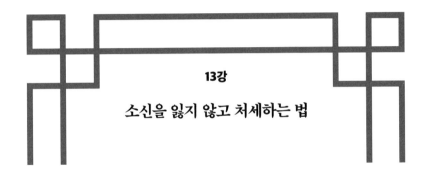

13강
소신을 잃지 않고 처세하는 법

이인자의 생존법

독자 여러분은 소신이 중요합니까, 아니면 처세가 중요합니까? 대체 어느 선까지가 소신을 지키는 것이며, 적당히 처세하는 것일까요? 소신을 잃지 않고도 적당히 처세하는, 그야말로 한 번에 두 마리 토끼를 잡는 방법은 없을까요? 역사적으로 살펴볼 때 이른바 일인지하 만인지상 一人之下 萬人之上이라 일컫는 승상이란 지위는 처신하기가 몹시 어려운 자리였습니다. 공을 세운 것을 드러내지 말아야 하면서도 절대 권력자의 역린을 건드리지 않는 선에서 조언하며 국정을 꾸려가야 했기 때문입니다. 바로 그런 자리에 바로 소하蕭何라는 인물이 있었습니다. 이번 강의에서는 유방의 절친한 친구이면서도 한때는 의심의 대상이기도 했던 소하의 인생행로에 대해 알아보도록 하겠습니다.

《사기》에서 소하는 상당히 중요한 인물에 속합니다. 한나라 제국을 세운 일등 공신이기 때문이죠. 소하는 한 고조 유방이 한나라를 세우기

전에 그보다 먼저 벼슬길에 올랐습니다. 비록 지방의 하급 관리였지만 여러 차례 유방을 보호해주었고, 그가 맨 처음 기병할 때에도 곁에서 도와주었습니다. 훗날 유방이 항우와 쟁패를 벌일 때 관중關中을 지키면서 가장 크게 기여한 사람도 소하입니다. 그런 공로를 인정받아 소하는 상국相國의 자리에 올랐습니다. 여기서 상국이란 재상과 동일한 자리라고 보시면 됩니다.

《사기 세가》의 스물세 번째 편으로 〈소 상국 세가〉가 나옵니다. 이 편에서 사마천은 소하가 유방을 도와 천하를 차지하게 되는 과정에서 세운 불후의 공적을 서술합니다. 유방의 견제 아래 소하가 전전긍긍하는 모습과 시시각각 다가오는 위험에 대처하는 모습까지 잘 그려내고 있습니다. 유방과 소하의 심리를 생동감 넘치게 묘사하면서 둘 사이의 은근한 신경전을 지극히 세밀하게 보여줍니다. 여기서 사마천이 궁극적으로 말하고자 하는 것은 개국공신에 대한 유방의 태도입니다. 제왕의 자리를 지키기 위해 개국공신들을 견제하려는 유방의 복잡 미묘한 심리 갈등이 잘 드러나 있습니다.

소하는 어떻게 개국 일등 공신이 되었나

진나라는 기원전 221년에 중국을 최초로 통일했지만, 불과 15년 만에 망하고 말았습니다. 진시황이 죽은 뒤, 환관 조고가 태자 부소扶蘇와 승상 이사 등을 차례차례 암살하고, 어리석은 호해를 허수아비 황제로 삼아 제멋대로 권력을 휘둘렀습니다. 그러다 보니 전국에서 반란이 생겼습니다. 이 반란군 중에 초나라의 항량項梁이 있었는데, 그의 조카가 그 유명한 항우입니다. 또 다른 반란자로 항우에 맞선 자가 유방입니다. 우리가 흔히 초한쟁패라고 부르는 싸움에서 최종 승리자가 된 유방은 기원전 206년에 한나라를 세웁니다. 이때 유방 곁에는 눈부시게 활약한 개국공신 오인방이 있었습니다. 한나라가 건국된 뒤에 이들은 과연 어떻게 되었을까요?

먼저 〈고조공신후자연표高祖功臣候者年表〉에 나온 기록을 살펴봅시다. 거기에는 "태초 연간에 이르는 100년 동안 작위를 보존한 자는 다섯이었고, 나머지는 모두 법에 연루되어 목숨을 잃거나 나라(제후국)를 망하게 했다. 이는 법망이 덜 치밀한 탓도 있지만, 제후들 스스로 당시의 금령에 대해 삼가지 않았기 때문이라고들 한다."고 나와 있습니다. 한나라가 건국된 후 공신으로 작위를 받은 자는 무려 100명이 넘었습니다. 시간이 흐르면서 소하, 조참曹參, 주발周勃, 관영灌嬰 같은 자들의 봉읍은 4만 호가 넘을 정도로 늘어났습니다. 그러나 그 자손들은 창업의 공을 잊은 채 교만하고 나태했습니다. 그래서 그중에서 결국 작위를 계속 보존한 사람은 겨우 다섯밖에 되지 않았습니다. 이는 수성이 얼마나 어려운지 보여주는 사례라고 할 수 있습니다.

앞서 《사기 세가》에서는 제후 왕과 그에 버금가는 사람들을 다루고, 《사기 열전》에서는 그 밑에 있는 사람들을 다룬다고 했었습니다. 사마천은 《사기》를 쓰면서 한나라와 초나라를 배반한 제후 왕인 오왕 비濞, 회남왕 유장劉長과 유안劉安, 형산왕 유사劉賜 등을 '열전'에 편입시켰고, 초기 공신들인 소하·조참·장량·진평陳平·주발 등은 '세가'에 편입시켰습니다. 이것은 그들의 과오를 역사를 판단하는 결정적인 것으로 확대해서 보지 않았다는 말이기도 합니다.

이 개국공신 중 소하가 《사기 세가》에 가장 첫 번째로 나옵니다. 그다음에 등장하는 사람이 바로 조참인데, 조 상국이라고도 불립니다. 그다음에는 유후가 나옵니다. 유후는 유방의 모사꾼인 장량입니다. 그리고 진평과 주발이 나옵니다. 이들이 핵심 오인방 공신 그룹입니다. 물론 그중에는 한신이라는 인물도 있었는데, 공을 혁혁히 세웠지만 나중에 모반을 꾀했다고 하여《사기 열전》에 들어가게 됩니다. 어쨌든 이 다섯 인물이야말로 한나라 개국공신들이라 할 수 있습니다. 이 가운데 첫째가 바로 소하라는 점에서 그의 위상을 알 수 있습니다. 다음과 같은 유방의 유명한 말에서도 소하의 위상은 확인됩니다.

군막 속에서 계책을 짜내 1,000리 밖에서 승리를 결판내는 것은 내가 장량만 못하오. 나라를 어루만지고 백성을 위로하며 양식을 공급하고 운송 도로를 끊기지 않게 하는 것은 내가 소하만 못하오. 100만 대군을 통솔해 싸우면 어김없이 이기고 공격하면 어김없이 빼앗는 것은 내가 한신만 못하오. 이 세 사람은 모두 빼어난 인재이지만 내가 그들을 임용할 수 있었으니 이것이 내가 천하를 얻을 수 있었던 까닭이오. 항우는 범증范增 한 사람만 있었으면서도 그를 중용하지 않았으니 이것이 그가 나에게 사로잡힌 까닭이오.

公知其一, 未知其二. 夫運籌策帷帳之中, 決勝於千里之外, 吾不如子房. 鎭國家, 撫百姓, 給餽饟, 不絶糧道, 吾不如蕭何. 連百萬之軍, 戰必勝, 攻必取, 吾不如韓信. 此三者, 皆人傑也, 吾能用之, 此吾所以取天下也. 項羽有一范增而不能用, 此其所以爲我擒也.

— 《사기》〈고조 본기〉

이 문장을 보면 장량, 소하, 한신 순으로 자신을 도와준 사람을 열거하고 있습니다. 물론 이 순서가 꼭 그들의 공적이 많고 적음에 따른 것은 아니지만, 여하튼 유방이 소하와 장량 그리고 한신을 핵심으로 꼽은 것은 분명해 보입니다.

유방이 한나라를 세운 뒤에 권력 투쟁을 벌이며 공신들을 제거하는 와중에서도 유독 높이 평가받는 인물이 소하입니다. 대체 그 이유가 무엇일까요? 저는 소하가 유방의 견제를 받으면서도 소신을 잃지 않으면서 처신을 잘했기 때문이 아닐까 생각합니다. 소하가 유방과 친구이면서도 왜 견제를 당했고, 그러한 견제 속에서도 어떻게 자신의 정치적인 입지를 구축해갔는지 살펴보겠습니다.

같은 것을 다르게 보는 안목

먼저 소하라는 인물에 대해서 알아봅시다. 훗날 소하가 상국이라는 위치에 오르기 전까지 항우와 유방은 서로 계속 싸웠는데, 5년간 늘 유방은 항우에게 졌습니다. 그럴 때마다 소하는 보이지 않는 곳에서 유방의 그림자처럼 활동하며 그들의 근거지인 관중을 지켰습니다. 한나라를 세우기 전까지 집안 살림을 도맡아 하며 유방의 내조자 역할을 한 것입니다.

한나라와 초나라가 쟁패를 다투기 이전에 진나라의 수도는 함양이었습니다. 그러나 진나라가 힘이 약해지자 함양이 함락되고 군사들이 쳐들어왔습니다. 거기서 어떤 일이 생긴 줄 아십니까? 다른 이들은 모두 재물이 있는 창고로 향했는데, 소하는 당시 감찰 업무를 보던 어사부御使付로 가서 주민들의 실태를 조사한 법령집, 호구 조사 문서를 거두어

보존했습니다. 다른 사람들이 세속적인 것들에 관심을 둘 때, 소하만이 문서와 자료에 관심을 둔 것입니다. 함양궁이 불에 타 모든 자료가 사라진 뒤에, 훗날 유방이 유사시에 험준한 요새가 어디에 있는지, 호구 수가 어느 정도인지, 물자가 많은 곳은 어디인지, 각 지역의 인구분포도를 알려고 할 때마다 소하가 간직해둔 수많은 자료를 보고 훤히 꿰뚫을 수 있었다고 합니다.

이때 소하의 마인드는 보통 장수들과는 달랐습니다. 다른 이들이 금은보화 같은 전리품을 챙길 때 소하는 자료를 챙겼습니다. 행정·사료적 가치가 있는 것을 중시했습니다. 또 전란이 끝난 뒤에 무엇이 중요하게 될지 예측하지 않았나 싶습니다.

그뿐만이 아닙니다. 한신을 발굴하고 대장군으로 임명하게 한 사람도 소하입니다. 한신은 처음에는 항우 밑에 있다가 소하의 눈에 들어 유방의 밑으로 들어가게 됩니다. 하지만 소하가 한신을 중용하라고 아무리 추천해도, 유방은 한신을 옆에서 빈둥빈둥 놀게 놔뒀습니다. 그러니 결국 한신이 도망가고 말았습니다. 그 소식을 듣고 소하도 사라집니다. 그토록 믿었던 소하마저 도망갔다는 소식에 유방은 낙심했지만, 사실 소하는 도망간 것이 아니라 한신을 찾으러 간 것이었습니다. 소하가 한신을 데리고 돌아오자 유방은 한신에게 적당한 장군 자리를 주면 되리라고 생각합니다. 그때까지도 유방은 한신을 그다지 중요하게 생각하지 않았습니다. 소하는 계속해서 유방을 설득합니다. 《사기》〈회음후열전〉을 보면 소하가 한 말이 나옵니다.

다른 장수들은 쉽게 얻을 수 있으나 이 나라에서 한신에 견줄 만한 인물은 없습니다. 왕께서 한중의 왕으로만 만족하신다면 한신을 문제

삼을 필요는 없습니다만, 반드시 천하를 놓고 다투려 하신다면 한신이 아니고는 함께 일을 꾀할 사람이 없습니다. 왕의 생각이 어느 쪽에 있는가에 달린 문제입니다.

諸將易得耳. 至如信者, 國士無雙. 王必欲長王漢中, 無所事信; 必欲爭天下, 非信無所與計事者. 顧王策安所決耳.

소하는 좋은 날을 택하여 재계하고, 대장군을 임명하는 단장을 융숭하게 설치하여 한신을 확실하게 대장군으로 인정해주어야 한다고 말합니다. 유방은 자신이 믿는 소하가 하는 말이니, 그 말에 따라 한신을 대장군으로 임명합니다. 그 뒤로 한신은 엄청난 공을 세워 한나라가 중국을 통일하는 데 일조합니다. 만일 소하가 한신을 중용하라고 하지 않았더라면, 아무도 그의 가치를 알지 못했을 것이고 한나라도 상당히 늦게 세워졌을지도 모릅니다. 이 또한 사람을 볼 줄 아는 소하의 안목과 소신이 돋보이는 대목입니다.

모든 사람이 같은 것을 바라볼 때 다른 것을 보는 사람이 있고, 같은 것을 보더라도 다른 방향에서 접근하는 사람이 있습니다. 또 같은 것을 같은 방향에서 보지만 좀 더 세밀하게 살펴 그 가치를 발견하는 사람이 있습니다. 소하가 재물보다는 기록에 관심을 두고, 한신을 대장군감으로 본 것은 남다른 안목이 있었기 때문입니다.

사냥개와 사냥꾼의 차이

한나라 5년에 이르러 드디어 유방이 항우를 이깁니다. 다시 2년 뒤에 왕위에 오르고, 공신들에게 논공행상을 해야 하는데, 공신이 대단히 많아 그 문제가 1년이 넘게 해결되지 않았습니다. 아무래도 문신 계통의 사람들과 무신 계통의 사람들은 서로 다릅니다. 소하처럼 궁궐 안에서 문서를 작성하고 살림살이를 맡은 문신들은 뒤로 물러날 수밖에 없습니다. 직접 전쟁터에 나가 싸움을 하느라 몸에 상처를 많이 입은 무신들은 당당히 앞으로 나가 그들이 윗자리를 차지하고 나머지 사람들은 그들 밑으로 가야 한다고 말합니다.

하지만 유방의 생각은 달랐습니다. 유방은 자신의 친구이면서 기병할 때 도와주었을 뿐만 아니라, 늘 마음으로 의지해왔던 소하가 일등 공신이라 생각하고 있었습니다. 밑에 있는 신하들은 유방의 의중이 소하에게 있다는 것을 알고 말을 조심하기 시작합니다.

이때 큰 공을 세운 무인 중에 조참이라는 사람도 있었습니다. 그는 소하의 친구로 야전에서 늘 유방과 함께 전쟁을 치러 몸에 무려 70군데나 상처를 입은 용맹한 장군입니다. 그런 조참이야말로 일등 공신이 되어야 하지 않느냐며 신하들이 이의를 제기합니다. "소하는 만날 문서만 만지작거리고 아무 일도 하지 않았는데 어떻게 일등 공신이 될 수 있는가?"라고 말이죠. 이때 유방은 아주 유명한 말을 남깁니다. 바로 사냥개와 사냥꾼의 차이에 대한 이야기입니다.

유방이 "여러분은 사냥하는 것에 대해서 아는가?" 하고 물으니 신하들이 "알고 있다."고 답합니다. 유방이 다시 묻습니다. "그렇다면 사냥개에 대해서 아는가?" 신하들은 당연히 "알고 있다."고 대답합니다. 그러자 유방은 이렇게 말합니다.

사냥에서 들짐승과 토끼를 쫓아가 죽이는 것은 사냥개지만 개 줄을 풀어 짐승이 있는 곳을 알려주는 것은 사람이오. 지금 그대들은 한갓 들짐승에게만 달려갈 수 있을 뿐이니 공로는 마치 사냥개와 같소. 소하로 말하면 개의 줄을 놓아 방향을 알려주니 공로는 사냥꾼과 같소. 더욱이 그대들은 단지 혼자서 나를 따랐고 많아봤자 두세 명뿐이었소. 지금 소하는 자기 가문의 수십 명을 거느리고 나를 따라 전쟁을 치렀으니, 그의 공은 잊을 수 없소.

夫獵, 追殺獸兔者狗也, 而發蹤指示獸處者人也. 今諸君徒能得走獸耳, 功狗. 至如蕭何, 發蹤指示, 功人也. 且諸君獨以身隨我, 多者兩三人. 今蕭何擧宗數十人皆隨我, 功不可忘也.

— 《사기》〈소 상국 세가〉

여기서 보이는 소하에 대한 평가는 대단히 이례적입니다. 물론 유방의 말이 소하에게 적용된다면, 모든 신하는 왕이 부리는 사냥개에 불과할 테지만 말이죠. 가만히 생각해보면 주인이 있는 조직의 특징을 가장 냉혹하게 요약한 말이 아닐 수 없습니다. 그러니 한신도 "들짐승이 없어지면 사냥개를 삶아 죽인다."고 하지 않았던가요!

어쨌든 이 말을 요약하자면, 목표물을 딱 물어 오는 당신들은 사냥개 역할을 한 사람일 뿐이고, 소하야말로 어디에 무엇이 있다고 알려주는 방향타 역할을 하는 사람이라는 겁니다. 참모 중에서도 핵심 참모라는 것이죠. 유방이 이런 말을 하자 신하들은 감히 아무도 이의를 제기하지 못합니다. 결국 소하가 봉읍을 제일 많이 받고 나머지 사람들이 그 뒤를 잇습니다. 그런데 문제는 공신들이 그러한 조치에 대해서 바로 수긍하지 않은 겁니다. 봉읍을 많이 받는 것은 소하에게 양보를 하겠다, 그러나 작위, 즉 명예적 보상만큼은 조참이 일등을 해야 한다고 공신들이 이야기합니다. 유방을 도와 전쟁에 나간 사람들이 대부분 무신이기 때문에 그들의 입지를 위해서도 조참이 첫 번째 작위를 받아야 한다는 것이죠.

그때 스무 등급의 작위 중 열아홉 번째에 해당하는 관내후關內侯 악군鄂君이 유방의 편을 들어 진언합니다.

"여러 신하의 논의는 모두 잘못되었습니다. 조참이 비록 야전에서 땅을 빼앗은 공은 있지만, 그것은 단지 한때의 일일 뿐입니다. 황상께서 초나라와 맞선 지 5년이 되어, 군사를 잃고, 백성을 잃어버려 홀몸으로 달아나신 것이 여러 번입니다. 그러나 소하는 항상 관중에서 군대를 보내 그 결원을 메웠는데, 이러한 것들은 황상께서 명령이나 조서를 내려 부른 것도 아니고, 또한 수만의 무리를 황상의 군대가 부족하거나 없어졌을 때 보낸 것이 여러 번이나 됩니다. 한나라와 초나라가 형양衡陽에서 맞선 지 몇 년이 되어 군사들에게 양식도 보이지 않을 때, 소하는 수로를 통하여 관중의 양식을 군사들에게 공급하여 부족함이 없게 했습니다. 폐하께서 비록 여러 차례 효산崤山 동쪽의 땅을 잃기도 하셨으나 소하는 늘 관중을 잘 보전함으로써 폐하를 기다렸으니, 이는 만세萬世의 공입니다. 지금 비록 조참과 같은 사람 100여 명이 없다고 한들 어찌 한나라에 부족할 것이 있겠습니까? 한나라가 그들을 얻었다 해도 반드시 온전하게 보존할 수는 없습니다. 어찌하여 하루아침의 공을 가지고 만세의 공을 가리려 하십니까? 소하가 첫 번째이고, 조참이 두 번째입니다."

이 말에 유방이 찬동하고 나서며 소하를 첫 번째 공신으로 정합니다. 소하가 칼을 차고 신을 신은 채 궁전에 오를 수 있도록 하고 황제를 알현할 때도 작은 걸음으로 빨리 걷는 예의를 차릴 필요가 없다고 선언합니다. 그러고는 소하의 공적을 이야기한 악군을 칭찬하며 다른 작위를 더 주었습니다.

스스로 허물을 만들어 군주의 믿음을 얻다

소하는 유방의 절대적인 신임을 받았지만, 줄곧 그래왔던 것은 아닙니다. 유방은 의심이 많은 사람이라서 자기편조차 의심했습니다. 사마천은 〈소 상국 세가〉에서 끊임없이 유방의 이중성, 심리적인 부분을 드러내려 합니다. 건달 출신이라 아는 게 별로 없던 유방이 주변 사람들의 도움을 받아 나라를 세웠는데, 공신들이 자꾸 모반을 일으키다 보니 자기도 모르게 충실한 보좌관이자 최측근이던 소하마저 의심하게 된다고 말이죠. 그때마다 소하가 어떻게 처신했는지 한번 살펴보겠습니다.

한나라 3년, 유방이 항우와 싸우고 있을 때였습니다. 이때 유방은 궁지에 몰려 자꾸만 쫓기는 신세가 됩니다. 당시 유방의 본거지인 관중의 모든 살림은 소하가 맡고 있었습니다. 자, 보십시오. 본거지는 남에게 맡기고 자기는 밖으로 나와 싸우는 격이니, 늘 관중에 있는 소하가 마음에 걸리지 않겠습니까? 혹시나 소하가 백성의 마음을 뒤흔들어 반란을 일으키지 않을까 걱정되기 때문입니다. 그래서 소하한테 자꾸 사신을 보내 힘들지 않으냐며 위로합니다. 처음에는 소하가 그 저의를 전혀 알아차리지 못합니다.

하루는 포생鮑生이라는 사람이 소하를 찾아와 이런 말을 합니다.

"한왕이 햇볕에 그을리고 벌판에서 이슬을 맞는 고된 전쟁에서도 여러 번 사신을 보내 당신을 위로하는 것은 당신을 의심하고 있기 때문입니다. 당신을 위해 계책을 내보니 당신의 자손과 형제 중에서 싸울 수 있는 자들을 뽑아서 모두 한왕이 있는 군영으로 가게 하는 것이 더 낫습니다. 그러면 황상은 반드시 당신을 더욱 신임할 것입니다."

그제야 소하가 마음을 다잡고 유방에게 달려갑니다. 그러니 유방은 대단히 기뻐하며 그동안 자신이 오해했다는 사실을 깨닫습니다. 주변 사람들의 조언을 되새기며 행동에 옮겼기에 소하는 유방의 신뢰를 얻을 수 있었던 것입니다.

논공행상이 끝나고 6년이 지난 한나라 11년에 또다시 사건이 터집니다. 진희陳豨가 모반을 일으키자 곧바로 한신도 모반을 일으킨 것입니다. 이들은 모두 유방과 성이 다른 이성異姓 왕들입니다. 자신들의 공적에 비해 별로 만족스럽지 못한 예우에 불만을 품어 모반을 일으킨 것이죠. 소하는 당시 유방의 부인인 여태후와 합동해 한신의 모반을 평정하는데, 이때 그의 계책이 결정적 역할을 합니다. 그래서 유방은 반란을 평정한 공적을 포상하기 위해 소하에게 무려 봉읍 5,000호와 군사 500명을 더 줍니다. 또한 호위무사인 도위都尉까지 붙여줍니다. 그랬더니 다른 사람들이 모두 칭찬을 합니다. 하지만 소평召平이라는 사람만은 생각이 달랐나 봅니다. 그는 소하를 찾아와서 이렇게 말합니다.

"화근은 여기서부터 시작될 것입니다. 지금 마침 한신이 모반했기 때문에 공께서 군사와 막강한 호위병까지 다 두었는데, 지금 처신을 잘못하면 큰일 납니다. 그러니 받은 포상을 반납하고, 여기다 당신 재산까지 덧붙여 왕께 반납하십시오. 그렇다면 당신이 사심이 없다는 것을 알고 기뻐할 것입니다."

이 말을 듣고 소하가 자신이 받은 포상을 모두 유방에게 돌려주었습니다. 그랬더니 유방이 크게 기뻐했다고 합니다.

그 뒤에도 유방의 의심은 멈추지 않습니다. 이듬해 경포黥布라는 사람이 또 모반을 일으킨 겁니다. 결국 평정이 되었지만, 이때부터 유방은 부하들을 시켜 소하가 무엇을 하는지 감시하기 시작합니다. 그러자 소하의 밑에서 밥을 먹던 식객이 어느 날 그를 찾아와 말합니다. "관중에 있으면서 백성에게 신임을 얻은 지 10여 년이 넘었으니, 이제는 일부러 당신의 이름을 더럽혀 백성의 마음을 얻지 않았다는 것을 고조 유방에게 보여주라."고 말이죠. 그러고는 근처에 있는 백성의 경작지를 싸게 사두고 재임대하라고 제안합니다. 소하는 낮은 가격으로 백성의 밭과 집을 사들입니다.

그러자 백성이 유방에게 상소문을 올립니다. 유방이 소하를 불러 꾸짖자 소하는 한술 더 떠 "지금 백성이 농사지을 땅이 부족하니, 황상께서 가지고 있는 상림원上林苑 중 빈 땅을 백성에게 임대해주십시오."라고 말합니다. 상림원이 무엇입니까? 바로 황제의 사냥터입니다. 사냥터의 빈 땅을 나눠주라는 말을 듣고 유방은 대단히 불쾌해합니다. 결국 유방은 사람들을 불러 족쇄와 수갑을 채워 소하를 잡아들입니다.

그러자 한 순찰관이 유방을 찾아가 "왜 소하에게 이렇게 하십니까?"라고 묻습니다. 이에 유방은 이렇게 이야기합니다.

"옛날 진시황 때 이사는 자신의 공은 황상에게 돌렸고, 자신의 허물은 자신이 가졌다. 그러나 상국 소하는 백성에게 잘 보이려고 상인들에게 뇌물을 받고 나한테까지 요구하니, 더 무슨 말이 필요하겠느냐?"

이에 순찰관은 반론을 제기합니다.

"옛날에 황상께서 항우와 싸우느라 그 어려운 처지에 있을 때 소하는 관중을 지키며 항상 도왔는데, 만약 다른 마음을 품고 있다면 그때 했지 왜 지금 와서 그러겠습니까! 다시 한 번 돌이켜보십시오. 초심을 다시 생각해보십시오."

이 말에 유방이 크게 깨닫고 소하를 석방합니다. 소하가 감옥에서 나오자마자 맨발로 찾아와 사죄하니, 유방은 소하에게 큰 잘못을 지었다고 생각합니다. 그렇게 두 사람의 오해는 풀어집니다. 일부러 허물을 만들어 자신의 명성을 떨어뜨려 주군을 안심시킨 것은 실로 위험천만하고도 놀라운 처신이 아닙니까? 유방의 마음을 안정시키는 동시에 자신의 길을 꿋꿋이 걸어간 소하의 당당함이 돋보이는 대목입니다. 그 이후로 유방은 더는 소하를 경계하지 않았습니다.

대업을 위해 라이벌을 추천하다

소하와 유방의 끈끈한 관계는 〈고조 본기〉에서도 입증됩니다. 한나라 8년에 유방은 동쪽으로 진군해 모반을 일으킨 도적 떼 잔당을 공격하러 떠나면서 소하에게 궁궐과 창고를 세우라고 명령했습니다. 그런데 유방이 돌아왔을 때 궁궐이 지나치게 웅장한 것을 보고 화가 나 소하에게 말합니다.

"천하가 흉흉해 전란으로 고생한 지 몇 년이 되었어도 성패를 아직 알 수 없는데, 무엇 때문에 궁실을 지은 것이 이다지도 과도한가?"

그러자 소하가 대답합니다.

"천하가 아직 안정되지 않았기 때문에 이를 틈타 궁실을 지을 수 있었습니다. 게다가 천자는 천하를 집으로 삼는 법이니, 궁전이 웅장하고 화려하지 않으면 존귀와 위엄이 없게 되며, 또한 후세에서도 더욱 웅장하고 화려한 궁전을 지을 수 없게 될 것입니다."

그 말을 듣고 유방은 기뻐했습니다.

또 소하의 인품을 엿볼 수 있는 일화도 있습니다. 유방이 죽고 나서 뒤를 이은 효혜제孝惠帝 2년에 소하는 병이 들었습니다. 효혜제가 "아마 당신이 더는 상국이라는 자리를 못할 것 같은데, 누가 후임자로 적합하냐?"고 묻자 소하는 조참을 추천합니다. 이미 효혜제가 조참을 의중에 두고 있다는 사실을 꿰뚫어본 터라 자신과 사이가 좋지 않은 조참이라 할지라도 과감히 추천한 것입니다.

조참이 누굽니까? 유방이 천하를 쟁패하는 과정에서 두 번째 핵심 참모로 활약한 개국공신입니다. 옥리獄吏 출신이면서도 유방이 기병할 때 따라나서 여러 번 공을 세웠습니다. 또 소하의 뒤를 이어 무리 없이 기존의 업적을 수성하는 데 성공했습니다. 개국공신이면서 건국 초기의 재상으로 입지를 굳혔는데, 그것은 한신이 일찌감치 제거되어 그가 부각될 수밖에 없었다는 점도 작용했습니다. 도가 쪽의 황로黃老 사상을 받아들여 나아가고 물러나는 처세에 능한 조참은, 직책을 맡은 뒤 소하의 업적을 이어받아 충실하게 따르면서 실속을 챙겨나간 인물로 평가됩니다. 조참은 소하가 제정한 법령과 제도를 이어받아 구축해갔을 뿐만 아니라, 사적인 과거의 앙금도 싹 없애고 둘 사이의 관계를 돈독히 이어나갔습니다.

소하의 생활도 수수하기 그지없었습니다. 누추한 곳에 집을 지어 담장을 치지 않고 소탈하게 처신하며 살았습니다. 하지만 효혜제 2년에 소하가 세상을 떠나자 그의 당부에도 불구하고 그의 후손들은 죄를 지어 제후의 봉호를 잃은 것이 4대나 되었고, 매번 계승할 사람이 끊어질 정도였습니다. 그때마다 천자는 소하의 후손을 다시 찾아 찬후酇侯로 봉했습니다. 살아생전 소하의 공적이 월등했던 덕입니다. 또 공이 높은 만큼 그 몸은 스스로 낮추었기 때문이 아니겠습니까? "후세의 자손이 현명하다면, 나의 검소함을 본받을 것이고, 현명하지 못해도 권세 있는 사람에게 **빼앗기지는** 않을 것이다 後世賢, 師吾儉; 不賢, 毋爲勢家所奪."라는 소하의 말은 평생 소신을 굽히지 않으면서도 겸허하게 처신하며 살아온 자부의 표현이기도 합니다.

그림자 전략으로 살아남다

흔히 조직에 대해 고민할 때 '리더를 보좌하는 이인자가 어떤 마인드를 가져야 하느냐.' 하는 문제에 부닥뜨립니다. 이것은 대단히 중요한 문제입니다. 조직을 유연하게 할 것인지 아니면 단단하게 할 것인지 선택해야 하기 때문입니다. 조직을 유연하게 하는 것은 풀어질 위험이 있고, 단단하게 하는 것은 경직될 위험이 있습니다. 이것은 리더와 그를 보좌하는 사람들이 처신해야 할 때 생기는 딜레마입니다.

소하는 이런 딜레마에서 비교적 자유로웠습니다. "성공해도 소하요, 실패해도 소하다 成也蕭何, 敗也蕭何."라는 말이 있습니다. 그만큼 한나라를 세울 때 소하의 영향력은 지대했습니다. 한신을 추천했던 사람도 소하이며, 자신과 앙숙이었던 조참을 추천했던 사람도 소하입니다. 사마천은 소하의 공적은 한낱 문서나 필사하고 만지작거리는 낮은 벼슬아치에 불과했지만, 유방을 도와 관중을 안정시킨 공을 인정해 천하의 공신이라고 하기에 부족함이 없다고 평가합니다. 당태종의 정치 철학이 담긴《정관정요》에서도 소하의 공을 이렇게 밝힙니다.

"한나라의 소하는 비록 전쟁터에서 공을 세우지는 않았지만, 전시에는 후방에서 지령을 내리고, 전후에는 한나라 고조를 천자로 추대했기 때문에 그 공이 첫 번째가 될 수 있었던 것이다."

사람이 살아가는 방식에는 여러 종류가 있습니다. 조참처럼 야전에서 공을 세우고, 그것이 최고라고 생각하는 사람이 있는 반면, 그림자처럼 자신을 드러내지 않고 정비해가는 소하 같은 사람도 있습니다. 눈에 띄는 활약을 보여주지는 않지만, 오히려 그런 모습이 최고 권력자한테는 강력한 믿음을 줄 수도 있다는 겁니다. 유방은 끊임없이 자신의 신하들을 의심하다 못해 최측근이던 소하마저 의심했습니다. 그럼에도 소하가 부화뇌동하지 않고 처신한 것은 오늘날에도 귀감이 되는 부분입니다. 자신에게 걸맞은 예우를 해주지 않는다고 한신처럼 모반을 일으켰다면, 오늘날 우리가 처세의 모범으로 삼는 소하라는 인물은 아마도 없지 않았을까요?

사마천의 총평을 읽으면서 마무리하도록 하겠습니다.

상국 소하는 진나라 때에는 도필리刀筆吏(관청의 문서 기록 담당)가 되어, 하는 일 없이 평범하여 이렇다 할 만한 업적도 없었다. (그러나) 한나라가 흥성했을 때, 해와 달 같은 황제의 남은 빛에 의지하여, 소하는 삼가면서 관중을 굳게 지켰으며, 백성이 진나라의 법을 증오하는 것을 알고 그것을 시대의 흐름에 따르게 하면서 다시 새롭게 만들었다. 회음후 한신과 경포 등은 모두 주살되었지만, 소하의 공훈은 찬란했다. 지위는 군신 중 으뜸이었고, 명성은 후세까지 이어졌으니, 굉요閎夭와 산의생散宜生(이 두 사람 모두 주나라 문왕의 친구들인데 나중에 무왕을 도와 은 왕조를 멸망시키는 데 공을 세웠음.) 등과 그 공적을 다툴 수 있게 되었다.

蕭相國何於秦時爲刀筆吏, 錄錄未有奇節. 及漢興, 依日月之末光, 何謹守管籥,

因民之疾奉秦法, 順流與之更始. 淮陰·黥布等皆以誅滅, 而何之勳爛焉. 位冠群臣,

聲施後世, 與閎夭·散宜生等爭烈矣.

—《사기》〈소 상국 세가〉

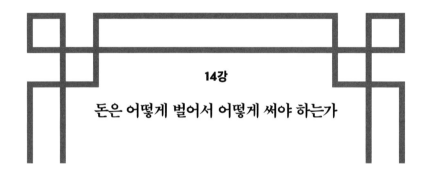

14강
돈은 어떻게 벌어서 어떻게 써야 하는가

밑천이 많아야 뜻을 잘 펼칠 수 있다

이번 강의에서는 《사기》 130편 가운데 사람들이 가장 읽고 싶어 하는 〈화식 열전貨殖列傳〉에 대해 알아보겠습니다. 〈화식 열전〉은 《사기》 10 대 명편 중 하나입니다. 여기서 '화貨'는 '재물'이라는 뜻이고, '식殖'은 '불린다'는 뜻입니다. 즉 재물을 불리는 이야기, 돈을 버는 이야기가 바로 〈화식 열전〉의 기본 틀입니다.

그런데 왜 역사가 사마천은 돈 버는 이야기까지 기록해야 했을까요? 알다시피 사마천은 궁형을 당했습니다. 그때 사마천은 50만 전의 돈을 내지 않으면 사형을 당하는 선고를 받았습니다. 그러나 사마천은 집안 이 부유하지 않아서 결국 그 돈을 내지 못했습니다. 아마도 그때부터 돈에 대해서 대단히 민감해지지 않았나 싶습니다.

이 편의 서론에서 사마천은 먹고사는 문제, 즉 경제 능력이 사회생활 에서 얼마나 중요한지 강조합니다. 사마천은 농업·공업·상업 등의 분업은 경제생활에서 필연적인 것으로 보았습니다. 상업이야말로 의식衣食 문제를 해결하는 본바탕이라 여기며 이 직업들을 모두 중시하는 진보적 면모를 보였죠. 당시의 전통적인 가치관인 중농억상重農抑商 개념을 넘어선 것입니다. "가난에서 벗어나 부자가 되는 길에는 농업이 공업만 못하고, 공업이 상업만 못하며, 비단에 수를 놓는 것이 저잣거리에서 장사하는 것만 못하다. 이것은 말단의 생업인 상업이 가난한 사람들이 부를 얻는 길임을 말한다."는 말에는 전통 관념을 타파하려는 사마천의 관점이 적나라하게 드러나 있습니다. 사마천은 이 인용문 바로 앞에서 "동굴 속에 숨어 사는 선비가 오랫동안 가난하고 천하게 살면서 인의를 말하는 것만 즐기는 것 또한 아주 부끄러운 일이다."라고 지적하면서 현실에 발 디딜 것을 촉구합니다.

사마천이 살았던 한나라는 유학을 기본으로 하는 사회였습니다. 계층을 구분하는 사농공상士農工商이란 말에서도 '사士'가 첫 번째이고, '상商'이 네 번째입니다. '사'는 선비, 상류층을 뜻하고, '상'은 상인으로 그 말단에 있습니다. 하지만 '사'에 속하는 대표적인 인물인 공자도 돈을 도외시했다고는 생각하지 않습니다. 공자는 가정 형편이 무척 어려워 평생 힘든 삶을 살았습니다. 돈에 민감했지만 겉으로 드러내놓지는 못하는 형편이었죠. 그래서 늘 제자인 자공子貢에게 신세를 많이 졌습니다. 자공은 돈을 많이 벌었습니다. 〈중니 제자 열전〉을 보면 공자의 제자는 77명인데, 그중에서 가장 돈을 많이 번 사람이 자공이라고 합니다. 공자는 인과 의를 중시했지만, 막상 그러한 공자를 모시고 다니면서 그의 사상을 홍보했던 사람은 돈이 많은 자공이었습니다. 당시 전쟁을 해야 했던 제후들은 돈이 많이 필요했습니다. 그래서 자공이 오면 제후들은 신발도 신지 않은 채 헐레벌떡 뛰어나왔습니다. 그런데 자공

옆에 공자가 있으니, "이분은 누구시냐?"고 물으면, 자공이 "저의 스승 공자입니다."라고 대답하는 겁니다. 자공의 돈이 없었다면 과연 제후들이 얼마나 공자를 대우해주었을까요? 다소 세속적인 품성을 지닌 자공이 공자를 줄곧 보필할 수 있었던 것도 경제적인 기반이 있었기 때문이 아니었을까요? 수많은 제후가 대우해주었던 것도 사실 따지고 보면 공자의 고명한 말씀보다는 돈 때문이라는 거죠. 사마천은 그 위력을 이렇게 설명합니다.

> 자공은 사두마차를 타고 기마행렬을 거느리며 비단을 폐백으로 들고 제후들을 찾아가므로 가는 곳마다 왕들이 몸소 뜰까지 내려와 대등한 예로 맞이하지 않는 자가 없었다. 대체로 공자의 이름이 천하에 널리 알려지게 된 것도 자공이 공자를 모시고 다니며 도왔기 때문이다. 이것이 이른바 '세력을 얻어 더욱 세상에 드러나는' 일 아니겠는가?
>
> 子貢結駟連騎, 束帛之幣以聘享諸侯, 所至國君無不分庭與之抗禮. 夫使孔子名布揚於天下者, 子貢先後之也. 此所謂得埶而益彰者乎?
>
> ―《사기》〈화식 열전〉

사실 돈에 대해서 드러내놓고 말하기는 뭐하지만, 문제는 천박한 배금주의, 즉 돈을 숭배하는 것이지 결코 돈 그 자체는 아닐 것입니다. 인간은 돈과 떨어져서는 살 수 없습니다. 겉으로는 드러내지 않는다고 하더라도, 우리 내면에는 분명히 돈에 대한 생각이 존재합니다. 그것은 공자나 맹자도 마찬가지였을 겁니다. 이렇게 귀중한 돈을 어떻게 벌어서 어떻게 쓰느냐? 이것이 사마천이 〈화식 열전〉에서 말하고자 하는 포인트입니다.

돈을 향한 본능을 욕하지 말라

사마천은 인간이 본능적으로 부귀를 좇는다고 봅니다. 〈화식 열전〉에서는 부귀를 향한 몸부림에 대해 이런 말을 합니다.

> 어진 사람은 묘당에서 깊이 계략을 짜 조정에서 논의하며 신의를 지켜 절개에 죽고, 동굴 속에 숨어 사는 선비가 높은 명성을 얻으려고 하는 것은 결국 무엇을 위해서인가! 그것은 다 부귀로 귀착된다. 그러므로 청렴한 벼슬아치도 시간이 오래되면 더욱 부귀해지고, 공정한 장사꾼도 마침내 부귀해진다. 부라는 것은 사람의 타고난 본성이라 배우지 않아도 누구나 얻고 싶어 한다.
>
> 賢人深謀於廊廟, 論議朝廷, 守信死節隱居巖穴之士設爲名高老安歸乎? 歸於富厚也. 是以廉吏久, 久更富, 廉賈歸富. 富者, 人之情性, 所不學而俱欲者也.
>
> ―《사기》〈화식 열전〉

부귀에서 '부富'는 금전적인 것, '귀貴'는 신분을 뜻합니다. 부를 추구하는 것이 인간의 본성이므로 이것을 욕하지 말라고 이야기한 것입니다. 사마천은 부자라고 해서 반드시 몸이 귀해진다고 하지 않았습니다. 부유해질수록 행동거지를 바르게 하여 스스로 귀해져야 한다고 말합니다. 신분제 사회였던 당시에는 부자들의 사회적 역할이 오늘날보다 더 컸습니다. 과거 봉건주의 사회에서는 제왕이 있고 왕, 제후, 선비가 있었습니다. 사실 이들에게는 막강한 권력과 돈이 있습니다. 그 바깥에 존재하는 상인 세력은 비주류에 불과했습니다.

그러나 상인이 등장하여 돈을 벌기 시작하면서 훗날 송나라 시대 이후로 상업이 엄청나게 발전합니다. 남방의 강을 이용하면서 상업이 발전하고, 찻집·술집 문화가 발달하여 선비들은 물론 돈 있는 일반 백성도 그곳에 갑니다. 돈이 많으면 많을수록 자주 이런 곳에 가면서 지식인들이 독점하던 문화가 돈 많은 백성, 상인들과 함께 공유하는 문화로 바뀌게 됩니다. 명나라 때 등장한 《삼국지연의三國志演義》, 《수호전水滸傳》, 《서유기西遊記》 등의 소설들도 원래는 상인들이 모인 저잣거리에서 하던 공연이 소설화된 것 아닙니까?

우리에게 널리 알려진 《이기적 유전자》라는 책을 쓴 리처드 도킨스가 한 말이 있습니다. 인간이 서로 호혜적으로 베푸는 행위도 따지고 보면 자기 자신과 종족 보존을 위한 이기적인 속성이라고 말입니다. 말하자면 우리가 하는 기부 행위나 다른 사람을 위한 이타적 행위조차도 인간의 이기적 본능에서 비롯된다는 것입니다.

사마천은 여기서 한발 더 나아가 이렇게 말합니다.

> 대체로 일반 백성은 상대방의 재산이 자기보다 10배가 많으면 몸을 낮추고, 100배가 많으면 두려워하며, 1,000배가 많으면 그의 일을 내주고, 10,000배가 많으면 그의 하인이 되는 것이 사물의 이치다.
>
> 凡編戶之民, 富相什則卑下之, 伯則畏憚之, 千則役, 萬則僕, 物之理也.
>
> ─《사기》〈화식 열전〉

돈이 많고 적음에 따라 달라지는 사람들의 심리가 단순한 숫자 도식 속에 잘 드러나 있습니다. 여기서 하나 빠진 게 있습니다. 만약에 나보다 재산이 약간 더 많은 경우는 어떻게 될까요? 아마 질투가 나서 그 재산을 빼앗으려 하거나 그보다 더 많은 재산을 모으려고 할 것입니다.

돈이라는 것은 인간의 이기적인 속성을 명징하게 드러내 보이는 것이 기도 합니다.

돈을 벌어 신분이 상승한 사례를 〈화식 열전〉에서 찾아봅시다. 진시황 때 나倮라고 하는 목장 주인과 청淸이라고 하는 과부의 이야기가 나옵니다. 나라는 목장 주인은 가축을 키워 번 돈으로 진기한 비단을 사 남몰래 융왕戎王에게 바쳤습니다. 융왕은 그 대가로 가축을 주었고요. 그렇게 가축 수가 불어나 더 큰돈을 벌었습니다. 훗날 진시황조차도 그 목장 주인을 예우해주었고, 나중에는 군후처럼 대우해주었습니다. 파촉에 사는 청이라는 과부는 단사丹沙 동굴을 발견했습니다. 당시 단사는 안료나 약재로 쓰는 희소 광물이어서 그것을 팔아 큰돈을 벌 수 있었습니다. 돈을 많이 버니까 과부로 살아도 다른 사람들이 함부로 대하지 않았다고 합니다.

이처럼 과부와 목장 주인이 천자와 버금가는 위세를 떨쳤던 것도 모두 돈 때문입니다. 조정에서 관리가 된 것은 아니지만 그에 버금가는 지위를 돈을 통해 얻은 것입니다. 오늘날에도 대기업 회장처럼 돈을 많이 가진 사람을 예우해줍니다. 시장의 일인자는 곧 법을 만들고 게임의 법칙을 주도하기 마련 아닙니까? 고관대작도 이들을 대우하지 않을 수 없는 이유가 여기에 있습니다.

돈은 왜 벌어야 하는가

〈화식 열전〉 첫머리에는 "지극히 잘 다스려지는 시대는 이웃 나라끼리 바라보고 닭 우는 소리와 개 짖는 소리가 서로 들려도, 백성은 제각기 자신들의 음식을 달게 먹고, 자기 나라의 옷을 아름답게 여기며, 자기 나라의 습속을 편히 여기고, 자신들의 일을 즐기며, 늙어 죽을 때까지 서로 왕래하지 않는다."는 말이 나옵니다. 사마천이 《노자 도덕경》 80장에서 인용한 이 말은, 정치란 결국 먹고사는 문제이고, 그런 문제들이 해결되면 왕래가 없어도 될 만큼 나라가 안정될 것이라는 뜻입니다. 사마천은 또 이런 말도 합니다.

> 《주서周書》에 "농부가 생산하지 않으면 식량이 모자라고, 장인이 물건을 제대로 만들어내지 않으면 제품이 부족하고, 장사치가 물건을 팔지 않으면 삼보三寶(식량, 제품, 자재)의 유통이 끊어진다. 어부나 사냥꾼이 활발하게 활동하지 않으면 자재가 모자란다. 자재가 모자라면 산과 택지는 개척되지 않는다."라고 했다. 이 네 가지는 백성이 입고 먹는 것의 근원이다. 그 근원이 크면 백성은 부유해지고 그 근원이 작으면 백성은 가난해진다. 이 네 가지는 위로 나라를 부유하게 하고 아래로는 가정을 부유하게 한다. 빈부의 도란 빼앗거나 안겨주어서 되는 게 아니고, 교묘한 재주가 있는 사람은 부유해지고 모자라는 사람은 가난한 것이다.
>
> 周書曰農不出則乏其食, 工不出則乏其事, 商不出則三寶絶, 虞不出則財匱少, 財匱少而山澤不辟矣. 此四者, 民所衣食之原也. 原大則饒, 原小則鮮. 上則富國, 下則富家. 貧富之道, 莫之奪予, 而巧者有餘, 拙者不足.
>
> —《사기》〈화식 열전〉

사마천은 영예보다 밥이 먼저라고 말합니다. 이러한 논법의 핵심 중 하나는 〈관·안 열전〉에서도 찾아볼 수 있습니다. 당시 제나라는 중국

산둥성 부근에 있었습니다. 제나라의 여상呂尙이 영구营丘라는 곳에 봉토를 받아서 갔더니 땅에 소금기가 매우 많았습니다. 소금기가 많으면 농사를 지을 수 없습니다. 그래서 여상은 부녀자들에게 직물을 짜라고 명령하고는 그것을 내다 팔았습니다. 즉 유통을 한 것입니다. 관중 역시 마찬가지였습니다. 그도 제나라가 서해를 끼고 있으니 유통을 하면 좋을 것 같다고 주장해 제나라는 유통으로 돈을 많이 벌게 됩니다. 제나라의 재상 자리에 있었던 40여 년 동안 관중은 정치·경제·군사 등 모든 방면에 커다란 개혁을 단행하여 환공이 춘추 시대 첫 번째 패주가 되는 데 기여합니다.

관중이 남긴 말 중에서 "의식족즉지영욕衣食足則知榮辱"이라는 말이 가장 중요합니다. 입고 먹는 것이 풍족해야만 영예와 치욕을 안다는 뜻입니다. 사마천은 〈화식 열전〉에서 관중이 한 말을 그대로 얘기하고 있습니다. '예의염치禮義廉恥'라는 관념들은 늘 유가에서 얘기하는 것들이며, 저 사람 예의가 있다느니 없다느니 하는 것도 결국 재력이 선행되지 않으면 불가능하다고 말합니다.

예라는 것은 (재산이) 있는 데서 생겨나고 없는 데서는 사라진다. 그런 까닭에 군자가 부유하면 덕을 즐겨 실천하고, 소인이 부유하면 자기 능력에 닿는 일을 한다. 못은 깊어야 고기가 있고, 산은 깊어야 짐승이 오가며, 사람은 부유해야만 인의를 따른다. 부유한 사람이 세력을 얻으면 세상에 더욱 드러나고, 세력을 잃으면 빈객들이 갈 곳이 없어져 따르지 않는다. 이러한 경향은 오랑캐 나라에서 더욱 심하다. 속담에 "천금을 가진 부잣집 아들은 저잣거리에서 죽지 않는다."라고 했는데 그것은 빈말이 아니다. 그러므로 "천하 사람은 모두 이익을 위

해 기꺼이 모여들고, 모두 이익을 위해 분명히 떠난다."라고 하는 것이
다. 저 1,000승乘의 왕, 10,000가家를 가진 후侯, 100실室을 가진 대부
도 오히려 가난을 걱정했는데 하물며 보통 사람이나 서민이야 어떠하
겠는가?

禮生於有而廢於無. 故君子富, 好行其德, 小人富, 以適其力. 淵深而魚生之, 山深
而獸往之, 人富而仁義附焉. 富者得埶益彰, 失埶則客無所之, 以而不樂. 夷狄益甚.
諺曰: 千金之子, 不死於市. 此非空言也. 故曰: 天下熙熙, 皆爲利來; 天下壤壤, 皆爲
利往. 夫千乘之王, 萬家之侯, 百室之君, 尚猶患貧, 而況匹夫編戶之民乎!

— 《사기》〈화식 열전〉

이것은 기본적인 것이 갖추어지고 나서야 그 후의 일을 고려해볼 수
있다는 말입니다. 인간이 살아가는 데 필요한 기본적인 의식주를 해결
하지 않고는 인의도덕을 기대하는 것은 무리입니다. 의식주 문제가 해
결되면 정치는 별 문제 없이 잘 굴러가게 되어 있는 법입니다.

돈은 어떻게 벌어야 하는가

사마천은 돈을 버는 구체적인 방법도 제시합니다. 돈은 흐르는 물처
럼 유통해야 한다, 시세 변동에 따라 새처럼 민첩하게 사고팔아야 한
다, 돈을 버는 직업에는 귀천이 없다……. 이런 식으로 말이죠. 여기서
중요한 것이 바로 유통입니다. 물 흐르듯 자금과 물자를 유통시키면 돈
이 벌린다는 것이죠. 사마천은 이렇게 말합니다.

사람들은 각각 저마다의 능력에 따라 그 힘을 다해 원하는 것을 얻는다. 그러므로 물건값이 싸다는 것은 장차 비싸질 조짐이며, 값이 비싸다는 것은 싸질 조짐이다. 각자가 그 생업에 힘쓰고 즐겁게 일하는 것이 마치 물이 낮은 곳으로 흐르는 것과 같으며, 물건은 부르지 않아도 밤낮으로 쉴 새 없이 절로 모여들고, 구하지 않아도 백성이 만들어낸다. 이것이야말로 어찌 도와 부합하고 자연법칙의 징험이 아니겠는가?

人各任其能, 竭其力, 以得所欲. 故物賤之徵貴, 貴之徵賤, 各勸其業, 樂其事, 若水之趨下, 日夜無休時, 不召而自來, 不求而民出之. 豈非道之所符, 而自然之驗邪?

—《사기》〈화식 열전〉

농부들은 먹을 것을 생산하고, 어부와 사냥꾼은 그들의 포획물을 공급하며, 기술자는 물건을 만들고, 장사꾼은 이를 유통합니다. 이처럼 자연스럽게 흐름에 맡겨야 한다는 것입니다. 그래서 사마천은 "빈부의 도란 빼앗거나 안겨주어서 되는 것이 아니다."라고 명확하게 선을 긋습니다. 인위적인 요소를 통해 흐름을 변화시키면 일이 뒤얽히고 좋은 결과가 있더라도 지속되지 못한다면서 유통으로 돈 버는 방법을 다음과 같이 제시합니다.

첫째, 때와 쓰임을 알고 예측하라는 것입니다. 〈화식 열전〉에는 "전쟁이 있을 것을 알면 미리 방비해야 하고, 때와 쓰임을 알면 그때 필요한 물건을 알게 됩니다."라는 말이 나옵니다. 월나라 왕 구천이 회계산會稽山에서 재기를 노리며 범려范蠡와 그의 스승인 계연計然을 기용했을 때, 계연이라는 사람이 한 말입니다. 계연이 말하는 물자를 축적하는 원칙은 온전한 채로 보존하는 데 힘써야 한다는 것입니다. 이것은 물화를 오래 쌓아두는 게 아니라 물건과 돈을 흐르는 물처럼 원활하게 유통해야 한다는 것입니다.

둘째, 가격에 개입하지 말라는 것입니다. 당시에 물자 유통은 원활한 편이었고, 경제 구조 역시 이익을 추구하는 상인을 위주로 일원화된 구조였습니다. 한 무제에게 상인들은 상품 유통의 매개자 역할을 수행하면서 제국의 질서를 유지하기 위한 확고한 근거였죠. 그런데 그 상인들은 자신들의 이익을 위해 국가의 질서를 파괴하기도 해 적지 않은 문제를 일으켰습니다.

돈이 흘러가는 쪽으로 물품이 자연스럽게 형성되게 놔두라는 것은 말하자면 가격이 형성되는 포인트라든지, 그 중요한 지점을 그냥 내버려두라는 것입니다. 오늘날에는 국가가 정책적으로 물가에 많이 개입합니다. 양파 가격 파동이 일어나면 국가에서 대량으로 사들이는 것처럼 여러 안전장치가 마련되어 있습니다. 하지만 사마천은 돈과 가격은 자연스럽게 형성되어야 하기 때문에 정부가 개입하지 말라고 하는 것입니다. 농민이 어떤 농산물을 재배해서 그 가격이 낮아 피해를 봤으면 당연히 그다음에는 그 농사를 짓지 않고, 그러면 해당 농산물의 가격이 폭등하게 됩니다. 이러한 농산물을 미리 예측해서 매점매석하여 돈을 버는 것도 하나의 중요한 상술이니 그냥 내버려두라는 것입니다.

이것은 오늘날에는 잘 이해가 되지 않는 말입니다. 사마천의 경제관을 알려면 당시의 배경을 먼저 이해해야 합니다. 한나라 무제 때에는 전쟁을 많이 했습니다. 전쟁과 관련된 것이 바로 돈입니다. 무기도 만들어야 하고, 병사들 밥도 먹여야 합니다. 돈이 없으면 전쟁도 못 합니다. 그 당시에는 소금과 철을 다 국가에서 관장했습니다. 심지어 농부들이 쟁기나 낫을 만들 때에도 정부가 관여한 것입니다. 이렇게 사람이 생활하는 데 필수적인 품목들은 다 국가가 관여합니다. 백성이 가져야 할 것을 국가에서 관여하다 보니 사람들이 돈 벌기가 어려워지는 겁니다. 겸손한 자세로 돈을 벌어 천자와 제후의 위세에 버금갈 만큼 돈이 많이 쌓이면 어느 정도 누려도 되지 않겠느냐, 그러면 거기서 나오는 혜택이 있지 않겠느냐고 사마천은 생각한 것입니다.

유가의 관념에서는 매점매석으로 돈 버는 것 자체를 부정적으로 봅니다. 원칙과 명분에 어긋나는 일로 여깁니다. 하지만 사마천은 인간이 본능에 충실하고자 하는 몸부림에 지나치게 유가의 잣대를 들이대는 것은 무리가 있다고 봅니다. 사마천 자신이 돈이 없었을 때 서러움을 느꼈듯이, 이런저런 조건들을 다 따지면 어떻게 돈을 벌 수 있겠느냐고 묻고 있는 것입니다.

사마천의 다음 말을 살펴봅시다.

> 부유해지는 데에는 정해진 직업이 없고, 재물에는 정해진 주인이 없다. 능력 있는 사람에게는 재물이 모이고, 능력이 없는 사람에게는 기왓장 부서지듯 흩어진다. 천금의 부자는 한 도읍의 군주에 맞먹고, 거만금을 가진 자는 왕과 즐거움을 같이한다. (그들이야말로) 어찌 소봉素封이라고 할 만한 자들인가 아닌가!
>
> 富無經業, 則貨無常主, 能者輻湊, 不肖者瓦解. 千金之家比一都之君, 巨萬者乃與王者同樂. 豈所謂素封者邪非也!
>
> —《사기》〈화식 열전〉

여기서 소봉이란 천자에게서 받은 봉토는 없지만 재산이 많아 제후에 비할 만큼 큰 부자를 뜻합니다. 결국 부자의 조건은 직업의 귀천에 있는 것이 아니라 그 사람이 가지고 있는 능력에 있다는 것입니다. 〈화식 열전〉에서 사마천이 열거한 부자들은 하나같이 그 출신 성분이 기기묘묘하고 천한 사람이 많습니다. 심지어 노예 출신도 있습니다. 신분이 높아서 부자가 된 이들은 사마천이 볼 때 진정한 부자가 아닙니다. 그들의 부는 단지 따라오는 것일 뿐입니다. 진정한 부자는 신체의 부지런함과 머리의 출중함, 나아가 시세를 읽고 시장을 조화롭게 운영하는, 오케스트라 지휘자와 같은 이들입니다. 부를 철저하게 능력과 연결하는 사마천식 부자관의 절정을 이루는 대목입니다.

신분과 학문 고하에 따라서 재물을 누릴 수는 없습니다. 직업에 귀천이 없듯이 재물 역시 일정한 주인이 없습니다. 주인이 없다는 것은 누구나 부자가 될 수가 있다는 것입니다. 또 누구나 가난한 사람이 될 수도 있다는 것입니다.

물론 여기에도 원칙이 있습니다. 바로 배울 그릇이 되어야 한다는 겁니다. 사마천은 "이런 까닭에 임기응변하는 지혜가 없거나 일을 결단하는 용기가 없거나 주고받는 어짊이 없거나 지킬 바를 끝까지 지킬 수 없는 사람이라면 내 방법을 배우고 싶어 해도 끝까지 가르쳐주지 않겠다是故其智不足與權變, 勇不足以決斷, 仁不能以取予, 彊不能有所守, 雖欲學吾術, 終不告之矣."고 말했습니다.

이 말의 의미를 좀 더 풀어보면 다음과 같습니다.

백규白圭라는 주나라 사람이 시세의 변동을 살피기를 좋아하여 사람들이 버리고 돌아보지 않을 때는 사들이고, 세상 사람들이 사들일 때는 팔아넘겼습니다. 풍년이 들면 곡식은 사들이고 실과 옷을 팔았으며, 흉년이 들어 누에고치가 나돌면 비단과 풀솜을 사들이고 곡식을 내다 팔아 큰돈을 거머쥐었습니다. 그는 풍년과 흉년이 순환하는 이치를 살펴며 물건을 사고팔아 돈을 불렸고, 이익을 극대화하기 위해 값싼 곡식을 사들였고, 수확을 늘리기 위해 좋은 종자만 골라서 썼습니다. 검소하게 먹고 생활했지만, 물건을 사고파는 시기를 볼 때에는 사나운 짐승처럼 재빨랐으며, 이 원칙을 끝까지 지켜 큰돈을 벌었습니다. 앞에서 사마천이 언급한 임기응변하는 지혜, 일을 결단하는 용기, 주고받는 어짊, 지킬 바를 끝까지 지키는 소신은 오늘날에도 부를 축적하는 데 핵심적인 자질들입니다. 여기서 가장 중요한 말은 "지킬 바를 끝까지 지킨다."는 것으로, 대개 가격담합 같은 편법을 쓰거나 종목 확장과 같은 무리한 욕망을 부리지 않는 것을 가리킵니다.

돈은 어떻게 써야 하는가

"부유하면 그 덕을 즐겨 행한다此所謂富好行其德者也." 이 말은 도주공陶朱公 범려가 베푼 나눔의 미덕을 찬탄한 말입니다. 탁월한 투자가답게 범려는 시세의 흐름에 민감하게 반응하여 많은 돈을 벌었습니다. 원래 그는 월왕 구천을 보필했습니다. 20여 년간 계획을 세워 마침내 오나라를 멸망시키는 일에 기여하여 상장군上將軍 자리까지 올랐습니다. 하지만 범려는 너무 커진 자신의 명성을 유지하기 어렵다고 여겼습니다. 더군다나 구천의 사람됨은 어려울 때는 같이할 수 있어도, 편안할 때는 함께하기 어려운 면이 있었습니다. 그래서 사직하고 보물을 간단히 챙겨 집안 식솔들과 함께 배를 타고 제나라로 갔습니다. 이름을 치이자피鴟夷子皮로 바꾸고 다시 생계를 도모하자니, 돈을 벌 방법이 의외로 많았습니다. 그가 택한 방법은 물자를 쌓아두었다가 시세의 흐름을 보아 내다 파는 것이었습니다. 말하자면 매점매석이었습니다. 그렇게 19년 동안 거금을 손에 쥐었지만, 그 돈을 두 번이나 못사는 친구들과 먼 형제들에게 나누어주었습니다. 자손들 역시 가업을 잘 운영하여 재산을 늘려 거만금에 이르는 부자가 되었습니다. 범려가 세 번째에도 또다시 돈을 벌자 제나라 사람들은 그에게 재상 자리를 주었습니다.

요즘 '노블리스 오블리제'라고 해서 부유한 분들이 베풂을 실천하고 있습니다. 범려가 했던 것처럼 돈을 벌어 과감하게 베푸는 것도 결국 돈이 들어오게 하는 방식입니다. 주위 사람들에게 베푸는 덕을 또 다른 금전을 위한 덕으로 생각하는 겁니다. 여기서 오늘날 기부 문화에 대한 사마천의 마인드를 엿볼 수 있지 않을까 합니다. 사마천은 이러한 말로 〈화식 열전〉을 끝맺습니다.

> 1년을 살려거든 곡식을 심고, 10년을 살려거든 나무를 심으며, 100년을 살려거든 덕을 베풀어라. 덕이란 인물을 두고 하는 말이다.
>
> 居之一歲, 種之以穀; 十歲, 樹之以木; 百歲, 來之以德. 德者, 人物之謂也.
>
> ―《사기》〈화식 열전〉

당장 돈을 버는 것도 중요하지만 장기적으로 보아서는 결국 인물을 키우는 것이 가장 중요하다는 말입니다. "교육은 백년지대계"라는 말이 있듯이 한 인물을 키우는 데에는 많은 힘과 노력이 필요합니다. 당시 시대적 상황이 모든 인물을 받아들일 만큼 여유롭지는 않았지만, 그러한 상황이 오히려 역설적으로 뛰어난 인물들이 생각의 나래를 펼칠 더 넓은 공간을 마련해주었다고 생각합니다. 돈 이야기를 하던 사마천이 왜 인물 이야기로 〈화식 열전〉을 마무리했는지는 각자 한번 생각해보면 좋을 것 같습니다.

　사마천은 55만 6,000여 자에 달하는 방대한 역사서 《사기》에서 인간과 권력에 대한 위대한 성찰을 보여주며 불행을 딛고 일어선 자들의 이야기를 적어나갔습니다. 백이와 숙제는 나름의 명분대로 살다가 죽어 이름을 남겼고, 형가와 같은 자객들 역시 천하를 위해 일하다가 이름을 남겼습니다. 계명구도라는 말처럼 쓸모없어 보이는 인물들도 결정적인 순간에 그 쓰임을 다한다는 사마천의 이야기는 우리를 대단히 행복하게 해줍니다. 세상에 쓸모없는 사람은 없다는 것이 바로 우리네 인생사라고 다시금 상기시켜주기 때문입니다. 다수를 차지한 소수 중에는 뭇사람을 없어도 되는 허울로 치부하는 자도 있지 않습니까? 아마도 사마천이 바랐던 세상은 저마다 자신의 목소리를 내며 살아가는 세상일지도 모릅니다.

　물론 사마천은 세상사에 민감하게 반응했습니다. '세상의 도리'는 사람의 일이 늘 권선징악으로 재단되는 것은 아니라며 냉철하게 현실을 인식했습니다. 자신이 궁형을 당하게 된 이유 중 하나가 돈이 없었기 때문이라고 생각했던 것인지 〈화식 열전〉도 지었습니다. 〈관·안 열전〉에서의 관중 이야기나 〈중니 제자 열전〉에서의 자공 이야기 등을 통해 경제력이 국가 경영에 얼마나 중요한지 설파하기도 했습니다.

　인물에 대한 이야기든 세상사에 대한 이야기든 이 모든 것은 결국 사람 이야기이고, 그 핵심에는 인재 경영이 있습니다. 세상을 이끄는 리더든 아니든 간에 존재 이유는 다 있기 마련이지만, 인재의 옥석을 가려내는 용인술이 조직의 성패를 결정하고, 누구를 만나 어떤 기회를 잡느냐에 따라 개인의 성패 역시 갈린다는 사실을 잊지 않으셨으면 합니다.

4부

조직에서 신뢰는 가능한가

— 《정관정요》로 보는 소통의 전략

《정관정요》는 군주와 신하가 중대한 정치적인 문제를 주제로 삼아 벌인 토론 문화를 기록한 책입니다. 신하의 간언이나 직언을 그대로 받아들여 정치에 반영하고 통치 철학으로 삼았던 것은 지금보다 1,300여 년 전의 일이지만, 오늘날 리더들이 조직을 꾸리는 데 받아들여도 문제가 없습니다. 특히 당시 시대 상황과 환경 요인을 생각해볼 때 당태종이 제왕에 오를 때까지 험난한 과정을 극복하고 리더십을 발휘한 것은 신뢰와 소통 관계에서 기본기에 충실할 때에만 가능하다는 것을 분명히 보여줍니다.

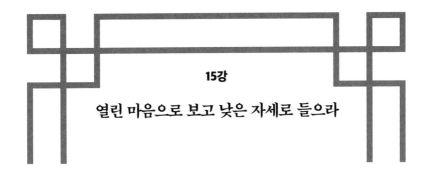

《정관정요》, 열린 리더십의 고전

한 나라의 흥성과 몰락이 조직의 리더인 왕에게 달려 있다고 한다면 지나친 말일까요? 구중궁궐에 갇혀 사는 군주는 사람의 장막에 가려 눈과 귀가 막히기 마련입니다. 간신들이 판을 치고 올곧은 신하가 내쳐지는 이유는 의외로 자명합니다. 권력욕에 눈이 어두워 칭송과 아첨을 일삼는 것이 일반적인 궁정의 속성이라고 해도 틀린 말은 아니기 때문입니다.

제왕의 자리는 그저 기분 내키는 대로 하는 자리가 아닙니다. 먼저 자신의 일거수일투족을 바라보는 수많은 백성과 신하가 있다는 것을 알아야 합니다. 한 나라의 최고경영자인 제왕의 섣부른 판단 착오와 자기 과신은 구성원들을 불안에 떨게 하고, 심지어 조직의 근간을 흔들수도 있기 때문에 제왕의 리더십은 아주 신중하게 접근해야 할 문제입니다.

이번 강의에서 알아볼《정관정요貞觀政要》는 조직 운영과 리더십의 기본 원칙을 충실하게 담고 있는 고전입니다. 이 책은《한비자韓非子》와 연관이 있습니다.《한비자》가 강력한 법치를 주창한 제왕학의 전범이라고 한다면,《정관정요》는 열린 리더십의 고전이라고 부를 수 있기 때문입니다.《한비자》를 쓴 한비韓非가 기원전 350년대의 인물이고,《정관정요》의 주인공인 당태종唐太宗이 기원후 600년대의 인물이니, 둘 사이의 차이는 900년이 넘게 날 것입니다.

《한비자》는 읽기에 따라 득이 될 수도 있고 실이 될 수도 있는 위험한 책입니다. 한비가 신상필벌信賞必罰의 원칙을 철저하게 지키면서 현실 정치에 맞는 군주를 위한 제왕학의 기틀을 새로 짰다면, 당태종의《정관정요》는 제왕적 리더십과는 다른 고차원적인 열린 리더십의 본질을 보여줍니다. 그렇다고 제왕적 리더십의 전형인《한비자》의 관점과 열린 리더십을 주창한《정관정요》의 관점이 상반된다고는 생각하지 않습니다. 한비는 강력한 국가를 건설하기 위해 자율보다는 타율을 강조하며 민중을 다스리는 유일한 방법으로 법치를 내세웠습니다. 적법한 절차에 따라 체계적인 제도가 세워지고, 또 그 제도가 천하 만민에게 공명정대하게 시행되는 법치를 희망했습니다. 이러한 점은 당태종의 열린 리더십과 절묘한 조화를 이룹니다. 물론 여기서는《한비자》와 다르게 불신이 아닌 신뢰의 방식으로 접근하고 있지만, 리더십이 단순한 권력에서 나오는 것이 아니라 법과 원칙이라는 기본적인 통치 기법에 따라 강화된다는 점에서 서로 참조할 만한 가치가 충분합니다.

현대 사회를 이야기할 때 흔히 조직 사회라고 이야기합니다. 조직에서 위로는 CEO가 있고, 아래로는 직원들이 있습니다. 상하 서열, 즉 수직 관계가 있습니다. 또 개인이 아니라 팀으로 편성되고, 팀 사이의 알력과 협력 관계가 존재합니다. 당나라 전체를 하나의 큰 조직으로 본다면, 황제야말로 그 조직의 CEO라고 할 수 있습니다. 전근대 사회인 당나라 시대라고는 하나, 가장 복잡 미묘한 조직인 궁중에서 벌어진 일이었기에, 전체적인 틀에서는 오늘날의 기업과 비교할 만합니다. 황제는 매일 부서장, 즉 신하들에게 보고를 받습니다. 조직이 원활하게 돌아가기 위해 가장 중요한 것은 정보의 원활한 흐름입니다. 부서장의 전결시스템, 결재 라인 같은 현재의 체계적인 시스템이 없었던 당시 사회에서, 정보와 의견을 소통시키느냐 시키지 못하느냐는 바로 리더의 재량에 달려 있었습니다. 여기서는 당태종이 갖고 있던 겸손한 제왕의 리더십이 그러한 역할을 하고 있지 않나 싶습니다.

창업이 어려운가, 수성이 어려운가

《정관정요》라는 책이 좀 낯선 분들도 계실 겁니다. 이 책의 주인공인 당태종의 연호가 바로 정관貞觀입니다. 정요政要라는 것은 정치의 요체를 뜻합니다. 즉 당태종이 다스렸던 시기의 정치 요체를 정리한 책이 바로 《정관정요》입니다.

당나라 300년 역사의 초석을 세운 사람은 고조 이연李淵이지만 그 정치 체제를 확고하게 정립한 사람은 그의 둘째 아들 이세민李世民입니다. 이세민은 애초에 제왕적 리더십과는 거리가 먼 제왕으로, 창업 과정도 순탄하지 못했습니다. 밖으로는 강적들과 싸워야 했고, 안으로는 형제와 싸워야 했습니다. 연이은 실정으로 민심을 잃은 수隋나라 양제煬帝를 타도하고자 그는 태원太原 지역의 군사령관으로 있던 아버지 이

연李淵을 설득해 병사를 일으킵니다. 아버지가 강적들을 제거하고 장안長安을 점령하는 데 결정적으로 기여합니다. 이듬해 618년 당나라가 건국되어 이연이 제위에 올랐습니다. 그런데 이연은 이세민이 정권 창출에 큰 공을 세웠는데도 맏아들 건성建成을 황태자로 삼아 형제간 불화를 일으키는 발단을 제공합니다. 건성은 동생 원길元吉과 함께 세민을 제거하려고 모의하지만 세민이 선수를 쳐 그들을 먼저 죽이고는 626년에 제위를 이어받아 즉위합니다. 그때 나이가 겨우 스물아홉이었습니다. 이렇게 피비린내 나는 형제의 난을 겪으며 제위에 오른 이세민은 유학에 바탕을 둔 문치를 내세우고 학문을 장려했습니다. 동시에 도가의 무위를 강조하고 도교를 국교로 정하는 등 폭넓은 행보로 민심의 향방을 살피며, 인재를 키우고 소통과 자기 검증을 통해 열린 정치를 정착시키고자 노력했습니다.

그는 즉위한 이듬해에 연호를 정관貞觀이라 하고, 20~30년 동안 내치와 외치를 훌륭히 하여 '정관의 다스림貞觀之治'이라는 태평성대를 이룩했습니다. 정치·경제·문화·예술·군사 등 다방면에 위대한 발전이 있었던 이 시기를 중국 역사에서는 가장 위대한 정치의 시대라고 부릅니다. 창업과 그 이후 나라를 다스려가는 수성의 문제에서 당태종이 생각했던 수많은 정치적 사고에 대한 태종과 명신들 간의 대화를 모아 엮은 것이 바로《정관정요》라는 책입니다.《정관정요》〈군도君道〉 편에 실린 문답을 먼저 들여다보겠습니다.

하루는 태종이 조정 대신들에게 묻습니다.

"제왕의 대업에 있어서 처음 창업創業하는 것과 그 일을 지키는 것〔守成〕가운데 어느 것이 어렵소?"

그러자 상서복야尙書僕射 방현령房玄齡이 대답합니다.

"천하가 혼란스러워지면 영웅들은 다투어 일어나지만, 쳐부수어야 적이 투항하고, 싸워 이겨야 적을 제압할 수 있습니다. 이런 관점에서 말하면 창업이 어렵습니다."

이 말을 들은 위징魏徵이라는 신하가 이렇게 반박합니다.

"창업은 하늘이 주고 백성이 받드는 것이기 때문에 어려운 것이라고 할 수 없습니다. 그러나 일단 천하를 얻은 뒤에는 마음이 교만하고 음란한 데로 달려가게 됩니다. 백성은 편안한 휴식을 원하지만 각종 부역은 끝이 없고, 백성은 잠시도 쉴 틈이 없지만 사치스러운 일은 오히려 멈추지 않습니다. 나라가 쇠락하고 피폐해지는 것은 언제나 이로부터 발생합니다. 이러한 점에서 말하면 이미 세운 업적을 지키는 일이 어렵습니다."

태종은 두 신하의 말을 듣고는 이렇게 매듭짓습니다.

"방현령은 과거 나를 따라 천하를 평정하면서 갖은 고생을 다하며 만사일생萬死一生으로 요행히 생명을 부지했기 때문에 창업의 어려움을 아는 것이오. 위징은 나와 함께 천하를 안정시키며 교만하고 음란한 병폐가 발생할 조짐을 걱정하며, 이것이 위태롭고 멸망의 길로 가는 것이기 때문에 이룩한 업적을 지키기 어렵다고 생각한 것이오. 현재 창업의 어려움은 이미 과거가 되었고, 세워진 제왕의 사업을 유지하는 어려움은 마땅히 공들과 신중히 상의해야 할 것이오."

이것은 당태종이 정권을 잡고 나서 10년 뒤에 나눈 대화입니다. 자세히 살펴봅시다. 당시 당태종이 정권을 창출하는 과정에서 문관과 무관이 있었습니다. 방현령 같은 무관들은 말을 타고 천하를 차지하는 과정에서 활약했으니 창업을 강조한 것이며, 위징과 같은 문관들은 내치에 힘쓰니 창업 이후 수성의 중요성을 강조한 것입니다. 각자의 입장에 따라 같은 사안을 두고도 다른 의견을 내는 것입니다. 이것이 바로 이 토론집을 읽는 묘미입니다.

당태종이 질문을 던지면 신하들이 다양한 의견을 내고, 그들이 대화를 통해 어떤 결론을 향해 수렴해가면서도 군주가 경계해야 할 점을 빠트리지 않는, 이런 토론 형식이 흥미롭지 않습니까?

당태종은 문제가 생길 때마다 "창업과 수성 중 무엇이 어려운가?"라는 질문을 계속 던졌습니다. 아버지를 도와 수많은 전쟁 끝에 당나라를 세우고, 또 형제의 난을 겪으면서 황제의 자리에 올랐던 것을 창업이라고 한다면, 그 후에 왕권을 강화하고 민심을 보살펴 올바른 정치를 펼쳐가는 것은 수성이라고 할 수 있습니다. 이때에는 왕이 자기 관리를 어떻게 하고, 반대파는 어떻게 포용하고, 민생은 어떻게 보살펴야 하는지가 중요해집니다. 역사책을 들춰보면, 군주가 처음 나라를 세울 때는 대부분 덕행이 빛나고 큰 공적을 남기지만, 시간이 흘러 나태해지면서 그 세력이 곤두박질치는 경우가 많습니다. 당시의 부강함만 믿고 그 뒤의 결과를 고려하지 않기 때문입니다. 다시 말해 천하를 다스리는 군주가 지속적으로 인품을 닦으며 정사를 열심히 돌보지 않고, 사리사욕을 채워 향락을 추구하면 망국의 위험을 초래하게 된다는 것입니다.

당태종은 이러한 오만과 독단에 빠지지 않기 위해 신하들과 끊임없이 대화하며 고민을 나누었습니다. 국가의 중대한 문제들을 독단적으로 생각하거나 판단하지 않았습니다. 아무리 뛰어나다고 하더라도 개인의 지혜와 능력에는 한계가 있지 않습니까? 신하들과 함께 국가적인 고민을 공유하고 풀어간다는 데에 《정관정요》의 의의가 있습니다.

군주는 배, 백성은 물

이 토론을 나름의 관점으로 서술해간 저자는 오긍吳兢이라는 사람입니다. 지금의 허난성 카이펑開封 사람으로 670년에 태어나 749년에 죽었습니다. 대략 당나라 고종高宗 때부터 현종玄宗 때까지 살았다고 볼 수 있습니다. 오긍은 어린 시절부터 부지런히 학문을 닦아 경학과 사학에 해박한 식견을 갖고 있었습니다. 궁궐에 사관으로 들어와 역사 편찬에 참여했는데, 역사를 기록할 때 거리낌 없이 바르게 서술했기 때문에 당시 사람들에게서 동호董狐라는 예찬을 들었습니다. 동호는 주변에 휘둘리지 않고 있는 그대로 역사를 서술한 춘추 시대의 사관으로, 훌륭한 역사가의 대명사라고 할 수 있습니다.

670년에 태어나서 749년에 죽었으니, 당태종이 다스렸던 '정관지치'보다는 꽤 시간이 흐른 시점입니다. 왜 오긍이 이 글을 썼는지 한번 생각해봅시다. 황제가 잘못된 행동을 하면 백성이 고통을 받고, 종묘사직에 막대한 재앙을 초래할 수 있기 때문이 아닌가 합니다. "사람을 거울로 삼으면 자기의 득실을 분명히 알 수 있다."는 당태종의 말처럼 후세 사람들이 이 기록을 거울로 삼기를 바란 거죠. 그래서 될 수 있으면 왜곡하지 않고 있는 그대로 그 문답들을 남기면서도, 중국인의 기본적인 역사 기술 원칙인 춘추필법春秋筆法을 고수하여 당태종의 장단점을 적나라하게 기록했습니다. 그로 인해 당태종의 국가 경영 원칙이 얼마나 기본에 충실한 것이었는지 이 책은 분명하게 보여주고 있습니다.

《정관정요》는 모두 10권 40편으로 구성되어 있습니다. 여기에 등장하는 주요 인물은 당태종과 그의 신하인 위징, 방현령, 두여회杜如晦, 왕규王珪 등입니다. 대부분 대화체 표현으로 이루어져 있는데, 상소문의 경우는 경전 속 어구를 많이 인용하여 난해한 부분이 적지 않습니다. 대화체 표현은 당태종의 인물됨과 그의 모든 통치 스타일을 적나라하게 보여주는 역할을 합니다. 또 시대의 흐름을 꿰뚫어보는 혜안, 군주의 마음을 헤아려 사심 없이 보필하려 진력하는 신하들의 고언 등도 돋보이는 대목이라고 할 수 있습니다. 각 권의 내용은 다음과 같습니다.

1권에서는 군주가 갖춰야 할 도리와 정책 근본에 대해서 논의합니다. 2권에서는 어진 관리 임명과 간언의 중요성을, 3권에서는 군주와 신하가 거울로 삼아야 할 계율, 관리 선발 방법, 봉건제 등을 다룹니다. 4권에서는 태자와 여러 왕을 경계시키는 내용이 나오는데, 특히 태자 교육에 많은 분량을 할애합니다. 5권에서는 유가에서 강조하는 인·충·효·신·공평함 등에 대해 문답식으로 정리합니다. 6권에서는 절약과 사치, 겸양에 대해서 이야기하며, 7권에서는 유학과 문학, 역사에 대해서 이야기하고, 8권에서는 백성의 생활과 밀접한 관련이 있는 농업·형법·부역·세금 문제에 대해 논의합니다. 9권에서는 국외적인 문제인 정벌과 변방 안정책을 다룹니다. 맨 마지막 권에서는 군주의 순행巡幸, 사냥에 대한 문제를 다루면서 초심과 신중함을 강조합니다.

소통의 리더십, 리더의 자질 문제, 열린 정책의 요체, 엄격한 자기 관리, 백성을 위한 정치에 대한 고민, 토론 정치의 중요성, 겸허의 미학 등이 《정관정요》에 다 기록되어 있습니다. 너무 복잡하다고 여기실지도 모른다고 생각하여, 이 책의 관점을 조금 요약해보겠습니다. 바로 이말에서 우리는 힌트를 얻을 수도 있을지도 모릅니다.

군주는 배이고 백성은 물이다. 물은 배를 띄울 수도 있지만, 배를 뒤

엎을 수도 있다.

君舟人水, 水能載舟, 亦能覆舟.

—《정관정요》〈정체政體〉

이 말에《정관정요》의 핵심이 담겨 있습니다. 정치의 근본은 군주나 신하 한 개인이 세우는 것이 아니라 그들이 상호 협력할 때 가능하다는 것, 모든 정치의 근본은 백성과 군주의 상생 관계임을 강조한 명언입니다. 실제로는 어떠합니까? 대다수 신하는 군주의 위세에 눌려 솔직한 의견을 펼치지 못하고, 잘못된 명령을 그대로 시행하여 수많은 백성에게 재앙을 안겨주지 않았습니까? 이것은 신하들이 올바른 간언을 할 수 없도록 한 군주에게 가장 큰 책임이 있고, 그다음으로는 신하로서의 책무를 다하지 못하고 윗사람에게 영합하려 한 신하에게 책임이 있습니다. 군주가 겸손하게 아랫사람들의 의견을 받아들이고, 신하들도 거리낌 없이 시비를 가릴 수 있을 때 정치는 안정되기 마련이지요. 그러한 관점에서 군주는 배이고, 백성은 물이라는 원칙, 물은 분명히 배를 띄울 수 있지만, 그 물이 배를 뒤집을 수도 있다고 생각한 것은 당시로서는 획기적인 발상이었습니다. 당태종이 그러한 마인드를 갖고 있지 않았다면, 진시황 뒤를 이어 진나라 정권을 잡았던 호해胡亥가 3년도 못 가 멸망한 것처럼, 치명적인 타격을 입었을 겁니다.

1권부터 10권까지《정관정요》가 다루고 있는 문제는 오늘날의 국가 경영이나 기업 등 각 조직이 나아갈 방향에 접목해도 별 손색이 없습니다. 겸허한 자세로 신하의 간언을 받아들이고 백성을 사랑하는 것, 언행에 신중하며 아첨을 받아들이지 않고 사치와 방종을 경계하며 농업을 장려하여 의식주 문제를 해결하고 변방을 안정시켜 모두가 잘사는 국가를 건설해야 한다는 것, 만약 오늘날의 국가 경영자, 즉 대통령이 이런 의식을 갖고 있다면 훌륭한 정치가 이루어지지 않을까요? 이런 점에서 오긍이 이 책을 쓴 이유는 분명합니다. 당태종이 행한 리더십의 본보기를 보여주어 후세 역사가들뿐만 아니라 황제들, 국가를 경영하는 사람들에게 지침이 되기를 바란 것입니다.

백성을 하염없이 생각하다

이 책의 주인공인 당태종에 대하여 알아봅시다. 당태종은 열린 마음과 소통 리더십의 제왕이라는 평가를 받고 있습니다. 《한비자》 유형에서 보이는 제왕적 리더십과는 거리가 멀다고 할 수 있습니다. 신하들 위에서 군림하거나 대규모 토목 공사 등을 무리하게 추진하여 백성을 못살게 굴지 않았습니다. 무엇보다 그는 민심을 살피고, 백성한테 하염없이 애정을 베푼 제왕입니다.

피비린내 나는 정권 쟁탈 과정을 밟아 제위에 오른 당태종이었기에 더욱더 문치文治의 중요성을 강조한 것입니다. 무력으로 정권을 쟁취한 태생의 한계를 역으로 극복하려는 노력이 아니었나 싶습니다. 유학을 장려하고 그 제도와 시설을 확충한 것도 자신의 핸디캡을 극복하기 위한 제도적 장치가 아니었을까요? 300번 이상이나 간언한 위징 같은 신하들을 내치지 않았고 8대 명신이라 불리는 소신파 신하들을 곁에 두고 스스럼없이 소통한 것도 같은 취지라고 볼 수 있습니다. 당태종이 소통하지 않고 제왕적 리더십으로 신하들과 백성 위에 군림하려 들었다면, 결코 자신이 원했던 방향으로 나라를 이끌어갈 수 없었을 것입니다.

그런 의미에서 강조한 것이 바로 군도君道, 즉 군주의 도리입니다. 《정관정요》의 첫 번째 장에 해당하는 내용이죠. 군주의 도의 가장 기본적인 내용은 신하, 백성과의 상생과 협력입니다.

당태종은 가까이 있는 신하들에게 이렇게 말합니다.

"군주 된 자의 도리는 반드시 먼저 백성을 생각하는 것이오. 만일 백성의 이익을 손상해가면서 욕심을 채운다면, 마치 자기 넓적다리를 베어 배를 채우는 것과 같아서 배는 부를지언정 곧 죽게 될 것이오. 만일 천하를 안정되게 다스리려고 한다면 먼저 군주 자신의 행동을 바르게 해야 하오. 몸이 곧은데도 그림자가 기울고, 윗사람이 훌륭히 다스리려고 노력하는데도 아랫사람들이 혼란스러운 경우는 없소."

군주가 곧 최고 권력자인 봉건 사회에서 당태종처럼 백성을 먼저 생각한다는 것은 쉽지 않은 일입니다. 맨 위에 군주가 있고, 그 밑에 사대부가 있으며, 맨 밑바닥에 백성이 있다고 생각하는데, 오히려 당태종은 그 관계가 수평적이라고 여겼고, 그렇게 생각하는 것이 군주의 기본적인 도라고 보았습니다. 만약 군주가 이치에 맞지 않는 말을 한다면, 백성은 그 때문에 사분오열할 것이고, 마음을 바꾸어 원한을 품고 모반하는 이가 생길지도 모릅니다. 그래서 항상 이러한 이치를 염두에 두고 자신의 욕망을 따르는 행동을 하지 않겠다고 선언한 것입니다. 군주가 경계해야 할 것은 오만과 방종입니다. 겸손하려는 마음가짐이 흐트러지면 그 나라가 지탱될 수 있겠습니까?

예를 들어 〈군도〉 편에서는 수나라가 멸망한 이야기가 나옵니다. 그 원인을 찾아 반면교사로 삼으려고 한 것입니다. 정관 11년, 위징이 다음과 같은 상소를 올립니다.

"신이 보건대, 예로부터 '하도河圖'를 얻어 천명을 받고 나라의 대업을 열어 천자의 자리에 오르면 예악 제도를 굳건히 하고 법률 조문의 시행을 추진하고, 다방면의 뛰어난 인재를 부리며, 존귀한 제왕의 자리에 앉아 천하를 다스리던 군주는 모두 자기의 두터운 덕이 천지와 서로 짝을 이루고, 자기의 총명함이 해와 달과 똑같이 빛을 발한다고 생각했습니다. 나뭇가지와 뿌리가 튼튼하면 백세까지 전해 영원히 보존할 수 있습니다. 그러나 뿌리를 지탱할 수 있는 사람이 매우 적고, 패망이 끊임없이 이어지는 까닭은 무엇이겠습니까? 그 원인을 살펴보니, 나라를 다스리는 근본 원칙을 잃었기 때문입니다. 수나라가 멸망한 교훈은 멀리 있는 것이 아니니 귀감으로 삼을 만합니다."

나무를 무성하게 키우려면 뿌리를 튼튼히 해야 하고, 물을 멀리까지 흐르게 하려면 원류를 깊게 해야 하며, 나라를 오랫동안 평안히 다스리려면 많은 덕행을 쌓아야 한다고 합니다. 그런데 뿌리가 약한 나무, 원류가 깊지 않은 물, 덕행을 쌓지 않은 나라가 바로 수나라였습니다. 건국한 지 17년 만에 수나라가 멸망한 원인이 무엇입니까? 무리한 정벌과 대운하 건설 때문입니다. 정벌 정책을 펼치면 백성이 농사를 지을 시기를 잃어버립니다. 백성이 농사를 짓지 못하다 보니 나중에는 궁핍해지고, 백성이 궁핍하니 민란이 일어납니다. 운하 건설도 마찬가지입니다. 국가 재정을 생각하지 않고 무리하게 운하를 건설하니 백성이 경제적으로 궁핍해집니다. 결국 백성이 수나라 양제의 덕망에 대해 끊임없이 비판하고 여기저기서 민란이 발생하여 수나라가 멸망하게 된 것입니다.

이것은 군주의 도가 바로 서지 못하여 군주가 백성을 우습게 보았기 때문입니다. 나라를 세운 황제들은 자기가 중요하게 생각하고 좋아하는 어떤 것에 끊임없이 매진하는 경향이 있습니다. 그러다 보면 독선과 방종에 빠지기 쉽습니다. 곁에 있는 신하들의 간언을 통해 방종을 경계하지 않으면 결국 그 나라는 위험한 지경에 빠지게 되는 법입니다.

간언을 받아들여라

제왕의 자리에서 방종을 경계하고 백성을 소중히 여기는 것이 군주의 도라면, 신하들과 상의하여 문제를 풀어가는 것은 바로 정치의 요체입니다. 당태종이 신하들과의 정치를 어떻게 풀어갔는지 살펴봅시다.

정관 3년, 태종은 신하에게 말합니다.

"중서성中書省과 문하성門下省은 모두 매우 중요한 기관이오. 재능 있는 자를 선발해 실제로 중요한 임무를 맡기도록 하시오. 만일 군주가 내린 명령이 부당해 실행하기 어렵다면 각기 의견을 말해 토론할 수 있소. 요즘 아랫사람들은 나의 뜻에 영합해 무조건 받아들이고 있을 뿐 조서의 글에 대해서 직언하거나 간언하는 말 한마디가 없으니, 어찌 말이 되오? 만일 조서를 관할하고 문서를 시행하는 일이 이렇다면 누군들 감당할 수 없겠소? 어찌 수고롭게 인재를 선발해 중임을 맡길 필요가 있겠소? 이 이후로 황제가 내린 조서 가운데 부당해 실행할 수 없는 부분이 있으면 반드시 자기 의견을 견지하도록 하고, 잘못되었음을 분명히 알면서도 두려운 마음이 있어 침묵을 지키는 일이 없도록 하시오."

이 말은 〈정체〉 편에 나옵니다. 정체란 바로 정치의 요체란 뜻입니다. 당태종은 늘 직간하는 신하, 자기에게 간언하는 신하를 얻어야 하고, 그들이 마음껏 간언할 수 있도록 길을 터주는 역할을 해야 한다고 말했습니다. 〈정체〉 편에서는 "나라가 위급해져 망하려고 하나 지탱시키지 않고, 군주가 엎어지려고 하나 부축하지 않는다면 어떻게 이런 사람으로 보좌하도록 할 수 있겠는가?"라는 말도 나옵니다. 여기서 '부축'은 몸으로 하라는 것이 아닙니다. 군주가 잘못된 판단을 내리려고 했을 때, 그 판단을 바로 세우는 것이 바로 부축입니다. 즉 바로잡아 올바른 방향으로 나아가게 하는 것, 군주의 도를 향해서 나아갈 수 있는 길을 직언해줄 수 있는 신하가 있어야 한다는 것입니다. 그러면서 일찍이 폭군 걸왕桀王이 충신 관용봉關龍逢을 죽이고, 한漢 경제景帝가 조조晁錯를 죽였을 때 책을 덮고 탄식하지 않은 자가 없었다는 예를 들며 신하들이 자기 뜻을 거스른다고 마음대로 벌주거나 질책하는 일은 없을 거라고 선포합니다. 이는 끊임없이 밑에 있는 사람들이 자신을 위해서 올바른 말을 할 수 있는 시스템을 만들려고 한 것입니다. 기본적으로 신하들은 군주가 아첨하고 아부하는 사람을 좋아하지, 직언하고 바른말을 하는 사람을 좋아할 리가 없다고 여기며 먼저 움츠러들기 십상입니다.

대개 조직의 위기는 리더십의 위기라고 할 수 있습니다. 그 위기는 기본적으로 신뢰 관계가 무너졌을 때 나타나는 것입니다. 간신들이 판을 치고 올곧은 신하가 내쳐지는 이유는 군주 자신의 문제이지 신하의 문제는 아닙니다. 칭찬이 칭송으로, 다시 아첨으로 바뀌는 것이 폐쇄적인 궁정의 속성이죠. 군주가 초기에는 신하들의 말도 잘 듣고 민심도 잘 헤아리려 노력하지만, 시간이 흐르면서 간신들의 아첨에 익숙해져 직언과 고언을 하는 신하들은 설 곳이 없어집니다. 오늘날에도 회사에서 밑에 있는 사원들에게 의견을 내라고 했을 때, 자칫 소신 있는 의견을 말하면 그것이 비판처럼 보이기 쉽습니다. "회사에서 관례대로 해왔던 방침을 이야기하시는데, 제 생각에는……." 이렇게 말하는 것 자체가 바로 비판이라는 것입니다. 그러한 말을 수용하는 CEO가 있고, 수용하지 못하는 CEO가 있습니다. 수용했을 때에는 간언할 수 있는 분위기가 조성되는 것이고, 그렇지 못한 경우는 간언하지 않게 되는 분위기가 조성되는 것입니다. 일반적으로 군주들이란 자기가 신임하지 않는 자, 자기 눈에 들지 않는 자가 간언하면 자신을 비방한다고 생각합니다. 신임하는 자가 간언하지 않으면 봉록, 즉 월급만 훔치는 자라고 생각합니다. 같은 말을 해도 군주의 마음이 열려 있으면 충언으로 받아들여지지만, 군주의 마음이 닫혀 있으면 비난으로 왜곡되어 받아들여집니다. 가차 없는 숙청을 일삼다가 패망한 사례가 드물지 않았다는 점을 기억하시길 바랍니다.

당태종이 신하들의 간언을 받아들인 〈납간納諫〉 편의 문답을 읽으면서 마치겠습니다.

정관 6년, 당태종의 공적이 크다고 생각한 신하들이 태산에 가서 봉선封禪 의식을 행하도록 부추기는 일이 생깁니다. 모두가 찬성하는 그 일에 위징은 태종에게 봉선 의식을 하지 말라고 간언합니다. 그러자 태종이 말합니다.

"나는 그대가 지금 진실한 의견을 말하고 숨기는 것이 없기를 바라오. 나의 공적이 높지 않소?"

위징이 답합니다.

"공적은 높습니다."

태종이 다시 묻습니다.

"덕행이 두텁지 못하오?"

위징이 답합니다.

"덕행은 두텁습니다."

태종이 묻습니다.

"아직 잘 다스려지지 않았소?"

위징이 답합니다.

"잘 다스려졌습니다."

태종이 묻습니다.

"매년 오곡을 풍성하게 수확하지 못하고 있소?"

위징이 답합니다.

"수확은 풍성합니다."

태종이 묻습니다.

"그러면 무엇 때문에 봉선할 수 없다는 것이오?"

이에 위징은 이렇게 간언합니다.

"폐하의 공적은 비록 높지만 백성의 마음속에는 아직 폐하의 은혜가 기억되지 못했고, 폐하의 덕행은 비록 두텁지만 아직은 은택이 사람들에게 두루 퍼지지 못했습니다. 화하華夏 중원은 비록 안정되었지만, 아직은 하늘과 땅에 제사 지내는 봉선 대전의 비용을 부담하기에는 부족합니다. 먼 곳에 있는 외족들은 비록 폐하를 우러러 사모하지만, 아직은 더욱 많은 물건으로 그들의 요구를 만족시키지 못하고 있습니다. 길한 징조가 나타났지만, 크고 작은 형벌이 아직도 천하에 가득합니다. 몇 년간 연속하여 풍성한 수확을 했지만, 식량 창고는 텅 비었습니다. 이것이 제가 생각하는 봉선을 거행할 수 없는 이유입니다."

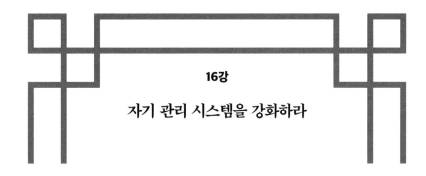

16강

자기 관리 시스템을 강화하라

충신은 역린을 두려워하지 않는다

앞서 리더의 자세에 대해서 알아보았다면, 이번 강의에서는 그것을 바탕으로 한 인재 경영에 대해 말씀드리겠습니다. 이는 현신들의 간언을 받아들이고, 체계적으로 관리를 선발하며, 후계자 관리에 힘쓰라는 세 가지로 요약될 수 있습니다.

이 가운데 현신을 임용하고 위장하는 신하를 경계하는 것이 가장 중요합니다. 현신이란 현명한 신하를 뜻하고, 위장하는 신하란 자기 앞에서 다른 모습을 보이는 신하를 뜻합니다. 현신을 임용하고 간언을 수용하기 위해서는 어떻게 해야 할까요? 바로 경청을 해야 합니다. 그것도 사리판별을 하며 그들의 말을 잘 가려들어야 합니다. 덕행을 쌓은 군주는 귀를 거스르는 말을 잘 듣고, 신하들이 군주의 얼굴을 살피지 않고 하는 간언을 좋아합니다. 군주가 충신을 가까이하려면 의견을 제시하는 사람을 후하게 대우하고, 앞일의 길흉화복에 대하여 예언하기 좋아하는 사람을 질책하며, 간사하고 아첨하는 사람은 멀리해야 합니다.

당태종이 가장 신임하던 8대 명신이 있습니다. 방현령, 두여회, 위징, 왕규, 이정李靖, 우세남虞世南, 이적李勣, 마주馬周 등이 바로 그들입니다. 이 가운데에는 이세민의 정적인 태자 건성의 막료도 있었으니, 그가 바로 앞서 살펴본 위징입니다. 당태종은 위징을 포함한 이 여덟 명의 명신을 항상 옆에 두고 있었습니다. 그중 위징은 당태종에게 300번이나 간언한 것으로 유명합니다. 어느 날 당태종이 위징을 불러 "당신은 왜 그렇게 나한테 간언을 많이 하오?"라고 묻자 위징은 이렇게 이야기합니다.

"폐하께서 저를 데려다 의견을 펼치도록 했기 때문에 감히 말을 한 것입니다. 만일 폐하께서 근본적으로 저의 의견을 듣지 않았다면, 저는 감히 용의 비늘을 범하며 폐하가 꺼리는 것을 건드렸을 것입니다."

여기에 나오는 용의 비늘이라는 말은 앞서 《한비자》에서 배웠듯이 임금이 꺼려하는 역린입니다. 한비는 군주의 역린을 거스르면 설득에 실패한다고 말했습니다. 하지만 여기서는 그 반대입니다. 다른 신하들은 역린을 건드릴까봐 감히 간언하기를 꺼려했지만, 위징은 그렇지 않았습니다. 위의 말은 자신이 특출해서 간언을 많이 한 것이 아니라 당태종이 그런 환경을 마련해준 덕분이라고 얘기하는 것입니다.

간언은 비난이나 비판으로 받아들여질 수 있습니다. 당시는 군주의 심기를 건드리면 죽음 아니면 귀양인 시절이었습니다. 그래서 누구도 군주의 허물을 쉽게 지적하지 못했습니다. 자칫 잘못하면 큰 화를 입을 수 있기 때문입니다. 한비의 판단은 냉철한 것이었습니다만, 역린을 건드릴까 두려워서 해야 할 말도 꺼내지 못하는 상황이 계속된다면 나중에는 더욱 곤란해질 것이 아닙니까? 그것은 리더가 어떤 마음을 가졌느냐, 즉 역린마저도 포용할 수 있는지 살펴봐야 하는데, 당태종은 열린 리더십을 갖고 있는 인물이었던 겁니다.

당태종의 소신은 확고했습니다. 앞서 살펴보았듯이 백성을 하늘처럼 받들어 어떻게 하면 올바른 곳으로 인도할 수 있는지 끊임없이 고민했습니다. 신하들이 어떤 말을 하든지 간에, 궁극적으로는 국가를 안정시키고 백성을 편안하게 하는 방향으로 가는 것을 가장 중요하게 여겼습니다. 뚜렷한 목적, 커다란 대의가 있었기에 역린이든 아니든 상관하지 않은 겁니다.

더 나아가 당태종은 위장하는 신하를 경계해야 한다고 말합니다. 당태종이 어느 날 가만히 생각해보니, 예나 지금이나 자신은 분명히 잘못을 똑같이 되풀이하는 것 같은데, 위징이 죽은 이후로는 간언하는 사람이 없었다는 거죠. 그래서 이런 이야기를 합니다.

"내가 어찌 과거에만 잘못을 저지르고, 오늘날에는 전부 옳은 행동만 하겠소? 그 원인은 많은 관원이 순종만 하고 감히 용의 비늘을 거스르기를 꺼리기 때문이오. 그리하여 나는 허심탄회하게 의견을 구해 나 자신의 의혹스러운 점을 풀고 진심으로 반성하려는 것이오. 만일 여러 사람이 진언을 했는데 받아들이지 않는다면, 나는 그 책임을 달게 받겠소. 그러나 만일 내가 의견을 받아들이려 하는데도 여러 사람이 의견을 제시하지 않는다면, 그것은 누구의 책임이겠소? 이 이후로 모든 사람은 각자 충성을 다하시오. 만일 나에게 옳고 그름이 있으면, 직언하고 은폐하지 마시오."

그래서 당태종은 "신하란 군주의 허물을 비춰주는 거울과 같은 존재"라고 말합니다. 가장 가까이 있는 이들, 궁궐 안에서 군주를 모시는 자들이야말로 군주의 일거수일투족을 다 알고 있기 때문에, 군주의 허물이 분명히 드러날 수 있다는 것입니다. 다음 말을 한번 볼까요?

> 사람이 자기 얼굴을 보려면 반드시 맑은 거울이 있어야 하고, 군주
> 가 자기의 허물을 알려고 하면 반드시 충직한 신하에 의지해야 하오.
> 군주가 만일 스스로 현인이나 성인이라 여기고 신하도 정확한 의견을
> 제시해 바로잡지 않는다면, 이런 상황에서 위험과 실패를 면하는 것이
> 어찌 가능하겠소? 군주가 국토와 사직을 버리면 신하 또한 자신의 집
> 안을 보존할 수 없소.
>
> 人欲自照, 必須明鏡, 主欲知過, 必藉忠臣. 主若自賢, 臣不匡正, 欲不危敗, 豈可
> 得乎? 故君失其國, 臣亦不能獨全其家.
>
> ─《정관정요》〈구간求諫〉

군주가 스스로 현인이나 성인이라고 여겼을 때, 신하가 "당신은 틀렸
습니다." 하고 의견을 내 바로잡아주어야 합니다. 여기서 "스스로 현인
이나 성인이라고 여긴" 군주란 바로 수隋나라 양제煬帝를 뜻합니다. 수
양제는 상당히 포악한 황제였습니다. 그래서 신하들이 모두 그 앞에서
입을 꼭 다문 채 아무 말도 하지 않았습니다. 당시 우세기虞世基 같은
신하는 심지어 죽임을 당하기까지 했습니다. 그러다 보니 수양제는 자
기에게 어떤 허물이 있는지 몰랐고, 결국 수나라는 멸망하고 말았습니
다. 이런 일들은 당태종이 있었던 시대로부터 불과 20여 년 전에 일어
난 일이었습니다. 위의 말에서는 그러한 오류를 범하지 않겠다는 당태
종의 굳은 결심이 엿보입니다. 자신만큼은 거리낌 없이 말하는 신하들
을 곁에 많이 두어, 그 비판과 지적을 달게 받겠다고 다짐하고 있는 겁
니다.

고전의 전략

여기서 "연못에 물을 말려 물고기를 잡으려는가."라는 비유가 나옵니다. 당시 지나친 징집으로 많은 문제가 발생했습니다. 많은 젊은이가 징집 대상이었는데, 중당中唐 시기의 유명한 시인 백거이白居易는 이러한 현실을 빗대어 〈신풍의 팔 부러진 노인-국경 지대의 무의미한 군공을 경계하다新豊折臂翁-戒邊功也〉라는 긴 시를 썼습니다. 이 시에는 징집을 피하기 위해 일부러 팔을 부러뜨리고 근근이 살아가는 사람이 나옵니다. 일부만 좀 읽어볼까요?

> 팔이 부러진 지 60년
> 팔 하나는 사용하지 못하지만 몸뚱이는 온전하다네.
> 지금도 비바람 치는 밤이나 음산한 밤이면
> 날이 밝을 때까지 고통으로 잠 못 이룬다네.
> 아파서 잠도 못 자지만 끝내 후회하지 않고
> 도리어 늙은 몸 지금까지 혼자 남아 있음을 기뻐한다네.
> 臂折來來六十年, 一肢雖廢一身全.
> 至今風雨陰寒夜, 直到天明痛不眠.
> 痛不眠終不悔, 且喜老身今獨在.

스스로 팔을 부러뜨린 노인은 동시대를 살아가는 백성의 피폐한 삶을 대변하는 인물이자 그 시대가 감당하고 있는 아픔과 불행의 산증인입니다. 불구자가 될지언정 전쟁터에서는 죽고 싶지 않은 노인의 심정, 비바람 치는 날 쑤시는 통증도 생명을 부지한 것에 비할 수 없다는 서글픔은 당시의 비참한 상황을 그대로 보여줍니다.

이와 같은 상황에서 당태종이 16세부터 20세 사이의 젊은이들을 마구잡이로 징집하려고 하니 위징이 간언합니다.

"저는 연못 속의 물을 말린 다음에 물고기를 잡으면 결코 잡지 못하는 일이 없지만 그 이듬해에 다시는 물고기가 없을 것이고, 숲을 불태워 사냥을 하면 짐승을 못 잡는 일은 없지만 그다음 해에는 또다시 짐승을 보지 못할 것이라고 들었습니다. 만일 차남 이상이 전부 군대를 가면, 세금과 각종 부역은 누구에게서 취하겠습니까?

하물며 근년 들어 나라를 방위하는 병사들은 공격하여 싸울 일이 없어졌는데, 설마 인원수가 적기 때문이겠습니까? 병사들에게 마땅히 있어야 할 대우가 사라졌기 때문에 싸울 마음이 없어진 것입니다. 만일 사람들을 자주 징집하면 여전히 잡일에 충당하게 되고, 인원수는 비록 많아도 결국에는 쓸 곳이 없어집니다. 만일 마음을 단련하고 신체 건장한 성년 남자를 선발하여 예우한다면, 사람들은 모두 백배로 용감해질 수 있는데, 또 어찌 많은 수의 사람이 필요하겠습니까? 폐하께서는 항상 나는 군주로서 사람들을 대함에 있어 진실하고 간절하며, 관리와 백성 모두 교만하거나 거짓된 마음이 없기를 바란다고 말씀하셨습니다. 폐하께서는 즉위한 이래 큰일을 세 건이나 처리하셨지만, 모두 신의를 도모한 것은 아닙니다. 또 무엇으로 백성의 신임을 받겠습니까?"

당시 당태종은 주변 여건 때문에 정벌 정책을 많이 펼쳤습니다. 그러다 보니 군사들도 많이 징집하게 됩니다. 이러한 일이 연못의 물을 말려서 물고기를 싹 잡아버리는 일과 같다고 위징은 말하는 겁니다. 국가의 중추는 결국 젊은이 아닙니까? 젊은이들이 일해야 세금도 걷고, 공사도 진행하고, 가정도 꾸려 후손도 낳을 수 있는데, 다 군대에 징집되어 가면 어떻게 하느냐? 결국 왕이 생각하는 정치를 제대로 펼치기 위해서는 젊은이들을 보호해야 하고, 그러기 위해서는 징집 문제를 심각하게 재고해야 한다는 것입니다. 태종은 이러한 간언을 듣고 자신의 잘못을 깨달아 정책을 수정합니다.

작은 인재가 큰일을 맡아서는 안 된다

다음으로 나오는 것이 관리 선발의 문제입니다. 〈군신감계君臣鑒戒〉편에서 위징은 중대한 일을 대신大臣에게 맡기고, 작은 일을 소신小臣에게 맡겨야 하는데, 오히려 중대한 일을 소신에게 맡기고, 작은 일을 대신에게 맡기는 경우가 대단히 많다고 이야기합니다. 한마디로 대소사를 구분하라는 것입니다. 더 나아가 문제가 발생하면, 소신의 보고는 쉽게 믿고 대신들을 의심한다고 말합니다. 자기가 경시하는 자는 믿고, 중시하는 자는 의심하는 상황이 벌어지는 겁니다. 인재를 쓸 때는 역할 분담과 각득기소가 중요한데, 어떤 때는 대신들에게 작은 일을 처리하게 하고, 소신은 자신이 차지해서는 안 되는 자리에 앉아 있으니 문제가 생기는 것입니다. 대신이 작은 잘못을 저질러 죄를 짓고, 소신이 큰일로 인해 처벌을 받는 상황이 생기는 것이죠. 이것은 관직과 지위가 서로 부합하지 못하기 때문에 벌어지는 일입니다. 그래서 당태종은 "소신은 중임을 맡아서는 안 되고, 대신은 그들의 작은 과실을 추궁해서는 안 된다."고 말합니다.

물론 어떤 사람이 대신이고 어떤 사람이 소신인지는 구분하기가 쉽지 않습니다. 이러한 과정에서 관리 선발론이 제기됩니다. 여기서 "천 장의 양가죽은 여우 겨드랑이 털 하나만큼의 가치도 없다千羊之皮, 不如一狐之腋."는 비유가 나옵니다. 1천 명의 범재, 즉 보통의 인재는 단 한 명의 천재급 인재에 못 당한다는 의미입니다. 그래서 어떤 관리를 선발하여 옆에 두느냐가 군주에게는 대단히 큰일이라고 이야기합니다. 단 한 명의 인재가 조직의 성패를 좌우한다는 말을 명심해야 합니다. 인재는 양보다 질이 중요하다는 것입니다. 한 사람의 훌륭한 신하가 적재적소에 배치되면 일당백의 역할을 할 수 있습니다.

사람을 임용하여 쓰는 것은 그릇을 쓰는 것과 같다고 당태종은 이야기합니다. 그릇마다 용도가 다르듯이 각각의 신하도 그 쓰임이 다 다릅니다. 적재적소에 인재를 임명해 쓰는 것은 군주의 권한이자 역할입니다. 누구 밑에서 일을 하느냐에 따라 그 인재의 능력이 달라지는 법입니다.

〈택관擇官〉편 첫머리에서 당태종은 방현령 등에게 이러한 인사 지침을 내립니다.

"(나라를) 다스리는 근본은 오로지 재능을 잘 헤아려 관직을 주고 관원의 수를 줄이는 일에 힘쓰는 데 있소. 그런 까닭에 《상서尚書》〈함유일덕咸有一德〉에서는 '관원을 임명하는 일은 오직 현명함과 능력으로만 한다.'라고 하고 또 〈주관周官〉에서는 '관직은 반드시 다 갖출 필요가 없고, 중요한 것은 사람을 알맞게 등용하는 것이다.'라고 했소. 현명하고 능력 있는 사람을 선발하여 등용하면 비록 관원의 수가 많지 않아도 충분하오. 그러나 선발하여 등용한 사람이 좋지 않다면, 설사 관원이 많아도 무엇에 쓰겠소!"

이런 시각에서 '육정六正'과 '육사六邪', 신하의 행위에 여섯 가지 장단점을 듭니다. 여기서 '육정'은 여섯 가지 장점이고, '육사'는 여섯 가지 단점입니다.

먼저 '육정'입니다.

- **성신聖臣**: 일의 맹아가 아직 움직이지 않고 형체가 드러나기 전에 독자적으로 나라의 존망과 득실의 요령을 미리 정확히 보고, 재앙이 일어나기 전에 그것을 소명시켜 군주가 영광된 지위에 있도록 하는 부류.

- **양신良臣**: 전심전력으로 국사를 처리하고, 매일같이 군주에게 좋은 의견을 바치며, 예의로써 군주를 염려하고, 훌륭한 계책은 군주에게 아뢰고, 군주에게 좋은 생각이 있으면 따르고, 군주에게 허물이 있을 때는 바로잡는 부류.

- **충신忠臣**: 일찍 일어나고 늦게 자며, 현명하고 재능 있는 자를 추천하는 일에 게으르지 않고, 항상 고대 현인의 행실을 칭찬하며, 그것으로 군주의 의지를 격려하는 부류.

- **지신智臣**: 일의 성패를 분명하게 볼 줄 알고, 일찍 대비하고 법을 세워 보충하며, 새는 부분을 막고 재앙의 뿌리를 끊으며, 재앙을 복으로 만들어 군주가 시종 근심이 없게 하는 부류.

- **정신貞臣**: 법도를 준수하며, 인재를 추천해 직무를 잘 처리하고, 뇌물을 받지 않으며, 봉록을 탐하지 않고, 상을 다른 사람에게 사양하고, 음식을 절약하며 검소하게 사는 부류.

- **직신直臣**: 군주가 어리석어 나라에 혼란이 발생할 때, 아첨하며 윗사람의 행위를 따르지 않고, 과감하게 군주의 성난 안색을 범하고, 군주의 허물을 면전에서 논의하는 부류.

이 가운데 가장 훌륭한 신하가 무엇이라고 보십니까? 바로 두 번째인 양신입니다. 위징은 스스로 양신이 되고 싶다면서 충신과 양신은 근본적으로 다르다고 생각했습니다. 당태종은 충신과 양신의 차이를 몰랐습니다. 그러자 위징은 이렇게 규정합니다. 양신은 자신도 훌륭한 이름을 얻고 군주에게도 훌륭한 명성을 얻게 하여 그것이 자손대대로 전해지게 하는데, 충신은 죽음을 당하여 군주의 이름을 더럽히고 심지어 나라마저 위태롭게 한다고 말이죠. 물론 뒤에 나오는 '육사'에 해당하는 신하와는 다르지만 충신이라고 좋은 의미로만 쓰이는 것은 아니라는 겁니다. 보통 우리가 생각하는 개념과 좀 다르지 않습니까? 위징이라는 신하의 시각은 이 정도로 다른 사람들과 달랐습니다.

'육사'는 '육정'의 반대라고 보시면 됩니다.

- **구신具臣**: 머릿수만 채운 신하. 관직에 안주하고, 봉록을 탐하며, 공사에 힘쓰지 않고, 세태의 흐름에 따라 부침하며, 일이 발생하면 관망할 뿐 자신의 주관적인 견해는 조금도 없는 부류.

- **유신諛臣**: 아첨하는 신하. 군주가 어떤 말을 하든 모두 좋다고 하고, 군주가 어떤 일을 하든 모두 옳다고 하며, 은밀히 군주가 좋아하는 것을 찾아 바치고, 그것으로 군주의 눈과 귀를 즐겁게 하고, 군주의 수법에 영합하여 자신의 관직을 보존하며, 군주와 함께 즐기면서 이후의 폐해에 대해서는 돌아보지 않는 부류.

- **간신奸臣**: 마음속은 간사하고 사악한 생각으로 가득 차 있으면서 겉으로는 근신하고 교묘한 말과 온화한 낯빛으로 다른 사람의 환심을 사지만 속으로는 어진 사람을 질투하는 부류. 누군가를 추천할 때는 그 사람의 우수한 점을 과장되게 칭찬하고 단점은 가리며, 누군가를 비방할 때는 그 사람의 허물을 과장되게 나타내고 우수한 점은 가려, 군주가 포상과 징벌을 모두 적절하게 시행하지 못하게 하고 명령을 집행할 수 없게 하는 부류.

- **참신讒臣**: 교묘하게 잘못을 가리고 궤변으로 유세하며, 속으로는 골육지친骨肉之親의 관계를 이간시키고, 밖으로는 조정에서 반란을 조성하는 부류.
- **적신賊臣**: 대권을 쥐고 전횡하며 사사건건 시비를 걸고, 사사로이 패거리를 지어 자기 집만 부유하게 하고 임의로 성지를 위조하여 스스로 존귀해지게 하는 부류.
- **사신邪臣**: 화려하고 교묘한 말로 군주를 속여 군주가 불의에 빠지게 하고, 사사로이 당파를 결성하여 군주의 눈을 가리고, 군주로 하여금 흑백을 구분하지 못하게 하며, 시비가 불분명하여 군주의 악명이 전국에 전해지고 사방의 이웃 나라에까지 퍼지도록 하여 나라를 멸망시키는 부류.

어떻습니까? 군주의 주변에 이런 신하들이 존재한다면 나라가 잘될 수 있겠습니까? 우리는 보통 나쁜 신하를 간신으로 통칭하여 알고 있는데, 이렇게 다양한 부류가 존재한다니 놀랍지 않습니까? 자신들의 사리사욕을 채우기 위해 발버둥치고 군주를 농락하고 심지어 나라를 멸망에 이르게 하는 구신이나 참신, 적신 같은 신하들도 경계해야 할 대상입니다.

후계자를 가르쳐 질서를 확립하다

정관 16년, 당태종은 신하들에게 "지금 나라에서 어떤 일이 가장 긴급한가?"라고 묻습니다. 신하들은 각각 의견이 달랐습니다. 고사렴高士廉

은 "백성을 쉬게 하는 것이 가장 긴급하다."고 말하고, 유계劉洎는 "변방의 소수민족을 위로하는 일이 가장 급하다."고 말합니다. 또 잠문본岑文本은 《논어》〈위정〉에서 '덕행으로 이끌고 예의로 구제한다道之以德, 齊之以禮.'며 예의가 가장 시급하다."고 말합니다.

그런데 저수량褚遂良이라는 신하의 의견은 다음과 같았습니다.

"지금 사방에서는 성상의 크나큰 은덕을 우러러보며 감히 나쁜 행동을 하지 못하지만, 태자와 여러 왕에게는 반드시 일정한 명분이 있어야만 합니다. 폐하께서 만대토록 실행할 만한 법규를 훌륭하게 제정하여 자손에게 남겨주는 것, 이것이 지금 가장 중요한 일입니다."

이에 태종이 동조합니다.

"이 말이 옳소. 내 나이 오십에 가까우니 이미 쇠약하고 게을러졌다고 느끼오. 맏아들을 동궁 태자로 삼았고, 여러 형제와 서자가 마흔 명은 족히 되오. 나는 마음속으로 항상 이 일을 걱정해왔소. 그러나 예로부터 적자와 서자가 서로 돕지 않으면 나라가 기울고 멸망하지 않은 적이 없소. 여러분은 나를 위해 어질고 덕망 있는 사람을 찾아 태자를 보좌하고, 여러 왕에게도 모두 정직한 인사를 찾아주어야 하오. 또한 관리가 왕들을 섬김에 있어 그 기간이 너무 긴 것은 좋지 않소. 기간이 너무 길면 감정이 깊고 두터워지며, 항상 이로부터 명분에 어긋나는 생각이 싹트는 것이오. 왕부王府의 관리들은 그들의 임기가 4년을 넘기지 않도록 하시오."

당시에는 태자를 정하고, 적자냐 서자냐에 따라 어떤 기강을 세울 것인가 하는 문제가 대단히 중요한 일이었습니다. 흔히 수신제가치국평천하修身齊家治國平天下라고 이야기합니다. 몸을 닦고 집을 안정시킨 후 나라를 다스리며 천하를 평정한다는 뜻입니다. 태자를 바르게 지도하여 올바른 길로 나아가게 하는 것은 단순히 군주의 뒤를 잇게 하는 것뿐만 아니라 나라의 백성을 위하고 국가를 반석 위에 올려놓기 위한 기본 작업이라고 할 수 있습니다. 태종은 적자와 서자 간의 공존공영을 대단히 중시했습니다. 이를 위해서는 다음 두 가지 선행 조건이 필요합니다.

첫째, 먼저 적자와 서자의 서열을 뚜렷이 정해놓고, 또 나랏일과 집안일 할 사람을 구분해 미리 문제를 방지하는 것입니다. 〈태자제왕정분太子諸王定分〉편에는 적자와 서자의 구분을 이야기하면서 태자와 왕자들의 서열을 정하는 문제가 나옵니다. 당태종도 형제의 난을 거치면서 제위에 올랐습니다. 그래서 군주가 후계자를 정하는 문제를 대단히 중요하게 여겼습니다. 후계자 간의 갈등으로 국가 경영상의 문제점이 노출되는 것을 미리 차단하고자 한 것입니다. 정관 7년, 태종은 셋째 아들 이각李愭을 제주 도독으로 임명하고는 곁에 있는 신하에게 이렇게 말했습니다.

"부자지간의 정으로 말하면 어찌 항상 보려고 하지 않겠소! 그러나 집안일과 나랏일은 별개요. (그는) 반드시 지방관으로 부임하여 조정의 병풍 역할을 할 것이오. 또한 그에게 일찍부터 명분 있는 일을 하도록 하여 태자가 되어 제위를 계승하려는 것과 같은 신분을 뛰어넘는 생각을 하지 않도록 하고, 내가 죽은 후 그들 형제끼리 생명을 위협하는 재앙이 없도록 할 것이오."

둘째, 태자에게 훌륭한 스승을 두는 것입니다. 현재의 주역은 군주이지만 미래의 주역은 태자입니다. 태자의 능력과 인품에 따라 그 나라의 운명이 결정이 된다면, 이런 점에서 태자를 태자답게 만드는 스승의 역할은 매우 큽니다. 그래서 태자의 스승이 될 사람은 먼저 학문과 인격을 닦아야 한다고 말합니다. 또 태자는 스승이 오면 궁전 문 앞까지 나가 영접하여 인사하고, 문을 드나들 때에도 스승이 먼저 가도록 하는 등 극진한 예를 갖추어야 합니다.

태자는 부귀한 환경 속에서 성장하여 바깥 사정과 백성의 어려움을 잘 알지 못합니다. 자칫 잘못하면 사치와 여색에 빠지기도 쉽습니다. 그래서 스승들은 태자에게 부귀가 아니라 덕행을 가르쳐야 한다고 말합니다. 태자들이 학문과 덕행을 배우지 않으면 고대에 나라를 다스리던 방법을 이해하지 못하여 태평스럽게 다스려지는 나라를 만들려고 해도 불가능해집니다. 그래서 법령을 제정하여 그 스승의 지위를 높이 세워야 하는 것입니다.

당태종의 자기 관리 덕목

현신을 임용하고, 그들의 간언을 잘 들으며, 태자를 잘 교육시키는 것은 자기 자신과 주변 사람들을 관리하는 일입니다. 내부를 튼튼히 해야 정치가 안정될 수 있다는 것 아니겠습니까? 당태종은 무엇보다 자기 관리를 중요하게 여긴 군주입니다. 그래서 인의·충의·효·공평·성신 등을 점검 사항으로 꼽았습니다. 검약·겸양·측은지심·신소호·신언어 등을 내세우며 도덕을 교화하고 풍속을 개량하려고 했습니다. 그 덕목들을 짧게 훑어보고 넘어가겠습니다.

인의仁義

당태종은 인의의 문제, 어짊과 옳음의 문제에 대해서 신경을 대단히 많이 썼습니다. 공자의 말에 따르면 인仁이란 "자기가 서고자 하면 남도 세워주고, 자기 달성하고자 하면 남도 달성하게 해주는 것"입니다. 즉 다른 사람을 자신처럼 여기고 사사로운 감정을 깨끗하게 제거하여 그 사람을 사랑하는 것입니다. 의義는 "마땅함, 옳음, 정당함, 도리" 등을 가리킵니다. 인이 '인간의 마음'이라면 의는 '인간의 길'이라고 볼 수 있습니다. 이것은 유가 덕치의 기본 틀입니다. 당태종은 신하들에게 말합니다.

"숲이 울창하면 새가 깃들이고, 수면이 넓으면 물고기가 노닐며, 여러분의 인의가 두터우면 백성이 즐거운 마음으로 따를 것이오. 사람들은 한결같이 재앙을 두려워하여 피할 줄은 알지만, 인의를 행하면 재앙이 발생하지 않는다는 이치는 모르고 있소. 인의의 준칙은 항상 마음속에 기억하여 그것을 계속 발전시키는 것이오. 만일 잠시라도 마음이 나태해지면 인의로부터 멀어질 것이오. 이것은 음식물이 육체에 영양이 되는 것과 같이 언제나 배가 불러야만 생명을 보존할 수 있소."

충의忠義

그다음으로 중요하게 여긴 것은 바로 충忠입니다. 충은 '자신의 성심을 다하는 것'이라고 풀이할 수 있겠습니다. 충의 대상이 자기 자신일 경우는 자신의 가능성을 전부 실현하려고 노력하는 것이고, 그 대상이 타인일 경우는 진실하고 거짓 없는 마음으로 책임을 다하는 것입니다.

당태종은 자신의 곁에는 충의가 있는 신하를 두어야 한다고 생각했습니다. 자신이 흐트러진 마음이 들었을 때 가차 없이 비판하고 직언할 수 있는 신하 위징을 늘 곁에 두려고 한 것도 그에게 충의가 있다고 보았기 때문입니다. 태종은 아첨을 떨거나 간언하지 않고 침묵하는 신하는 도리어 충의가 없다고 보았습니다.

효孝

《정관정요》에는 이런 예화가 나옵니다. 돌궐 출신의 사행창史行昌이란 사람이 당직을 서는데, 음식을 먹으면서 고기를 남겼습니다. 어떤 사람이 무엇 때문에 이처럼 했는지 묻자 그는 "이것을 집으로 가지고 가서 어머님을 봉양하려고 한다."고 대답했습니다. 태종은 이 말을 들은 후 감탄하여 "어질고 효성스러운 천성에 어찌 한족과 이족의 구분이 있으랴?"라고 말했습니다. 그리고 사행창에게 포상으로 말 한 필을 주고, 어머니에게 고기를 공급하도록 명령했습니다. 비록 돌궐 출신의 이족이 포로로 잡혀와 당나라에서 낮은 벼슬을 하고 있다고 하더라도, 음식을 남겨 어머니께 봉행한 사람에게는 상을 내려야 한다는 것이 당태종의 기본 생각이었습니다. 다시 말해 효도가 국가를 지탱하는 인성의 기본이라고 본 것입니다.

공평公平

당태종은 공평하게 인사를 결정하고 시스템을 구축하는 데 신경을 많이 썼습니다. 공평함은 친소 관계나 이해관계를 떠나 정확한 원칙과 기준에 근거하여 일을 처리하는 것입니다. 이는 보통 두 가지에서 해당합니다.

첫째는 인재를 등용할 때의 공평함입니다. 성인 요堯와 순舜에게 천하를 다스리는 자리를 자기 자식에게 물려주고 싶은 마음이 없었던 것은 아닙니다. 자식들의 능력이 그 책임을 감당할 수 없다고 여겨 물려주지 않은 것뿐입니다. 이것은 부자간의 사사로운 감정을 억제하고 일반 백성의 행복을 먼저 생각한 결과라고 할 수 있습니다. 물론 자기 자식 혹은 원수지간일지라도 재능이 뛰어나면 주저 없이 임용해야 공평한 인사입니다.

둘째는 법률을 적용할 때의 공평함입니다. 이는 우리가 《삼국지》의 읍참마속泣斬馬謖이라는 고사에서 찾아볼 수 있습니다. 제갈량이 위나라와 싸울 때, 당시 마속馬謖은 제갈량이 매우 아끼는 장수였습니다. 나이가 어렸는데도 능력이 출중했기 때문입니다. 그런데 그가 지략이 뛰어난 위나라의 사마의司馬懿를 상대로 싸우기를 간청하며 참패하면 사형에 처해도 좋다는 약속을 합니다. 결과는 아시는 바와 같습니다. 마속은 싸움에서 졌고, 제갈량은 군율을 지키기 위해 주위 사람들이 만류하는데도 마속의 목을 베었습니다. 이는 소송 사건을 처리하거나 신상필벌을 할 때에도 적용되어야 하는 한결같은 원칙입니다.

성신誠信

당태종은 성신, 즉 성실과 신의를 중요하게 여겼습니다. 믿음을 가지고 성실하게 다스리는 자에게는 불가능한 일이 없는 법입니다. 《정관정요》에는 "곧은 나무는 그림자가 굽을까 걱정하지 않는다."라는 말이 나옵니다. 이것은 어떤 사람의 인성이 좋고 소신이 분명하면, 그것에 따라 분명하게 갈 길이 정해진다는 것을 뜻합니다. 그러면서 군주가 예의를 다할 수 있고 신하가 충성을 다할 수 있으면 반드시 일을 결정하는 데에 사심 없이 서로 믿을 수 있다고 말합니다. 군주가 신하를 믿지 않으면 신하를 부릴 방법이 없고, 신하가 군주를 믿지 않으면 군주를 섬길 수가 없습니다. 군신 관계에서 믿음이 하나의 원칙처럼 중요하다는 것을 〈성신誠信〉 편에서는 관중管仲과 제齊나라 환공桓公의 문답으로 보여줍니다. 살펴보면 다음과 같습니다.

제나라 환공은 관중에게 이렇게 묻습니다.

"술이 술잔에서 쉬고, 고기가 도마 위에서 썩게 두면, 내가 패업霸業을 손상시키지 않을 수 있소?"

관중이 답합니다.

"그것이 가장 좋은 방법은 아니나 패업을 손상시키진 않습니다."

환공이 묻습니다.

"어떻게 하면 패업이 손상될 수 있는 것이오?"

관중이 답합니다.

"사람을 알아볼 수 없으면 패업이 손상되고, 사람을 알아보지만 임용할 수 없으면 패업이 손상되며, 임용했지만 신용할 수 없으면 패업이 손상되고, 이미 신임했어도 소인에게 그를 간여하도록 하면 패업이 손상됩니다."

검약儉約

검약은 검소와 절약을 뜻합니다. 돈이나 물건 따위를 낭비하지 않고 아껴 쓴다는 뜻입니다.

중국 위진남북조시대의 수도였던 난징南京에 가면 명나라를 세운 주원장朱元璋의 묘가 있습니다. 의심이 많았던 그는 생전에 무덤을 여러 개 만들어 나중에 그 누구도 자신의 무덤을 알아보지 못하게 했다고 합니다. 진시황도 무덤을 대단히 크게 만들었습니다. 그 안에 수은으로 강과 바다를 만들 정도로 화려한 무덤이었죠. 이것이 바로 국가의 재정을 파탄 나게 하고 백성의 삶을 피폐하게 하는 근본 원인이 되었습니다. 검소와 절약이란 제왕이 지켜야 하는 기본 수칙입니다. 사후를 위해 무덤을 이런 식으로 만드는데, 살아생전 백성에게 수많은 고통과 희생을 강요하지 않았겠습니까? 진시황은 어마어마한 크기의 궁전 아방

궁도 만들지 않았습니까? 검소와 절약의 기본은 살아서는 호화롭게 궁궐을 짓지 않는 것이며, 죽어서도 화려한 묘소를 짓지 못하게 하는 것입니다.

정관 11년, 당태종은 사치스럽게 무덤을 만들거나 옥구슬 같은 보물을 시신과 함께 관에 담지 말라는 조서를 내립니다. 당태종의 생각은 단순합니다. 사소하게 보이는 이런 것들도 백성에게 수많은 고통을 안겨주는 통치자의 행위라고 지적하는 겁니다.

겸양謙讓

겸양은 겸손과 사양이라는 뜻입니다. 그 덕목은 제왕이라는 자리와는 전혀 관련이 없어 보입니다. 오늘날에도 어떤 지위와 권세가 조금만 있어도 허세와 자만으로 가득 찬 사람이 매우 많지 않습니까? 지혜로움의 핵심은 자신의 재능과 학식을 감추고, 겸손한 태도로 다른 사람의 말에 귀 기울이는 것입니다. 누구나 그래야 하는 것은 아니지만, 그러지 않는 사람이 많아 큰 문제입니다. 그런 사람이 높은 자리에 있을수록 문제는 더 심각해집니다. 조그만 권세와 실권이 있다고 그것을 마구 부리며 아랫사람 위에서 군림하려고 하기 때문입니다. 이런 면에서 당태종의 리더십은 철저하게 자기 자신을 낮추고, 다른 사람들을 배려하는 미덕에 있다는 생각을 합니다. 그것을 잘 보여주는 이야기가 있습니다.

정관 3년, 유학에 정통한 당태종이 유학자인 공영달孔穎達에게 묻습니다.

"《논어》〈태백太白〉에서 '능한 것으로 능하지 못한 사람에게 물어보며, 많은 것으로 적은 사람에게 물어보고, 있으나 없는 것같이 하며, 꽉 차고도 텅 빈 것같이 한다以能問於不能. 以多問於寡. 有若無, 實若虛.'라고 한 것은 무슨 뜻이오?"

그러자 공영달이 답합니다.

"성인은 교화를 하면서 사람들이 겸허하여 더욱 광채를 더하기를 희망했습니다. 자신에게 비록 재능이 있어도 스스로 자만하지 않고, 재능이 없는 사람에게 그들이 알고 있는 것에 대한 가르침을 청했습니다. 자기의 재능이 비록 많을지라도 알고 있는 바가 적다고 여겨서 여전히 지식이 적은 사람에게 가르침을 청하여 더욱 큰 이익을 구했습니다. 자신에게 재능이 있어도 재능이 없는 것과 같이 할 수 있고, 자신의 지식이 풍부해도 지식이 없는 것처럼 합니다. 일반 백성이 이와 같이 하려는데, 제왕의 덕행 또한 마땅히 이와 같아야 합니다. 제왕은 속으로는 매우 총명하고 지혜로우며, 겉으로는 침묵하고 말을 적게 하여 다른 사람들이 헤아릴 수 없도록 해야 합니다."

당태종이 인용한 구절은 사실 증자曾子의 말입니다. 이 말은 논어 〈술이述而〉 편의 "없으면서 있는 척하고, 비었으면서도 가득 차 있는 척하며, 곤궁하면서도 부자인 척하니亡而爲有, 虛而爲盈, 約而爲泰."라는 말과도 연관됩니다.

자신의 재능이 뛰어나고 아는 바가 많다고 스스로 생각하더라도, 그것을 감추는 것이 중요하다는 겁니다. 다른 사람에게 가르침을 구할 때에는 그가 자기보다 적게 가지고 있다고 하더라도 고개를 숙여가면서 배워야 한다는 것입니다. 제왕도 마찬가지입니다. 속으로는 대단히 총명하고 지혜롭다고 생각할지라도, 겉으로는 말을 적게 하여 다른 사람들로 하여금 '아! 내가 군주에게도 가르침을 줄 수 있겠구나!' 하고 생각하게끔 보여야 합니다. 이것은 공자가 안회顔回를 일컬어 "어리석은 것 같다如愚."고 말한 것과 통합니다. 즉 내가 뛰어나더라도 부족하게 보이는 것이 처세의 기본이며, 인덕이라는 것입니다.

측은지심惻隱之心

이는 군주가 백성의 고달픈 삶을 측은히 여기고, 백성과 함께 동고동 락同苦同樂, 고통과 즐거움을 함께 느끼는 마음가짐을 말합니다. 백성 은 이런 마음에 한없이 감사하고 보답하기 위해 노력한다는 것입니다.

예를 들어봅시다. 어느 날 당태종이 궁궐을 보니 궁녀가 대단히 많습 니다. 어린 궁녀들이 있는 건 괜찮지만, 나이가 많은 궁녀, 궁궐에 들어 온 지 꽤 오랜 기간이 지나 당시 결혼 적령기인 16~20세를 넘긴 궁녀 가 많은 것은 문제입니다. 그래서 정관 초년, 당태종은 주위 신하들에 게 말합니다. 깊은 궁궐 안에 여인들을 모여 있게 하는 것은 백성의 재 력을 소모하는 일이라고 말이죠. 그래서 후궁과 궁녀를 차례로 3,000여 명이나 밖으로 내보내 자유롭게 배우자를 구하도록 했습니다. "나라의 비용을 절약할 뿐만 아니라 그들이 각기 있어야 할 곳에 있도록 하고, 또 그들 스스로 인간의 본성을 따를 수 있게 하는 것"이라고 하면서 말 이지요.

궁녀 또한 백성입니다. 결혼하여 아이를 낳으면 결국 인구를 늘려 국 가를 부강하게 하는 바탕이 됩니다. 우리는 맨 밑에 있는 사람들까지 보살피는 측은지심의 마음가짐을 이 일화에서 알 수 있습니다.

신소호愼所好 신언어愼言語

신소호는 "좋아하는 바를 삼가야 한다."는 뜻이고, 신언어는 "말을 삼 가야 한다."는 뜻입니다. 《한비자》에서 살펴보았듯이 위에 있는 자가 무엇을 좋아하느냐에 따라 아래 있는 자들의 취향이 결정되기 때문입니다. 예전에는 환공이 진기한 맛을 즐기자 역아易牙라는 자가 자기 자식의 머리를 쪄서 진상한 일까지 있었습니다. 수양제는 감천궁甘泉宮에 행차했을 때 반딧불이 없음을 질책하여 "반딧불을 잡아와 궁궐 안을 밝게 비추라."고 명령합니다. 그러자 담당 관리는 신속하게 수천 명을 파견하여 수레 500대에 이르는 반딧불을 잡아 감천궁으로 보냈습니다. 이처럼 왕이 자신의 기호를 밖으로 드러내면 신하들이 그 뜻을 맞추기 위해 온갖 아첨과 못된 짓을 저지릅니다. 군주의 터무니없는 요구를 들어주기 시작하면 결국 백성이 희생됩니다. 군주의 말 하나하나, 행동 하나하나가 밑에 있는 사람들에게는 큰 폐단이 되므로 신소호와 신언어는 굉장히 중요한 군주의 자기 관리 덕목이라고 할 수 있습니다.

탐욕과 비루함을 경계하라

탐욕은 스스로 만족할 수 없는 데에서 비롯됩니다. 우리가 말로는 만족한다고 하지만, 많은 돈을 벌고 높은 명예를 얻어도 탐욕은 끝이 없습니다. 신하들이 두터운 봉록을 받아서 자리를 누리고 공명하고 청렴하게 일을 처리해야 하는데, 물고기가 지나치게 먹을 것을 탐하다가 제명보다 일찍 죽게 되는 것처럼 탐욕은 큰 화를 불러일으킨다고 당태종은 말합니다.

"옛사람이 말하기를 '새는 숲에서 살지만 그 숲이 높지 않음을 걱정하여 나무 꼭대기에 집을 짓고, 물고기는 물속에 숨어 있으면서도 물이 깊지 않음을 걱정하여 또 그 아래에 동굴을 만든다. 그러나 새와 물고기가 사람들에게 잡히는 것은 모두 먹을 것을 탐하기 때문이다.'라고 했소. 현재 신들은 임명을 받아 높은 자리에 있으면서 두터운 봉록을 누리오. 본래 충성스럽고 정직하게 행동하고 공정하고 청렴하게 일을 처리하면 재앙이 있을 수 없고, 오랫동안 부귀를 지닐 수 있소. 옛사람이 말하기를 '재앙과 복은 정해진 것이 아니라 사람들이 스스로 취하는 것이다.'라고 했소. 자신을 해롭게 하는 것은 모두 재물의 이익을 탐하는 데서 비롯되오. 이것이 어찌 물고기와 새가 먹을 것을 탐하여 죽게되는 재앙과 다르겠소? 여러분은 마땅히 이러한 말을 생각해보고 귀감으로 삼아야 할 것이오."

인의, 충의, 효, 공평, 성신, 검약, 겸양, 측은지심, 신소호, 신언어 등 당태종의 자기 관리 덕목들은 오늘날 우리에게도 꼭 필요한 것들입니다. 권력의 정점에 서 있던 제왕이 저런 세부적인 항목들을 정해놓고 자신을 관리했다는 것은 참으로 놀라운 일입니다. 여러분도 그 항목들을 그냥 읽어갈 것이 아니라, 얼마나 자신이 거기에 해당이 되는지 스스로 돌아볼 기회로 삼았으면 좋겠습니다.

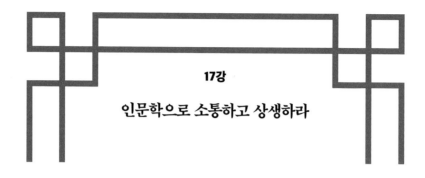

17강
인문학으로 소통하고 상생하라

당태종의 인문학 육성 정책

이번 강의에서는 당태종의 리더십 가운데 핵심인 인문학 육성 정책에 대해 말씀드리겠습니다.

자기 관리 시스템에 대한 앞선 강의에서 무엇을 느끼셨습니까? 인·충·효 등 그 항목들이 대부분 유학의 덕목과 일치한다는 것입니다. 당시 당태종은 유학을 숭상하는 문치로 백성을 다스렸습니다. 그뿐만 아니라 사관의 역할에 주목했으며, 예악禮樂을 장려했습니다. 이는 인문학적 토대를 만든 것과 상당히 연관이 있습니다.

일반적으로 유학은 공자 학설을 숭상하는 유가 학파의 주장을 말합니다. 한대 이후 유학은 중국의 사상과 제도를 지배하는 주류의 지위를 획득했죠. 오랫동안 중국 지식인들이 유학에 대하여 어느 정도의 종교적 감정을 가져왔다고 해도 과언은 아닐 겁니다. 유가 학파의 시초는 주나라에 그 근원을 둡니다. 그들은 요순을 시조로 계승하고 문왕과 무왕을 모범으로 삼아 인의와 예악을 숭상하고 충서忠恕와 중용지도中庸之道를 제창했습니다. 당태종도 이러한 유학을 숭상하여 공자에 대한 남다른 존경을 보이고, 유학자들의 학문적 여건을 개선하려고 노력했습니다. 유학 경전인《역경易經》,《서경書經》,《시경詩經》,《예기禮記》,《춘추春秋》등 오경五經의 교정 작업을 착수하여 오류를 바로잡았습니다.

그뿐만이 아닙니다. 정관 2년, 태종은 공자의 묘를 수도에 있는 학교인 국학國學 안에 세워 이전 제도를 본받고, 공자를 선성先聖으로 삼아 존중하고, 안연을 선사先師로 삼도록 명령했습니다. 고기와 채소를 담는 그릇과 제례 행사에서 들고 춤추는 방패와 도끼 등을 묘 양쪽에 진열하고 공자를 존중하는 예의를 갖췄습니다. 또 천하의 학자들에게 수레와 숙식 등을 제공한다는 조건을 대대적으로 내걸고 수도 장안으로 오게 하여 관직에 발탁했습니다. 학생 가운데 대경大經, 즉《예기》와《춘추좌씨전春秋左氏傳》등 한 가지 이상에 정통한 사람은 모두 관직을 겸했습니다. 국학에는 학사 400여 간을 늘리고, 다른 교육 기관에도 적지 않은 학생을 늘려 궁궐의 스승들이 학문을 강의하도록 했고, 강의가 끝난 후에는 학생들에게 비단 다섯 필씩을 하사했습니다. 그러니 전국 각지에서 학생들이 책을 짊어지고 공부하러 몰려들지 않겠습니까? 그 수가 1,000여 명에 달했다고 합니다. 오래지 않아 당나라와 사이가 좋지 않았던 토번·고창·고구려·신라 등 여러 소수민족의 우두머리들도 자제들을 보내 학문을 구했습니다.

우리 역사를 배울 때 신라의 최치원 등이 당나라로 유학했다는 말을 들어보셨을 겁니다. 그게 바로 당태종 때부터 시작된 일입니다. 한족들뿐만 아니라 주변 국가들에도 유학과 인문학을 육성하여 인의로써 교화하려 노력하니, 결국 국학 안에서 책 상자를 두드리며 강의를 들으러

오는 사람이 거의 1만여 명에 이르렀다고 합니다. 과거에는 이토록 유학이 발전한 적이 없었습니다. 이런 현상들은 인문학적 토대를 쌓아야 한다는 당태종의 확고한 의식이 있었기 때문에 가능한 일이었죠. 최근에 부는 인문학 열풍을 생각해볼 때 상당히 주목할 일입니다.

문장과 역사를 중시하라

《정관정요》에는 〈문사文史〉라는 편명이 있습니다. 이것은 문인과 역사를 뜻합니다. 당태종은 사관의 역할을 대단히 중요하게 여겼습니다. 역사라는 것은 과거, 현재, 미래의 연속선상에 있다고 보았기 때문입니다. 중간 위치인 현재에 살아가고 있는 사람들은 과거의 교훈을 받아들여 잘못된 전철을 밟지 않으려 노력하고, 미래에 살아갈 후세들에게 모범이 될 인물로 기억되기를 바랍니다. 역사를 기록하는 임무를 맡은 사관들은 정확한 사실 기록을 남겨야 할 뿐만 아니라, 나아가 화려하고 아름다운 문장을 지양하고, 어떤 사건이나 인물 등에 대한 정확한 기록을 생명으로 삼아야 한다고 당태종은 굳게 믿었습니다.

정관 14년, 태종이 방현령에게 말합니다.

"나는 매번 이전 시대의 역사서에서 선한 자를 표창하고 악한 자를 징벌하여 후세 사람들의 경계가 되도록 하는 것을 보았소. 옛날부터 그 시대의 역사를 잘 알지 못하거늘 어찌하여 제왕 자신이 직접 보지 못하도록 한 것이오?"

이에 방현령이 대답합니다.

"국사國史를 기록하는 사관이 선이든 악이든 반드시 모두 기록하는 것은 군주가 범법 행위를 하지 않기를 바라기 때문입니다. 기록하는 일이 군주의 마음을 거스르는 것을 두려워하기 때문에 군주가 그것을 보지 못하도록 하는 것입니다."

그러자 태종이 말합니다.

"내 생각은 옛사람과 전혀 다르오. 현재 직접 국사를 보려고 하는 것은, 좋은 일이 있으면 그것은 별도로 논의할 필요가 없지만, 나쁜 일이 있으면 이후 경계로 삼고 스스로 잘못을 바로잡으려는 것이오. 그대는 초록을 적어 나에게 보여줄 수 있을 것이오."

왕이 당대의 역사서를 보려고 하는 것은 굉장히 이례적인 일입니다. 그런데 이 대화에서도 알 수 있듯이 당태종은 직접 당대의 역사서를 읽어보려고 했습니다. 명령을 받은 방현령은 국사를 연월年月에 따라 간략하게 기술하는 편년체編年體로 만들어 태종에게 보여주었습니다. 그게 바로 《고조실록高祖實錄》, 《태종실록太宗實錄》 각 20권입니다. 물론 태종이 그 글을 읽어보고 자신의 잘못을 인지했다는 사실은 지금의 우리도 본받을 만한 일입니다. 자신이 당대에 저지른 잘못을 밝히고, 사관의 말을 그대로 기록하게 하는 것은 대단히 파격적인 시도라고 할 수 있습니다.

당태종은 예악禮樂 제도도 장려했습니다. 예는 감정을 겉으로 드러내는 방법의 일종이고, 악은 인간의 정서를 있는 그대로 반영하는 음악입니다. 예는 유가 사회에서 인간과 상하 관계의 절도와 규범을 뜻하며, 악은 군자가 예를 행함에서 자기 자신을 닦는 기본 틀이라고 간단히 풀이하기도 합니다. 당태종은 예악을 바로 세워 나라의 기강을 확립했고, 또 백성의 기쁘거나 슬픈 감정, 즉 민심의 흐름을 중요하게 여겨 음악을 장려했습니다.

형법은 관대하고 공평하게

《정관정요》의 〈형법刑法〉 편은 형법을 강조한 것이 아니라, 그것을 삼가라는 이야기를 하기 위해 지은 글입니다.

정관 원년, 태종은 주위 신하들에게 다음과 같이 묻습니다.

"죽은 사람은 다시 살아날 수 없으니 법을 집행할 때에는 반드시 관대하고도 간략하게 해야 하오. 옛사람이 말하기를 '관을 만드는 재료를 파는 사람이 해마다 유행병이 돌기를 바라는 것은 사람들을 증오해서가 아니라 관을 만드는 재료를 팔았을 때의 이익을 생각하기 때문이다.'라고 했소. 현재 법을 담당하는 관리들은 재판을 심리할 때 취조를 엄하게 하여 사법관으로서의 좋은 성적을 올리려고 하오. 어떤 방법을 사용해야 사법관으로서 공평하고 적절한 재판을 할 수 있소?"

이 편에서는 법을 관대하고 간략하게 하는 것이 핵심입니다. 한비가 주장한 엄격한 법 집행과는 정반대의 관점이죠. 중국에서 법을 가장 살벌하게 집행했던 왕은 진시황인데, 그 시대의 법령은 굉장히 엄하고 세밀했습니다. 하지만 당태종은 그 반대였습니다. 오히려 간략하게 몇 가지를 정하고, 나머지 문제는 관대하게 처리해주라고 했습니다.

또 당태종은 사법관들이 법을 집행할 때에도 공평하고 적절한 재판을 해야 한다고 했습니다. 실적보다 공평함을 중시한 것입니다. 백성의 처지를 고려한 심리와 취조를 실시하게 하여 그들에게 불필요하고 그릇된 심판이 내려지지 않게 조치했습니다.

당태종은 갑옷과 화살의 비유를 듭니다.

"갑옷을 만드는 사람이 갑옷이 견고하기를 바라는 것은 상대방이 찔렀을 때 사람들이 상처를 입게 되는 것을 걱정해서일 것이오. 화살을 만드는 자가 화살이 예리하기를 바라는 것은 적을 상하게 하지 못하는 것을 걱정해서일 것이오. 무엇 때문이겠소? 갑옷과 화살은 각기 그 역할이 있는데, 그 이익은 그 직무를 다하는 데 있기 때문이오. 내가 법관에게 오늘날의 형벌의 경중에 관해 물으면, 그들은 항상 현재의 형법은 과거 조대보다 관대하다고 대답했소. 내가 걱정하는 것은 재판을 담당하는 관리가 사람을 사형시키는 것을 이익으로 생각하고, 다른 사람을 해침으로써 귀함을 구하고, 이로써 명예를 구하는 것이오. 현재 우려되는 것은 바로 여기에 있소! 마땅히 힘을 다해 금지시키고, 형법을 집행할 때 관대하고 공평하게 하시오."

화살과 갑옷의 역할은 다릅니다. 화살은 갑옷을 뚫어야 하는 것이며, 갑옷은 화살이 뚫지 못하게 하는 것입니다. 마찬가지로 법관은 잘못을 저지른 백성을 판단하는 자이며, 백성은 무슨 수를 써서든 법을 피해가기 위해 노력합니다. 그럴 때 법을 집행하는 관리는 백성의 명예와 인권이 손상되는 일이 없도록 노력해야 합니다. 화살과 갑옷처럼 공격자와 피공격자로 양분되는 것이 아니라, 둘 사이에서 공감대를 형성해야 합니다. 오늘날 조정의 역할이 여기에 해당됩니다. 당태종은 관대한 마음을 갖추는 것과 더불어 제도적인 개혁도 시행했습니다.

변방을 안정시켜야 바른 정치를 펼칠 수 있다

당태종은 안으로는 문치를 주장했지만, 밖으로는 변방 문제, 즉 이민족 정벌 문제에도 상당히 신경 썼습니다.

당 제국은 토번, 위구르 등 이민족 국가에 둘러싸여 있었기 때문에 태종은 전쟁을 필요악이라 여기며 어쩔 수 없이 해야 한다고 생각했습니다. 노자가 "군대는 흉기이고, 전쟁은 불행"이라고 하지 않았습니까? 당태종도 "혼란을 평정하고 무기를 쉬게 하라."는 선현들의 말씀을 되새기며 전쟁에 신중한 입장이었지만, 당시 시대 상황에 따라 어쩔 수 없이 전쟁을 택하는 경우가 많았습니다.

아무리 내부적으로 정치를 잘하려고 해도 북방의 호족胡族이라든지 남방의 만족蠻族이라든지 서쪽의 토번吐蕃이라든지 동쪽 변방의 이민족들이 자꾸만 싸움을 걸어와 정국이 혼란스러워지면, 결국 자기가 생각했던 정치를 제대로 해나갈 수 있는 형편이 안 됩니다. 그러다 보니 변방을 안정시키는 것이 당태종에게는 대단히 큰 화두가 된 것입니다. "뿌리를 흔들면 가지와 잎도 흔들린다."는 말처럼 말이죠. 변방이 안정되지 못해서 자꾸만 백성을 징집하다 보니 결국은 농업과 상업이 붕괴하여 그들의 의식주에 문제가 생겨 국가가 혼란스러워집니다. 평화를 정착시켜야 백성이 편안해진다는 것은 당태종이 줄곧 고민했던 부분입니다.

돌궐의 힐리가한頡利可汗이 패배한 이후로 수많은 부락의 우두머리들이 당나라로 항복해왔습니다. 모두 장군이나 중랑장中郞將의 관직을 받았고, 조정에서 오품 관직 이상에 배치된 사람은 100여 명이나 돼 전체 관원의 절반을 차지했습니다. 또 이런 과정에서 사신들의 왕래가 서로 끊이지 않았습니다. 오랑캐들이 접경 지역을 침략하고 쳐들어와 사이가 좋지 않았지만, 변방을 안정시키기 위해 그들과 소통하고 융합하려는 정치를 펼친 것입니다. 탄압하지 않고 과감하게 벼슬까지 주면서 말이죠. 당연히 신하 중에는 이러한 정책에 반대하는 사람도 있었습니다. 그중 하나가 바로 양주 도독涼州都督 이대량李大亮이라는 사람인데, 그는 이런 정책을 취하는 것은 나라에 이익을 주지 않으며 재물을 헛되이 낭비할 뿐이라고 여겼습니다. 이대량은 다음과 같은 상소를 올립니다.

"신은 먼 나라를 안정시키려면 먼저 가까운 곳을 안정시켜야 한다고 들었습니다. 중원 백성은 천하의 근본이며, 사방 이민족은 지엽에 해당됩니다. 근본을 흔들어 지엽을 튼튼히 하면서 영원히 안정되게 다스리려는 것은 종래에 없던 일입니다. 과거 지혜로운 군주들은 신의로써 중원 백성을 교화했고, 권위로써 사방의 이민족을 부렸습니다. 때문에 《춘추》에서는 '융적戎狄은 승냥이나 이리와 비슷하여 그들의 욕망을 충족시킬 수 없다. 중원의 여러 나라는 매우 친밀하여 돌아보지 않고 버릴 수 없다.'라고 했습니다."

당태종은 변방이 흔들려 바른 정치를 펴지 못하는 것을 우려했지만, 반대로 이대량은 이민족들을 받아들이는 정책이 근본을 흔든다고 본 것입니다. 물론 당태종은 그 상소를 받아들이지 않고, 나름대로 원칙을 정하여 변방 유화 정책을 펼쳤습니다. 그 결과 당시 많은 나라 사람들이 당나라의 수도 장안을 토대로 활동하게 되었습니다. 장안이 세계 외교의 중심지로 자리 잡은 것도 당태종의 이러한 열린 리더십 때문이 아닌가 생각합니다.

초심을 지켜 신중하게 끝맺다

《정관정요》의 맨 마지막 편 이름은 〈신종愼終〉입니다. 이것은 시종여일始終如一, 처음과 끝이 같다, 즉 신중한 끝맺음을 뜻하는 말입니다.

당태종은 끊임없이 소통하며 열린 리더십을 발휘했지만, 말년에는 고구려를 침략하고, 영토 확장 정책을 펼치는 등 많은 문제점을 드러냈습니다. 정관 22년, 당태종은 자신도 모르게 궁궐을 신축하기 시작했고 전쟁도 자주 일으켰습니다. 그래서 백성은 매우 고달파했습니다. 그러자 충용充容 서씨徐氏라는 사람이 상소문을 올려 간언합니다.

　"정관 연간 이래로 20여 년간 비바람은 순조로웠고, 매년 풍작이 이어져 백성에게는 홍수나 가뭄의 고통이 없었고, 나라에는 기근의 재앙이 없었습니다. 과거 한漢나라 무제武帝는 만들어진 법을 준수하는 평범한 군주였는데, 옥을 새긴 부符로 봉선封禪의 예를 거행하였습니다. 제나라 환공은 작은 나라의 평범한 군주이면서도 각지의 제후들을 모아 봉선을 행하려고 했습니다. 폐하께서는 그 공로를 사양하여 자신을 낮추시고, 공덕을 양보하여 머물지 마십시오. 백성이 한마음으로 폐하에게 향하고는 있지만 폐하께서 봉선의 예를 시행하기에는 부족합니다. 상고 시기 제왕은 운운산云云山, 정정산亭亭山에서 성공을 하늘에 고하는 제사를 시행했습니다. 그러나 폐하께서는 아직 제천 의식을 거행하지 않고 있습니다. 이와 같은 공덕은 백대 제왕의 업적을 뛰어넘고, 천년 후의 제왕들도 비교할 수 없는 정도입니다. 그러나 옛사람이 '복록이 있어도 기뻐할 필요가 없다.'라고 한 것은 매우 일리 있는 말입니다. 창업創業과 수성守成을 한 몸에 겸하는 것은 옛날 성인이나 철인조차도 매우 드물었습니다. 업적이 큰 자는 반드시 교만해지기 쉽다는 것을 알 수 있습니다. 폐하께서는 그것을 매우 하기 어려운 일로 생각하시어 교만함을 경계하기 바랍니다. 시작이 좋은 자가 끝까지 그것을 견지하기는 어렵습니다. 폐하께서는 그것을 쉽게 할 수 있는 일로 생각하시어 처음부터 끝까지 완성하기를 바랍니다."

당태종이 상소문을 받고 나서 한참을 생각한 다음 서씨를 칭찬하고 후한 상을 내립니다. 왜 이 시점에서 초심이 흐트러지고 있는가? 창업을 하고 나서 나름대로 노력한다고 했는데, 결국 마음이 흐트러지고 있다는 사실을 깨달은 겁니다. 그래서 많은 문무백관을 거느리고 태산에 올라가 그 밑에 수많은 백성에게 수고로움을 끼치며 행하려 했던 봉선 의식을 하지 않습니다. 군주가 처음에 제대로 시작해서 끝까지 가는 것이 얼마나 어려운 것인지, 창업과 수성을 동시에 겸하는 일이 얼마나 어려운 것인지 보여주는 일화입니다.

이에 앞서 태종은 정관 14년에도 신하들에게 이렇게 말한 적이 있습니다.

"천하가 평정되었지만 내가 만일 천하를 지키면서 법도를 잃는다면, 공훈과 업적은 지키기 어려울 것이오. 진시황은 처음에는 육국을 평정하고 천하를 차지했으나, 만년이 되어서는 강산을 보존하지 못했소. 이 역사적 교훈은 사실상 경계로 삼아야 하오. 그대들은 마땅히 나라의 이익을 앞세우고 사사로운 이익을 잊도록 해야 하오. 그러면 빛나는 명성과 숭고한 지위는 끝까지 완전하게 보존될 수 있을 것이오."

진시황은 서른아홉에 천하를 통일한 뒤 11년 동안 제국을 유지하다가 객사했고, 그의 아들도 3년도 채 못 되어 제국을 마감했습니다. 힘들게 창업했지만, 수성할 때에는 초심을 제대로 끝까지 가져가지 못했기 때문입니다. 이를 반면교사로 삼아 당태종은 스물아홉의 나이에 시작한 창업을 신중하게 끝맺기 위해 시종여일한 자세를 갖추겠다고 신하들에게 다짐한 것입니다.

리더가 조직의 소통과 상생을 좌우한다

《정관정요》는 군주와 신하가 중대한 정치적인 문제를 주제로 삼아 벌인 토론 문화를 기록한 책입니다. 신하의 간언이나 직언을 그대로 받아들여 정치에 반영하고 통치 철학으로 삼았던 것은 지금보다 1,300여 년 전의 일이지만, 오늘날 리더들이 조직을 꾸리는 데 받아들여도 문제가 없습니다. 특히 당시 시대 상황과 환경 요인을 생각해볼 때 당태종이 제왕에 오를 때까지 험난한 과정을 극복하고 리더십을 발휘한 것은 신뢰와 소통 관계에서 기본기에 충실할 때에만 가능하다는 것을 분명히 보여줍니다.

그렇다고 《정관정요》가 단순히 최고경영자를 위한 통치 지침으로 읽히는 것만은 아닙니다. 최고경영자뿐만 아니라 각계각층의 많은 사람이 이 책을 읽으면 더욱 좋을 것입니다. 여기에 나온 열린 토론 문화야말로 우리가 조직에서 서로 공존할 수 있는 소통의 장을 마련하는 큰 활력이 되지 않을까 생각합니다.

조직의 소통과 상생을 좌지우지하는 것은 리더입니다. 리더들은 맨 위에 있는 사람은 잘하려고 하는데, 밑에 있는 사람이 잘하지 못해서 일이 안 된다는 말을 흔히 합니다. 기본적으로 저는 그런 생각이 옳지 않다고 봅니다. 리더와 조직원들은 갑과 을의 관계입니다. 을의 위치에 있는 사람들은 갑의 위치에 있는 사람이 어떻게 움직이느냐에 따라 그 반응이 달라집니다. 리더의 자세에 따라 조직의 향방과 구성원들의 행복, 다양한 가치가 다 바뀔 수 있다는 말입니다.

《정관정요》의 마지막 부분인 〈신종〉 편에도 나와 있듯이 당태종이 제왕의 자리에 오르기까지 창업 과정은 대단히 어려웠습니다. 그러나

22년 동안 당 제국을 수성해가면서 반석에 올려놓는 과정을 보았을 때, 창업과 수성이 동떨어진 것이 아니라 항상 함께 굴러가야 하는 수레의 두 바퀴라는 생각이 듭니다.

마지막으로 《정관정요》에 나타난 리더의 덕목을 요약해봅시다. 간언을 수용하고, 공명정대하고, 솔선수범과 근검절약하며, 인재를 적재적소에 배치하고, 엄격한 자기 관리를 잊지 않고, 타인의 말을 경청하고, 백성을 한없이 존중하고 아끼는 것. 그러면서도 수신제가를 철저히 하고 스승을 존경하는 유가적 마인드, 또 학문과 역사를 좋아하는 인문학적 마인드를 가지는 것, 이것이 열린 리더십의 덕목이 아닐까 합니다.

물론 그 중심에는 천고에 이름을 남긴 위징이라는 인물이 있었습니다. 스스로 양신이 되겠다고 자처한 그는 당태종에게 300번이나 간언한 명신 중의 명신이었습니다. 명군 당태종과 양신 위징은 서로 자극을 주며 서로 큰 힘이 되었으니, 단순한 군신 관계 이상이었던 것입니다. 그래서 저는 이렇게 말하고자 합니다. 위징이 없었다면 당태종도 존재 이유가 없었을 것이고, 정관지치도 가능하지 않았다고 말입니다. 여기서 중요한 것은 두 사람 사이에 늘 백성이 존재했다는 점입니다. 진언하는 위징과 그것으로 정책을 논의하는 당태종 사이에 하루하루 힘겨운 삶을 살아가는 백성이 있었다는 점을 잊지 않으셨으면 합니다.

· 공자, 김원중 역,《논어》, 휴머니스트, 2017.
· ──, 김학주 역,《논어》, 서울대학교출판부, 2009.
· ──, 김형찬 역,《논어》, 홍익출판사, 2003.
· 김용옥,《노자와 21세기》(전3권), 통나무, 1999.
· 김원중,《사기 성공학》, 민음사, 2012.
· ──,《중국 문화사》, 을유문화사, 2003.
· ──,《한비자, 관계의 기술》, 휴머니스트, 2017.
· 김종무,《논어신해》, 민음사, 1989.
· ──,《맹자신해》, 민음사, 1990.
· 김충렬,《김충열 교수의 노장철학강의》, 예문서원, 1995.
· 김학목,《노자 도덕경과 왕필의 주》, 홍익출판사, 2012.
· 노자, 김원중 역,《노자 도덕경》, 휴머니스트, 2018.
· ──, 김학주 역,《노자》, 연암서가, 2011.
· ──, 오강남 역,《도덕경》, 현암사, 1995.
· 리링李零, 김승호 역,《전쟁은 속임수다》, 글항아리, 2012.
· ──, 황종원 역,《논어, 세 번 찢다: 계보·사상·통념을 모두 해체함》, 글항아리, 2011.
· ──,《去聖乃得眞孔子-論語縱橫讀》, 三聯出版社, 2008.
· ──,《喪家狗-我讀論語》, 山西人民出版社, 2007.
· 리쩌허우李澤厚,〈孫老韓合說〉,《哲學硏究》, 1984. 4期.
· 마이클 매클리어, 유경찬 역,《베트남 10,000일의 전쟁》, 을유문화사, 2002.
· 마틴 자크, 안세민 역,《중국이 세계를 지배하면》, 부키, 2010.
· 박이문,《노장사상》, 문학과 지성사, 1985.

· 박재희,《삼분고전 1, 2》, 작은씨앗, 2011, 2013.
· ──,《손자병법으로 돌파한다》, 문예당, 2003.
· ──,《손자병법과 21세기》, EBS한국교육방송공사, 2002.
· 사마천, 김원중 역,《사기 본기》, 민음사, 2011.
· ──, 김원중 역,《사기 세가》, 민음사, 2011.
· ──, 김원중 역,《사기 열전》, 민음사, 2011.
· 손자, 김원중 역,《손자병법》, 휴머니스트, 2016.
· 신영복,《강의-나의 동양고전독법》, 돌베개, 2004.
· 양보쥔楊伯峻,《論語譯注》, 中華書局, 1980.
· 오긍, 김원중 역,《정관정요》, 휴머니스트, 2016.
· 이상수,《한비자, 권력의 기술》, 웅진지식하우스, 2007.
· 이중톈, 심규호 역,《이중톈 사람을 말하다》, 중앙북스, 2013.
· ──, 유소영 역,《이중톈 정치를 말하다》, 중앙북스, 2013.
· ──, 심규호 역,《백가쟁명》, 에버리치 홀딩스, 2010.
· 자오커야오-쉬다오쉰, 김정희 역,《당태종평전》, 민음사, 2011.
· 장자, 김학주 역,《장자》, 연암서가, 2010.
· ──, 오강남 역,《장자》, 현암사, 1999.
· ──, 안동림 역,《장자》, 현암사, 2004.
· 정세근,《노장철학》, 철학과현실사, 2002.
· 주희, 성백효 역,《논어집주》, 전통문화연구회, 1990.
· 주희, 성백효 역,《맹자집주》, 전통문화연구회, 1991.
· 최진석,《노자의 목소리로 듣는 도덕경》, 소나무, 2001.
· 한비자, 김원중 역,《한비자》, 휴머니스트, 2016.
· 헨리 키신저, 권기대 역,《헨리 키신저의 중국 이야기》, 민음사, 2012.

참고문헌

지은이 **김원중** 金元中

성균관대학교 중문과에서 문학박사 학위를 받았다. 대만 중앙연구원과 중국 문철연구소 방문학자 및 대만사범대학 국문연구소 방문교수, 건양대학교 중문과 교수, 문화융성위원회 인문정신문화특별위원을 역임했다. 현재 단국대학교 사범대학 한문교육과 교수로 재직하고 있으며 중국인문학회·한국중국문화학회 부회장을 맡고 있다. 개인으로서는 세계 최초로《사기》 전체를 완역했으며, 그 외에도 MBC〈느낌표〉 선정도서인《삼국유사》를 비롯하여《한비자》,《정관정요》,《손자병법》,《명심보감》,《노자 도덕경》,《정사 삼국지》(전 4권),《당시》,《송시》,《격몽요결》등 20여 권의 고전을 번역했다. JTBC〈차이나는 클라스〉, 삼성사장단과 LG 사장단 강연, SERICEO 강연 등 이 시대의 오피니언 리더들을 위한 대표적인 동양고전 강연자로도 널리 알려져 있다.

나와 조직을 함께 살리는
고전의 전략

지은이 | 김원중

1판 1쇄 발행일 2019년 5월 13일

발행인 | 김학원
편집주간 | 김민기 황서현
기획 | 문성환 박상경 임은선 김보희 최윤영 전두현 최인영 정민애 김주원 이문경 임재희 이화령
디자인 | 김태형 유주현 구현석 박인규 한예슬
마케팅 | 김창규 김한밀 윤민영 김규빈 김수아 송희진
저자·독자서비스 | 조다영 윤경희 이현주 이령은(humanist@humanistbooks.com)
조판 | 홍영사
용지 | 화인페이퍼
인쇄 | 청아문화사
제본 | 정민문화사

발행처 | (주)휴머니스트 출판그룹
출판등록 | 제313-2007-000007호(2007년 1월 5일)
주소 | (03991) 서울시 마포구 동교로23길 76(연남동)
전화 | 02-335-4422 팩스 | 02-334-3427
홈페이지 | www.humanistbooks.com

ⓒ 김원중, 2019
ISBN 979-11-6080-260-3 03150

• 이 도서의 국립중앙도서관 출판예정도서목록(CIP)은 서지정보유통지원시스템 홈페이지(http://seoji.
nl.go.kr)와 국가자료공동목록시스템(http://www.nl.go.kr/kolisnet)에서 이용하실 수 있습니다.(CIP제어
번호: CIP2019017427)

만든 사람들

편집주간 | 황서현
기획 | 박상경(psk2001@humanistbooks.com)
편집 | 김선경
디자인 | 김태형
지도 | 임근선